圣经蠡测

文庸等　编著

商務印書館

2012年 · 北京

图书在版编目(CIP)数据

圣经蠡测 / 文庸等编著. —北京：商务印书馆，2012
ISBN 978－7－100－08979－1

Ⅰ.①圣… Ⅱ.①文… Ⅲ.①圣经—研究 Ⅳ.①B971

中国版本图书馆CIP数据核字(2012)第038202号

圣经蠡测

文庸等　编著

商 务 印 书 馆 出 版
（北京王府井大街36号　邮政编码 100710）
商 务 印 书 馆 发 行
三河市尚艺印装有限公司印刷
ISBN 978－7－100－08979－1

2012年9月第1版　开本 710×1000　1/16
2012年9月北京第1次印刷　印张 22 3/4
定价：49.00元

目录 Contents

序一

宗怀德

《圣经》是基督教各教派共同的经典，研读《圣经》自然是信徒们的重要课题。《圣经》又是一部人类文化巨著，是世界上译文、版本、发行量最多的书，它不仅记录着犹太民族一千多年的文化史，而且从基督教诞生后近两千年来，它又对世界文化（特别是西方文化）产生了极为深远的影响，所以，研究《圣经》也成为研究人类文化的一门学问。这在西方原是顺理成章的事，但是，由于种种历史原因，这门学问在我国并没有得到应有的重视，有时甚至被视为“禁区”。近十余年来，随着宗教信仰自由政策的逐步落实，有些学者开始对《圣经》进行学术研究，出版了一些有关的书籍，这是一件令人高兴的事。然而，在高兴之余，却又使人感到一种忧虑。某些作者在“攒书”之风的影响下贸然涉足《圣经》研究领域，他们对《圣经》所知甚少，甚至连一遍都没有读完，便仓促执笔，奢谈研究，结果把《圣经》弄得面目全非。这种作品使信徒们读后深感遗憾，非信徒读后则更加深了对《圣经》的误解与偏见。这怎能不让人忧虑呢！文庸教授等学者对这种现象已提出自己的看法，这种社会责任感是可敬的。

《圣经》是一部极其严肃的书，我希望人们也以严肃的态度来研究它。恩格斯曾经指出：“研究构成《新旧约》的各种著作的年代、起源和历史意义等问题，是一门科学。”《圣经蠡测》一书是文庸教授近十年来对《圣经》教学与研究的成果。他以非信徒为对象，多方位地对《圣经》进行了客观的介绍，这在国内学术界是不多见的。他的研究成果学术性很强，与教徒的虔诚信仰有很大区别，这是我要着重指出的，但我认为他的研究态度是严肃的、方法是科学的。因此，我愿意向《圣经》感兴趣的读者推荐这本书。

1991 年 10 月于北京中国天主教爱国会（宗怀德主教时任中国天主教爱国会主席、中国天主教教务委员会代主任、中国天主教主教团代团长）

序二

马爱德

本书原是文庸教授为北京大学哲学系宗教学专业的学生编写的教材。他的目的是想从当代学术研究的角度对《圣经》进行客观的介绍，这在中国学术界是一种崭新的做法，因此被认为是一个重要贡献而受到欢迎。他不仅介绍了《圣经》的成书、版本、影响等，还分卷介绍了它们产生的时代背景、内容、结构和中心思想，并附有圣经故事80篇。他还特别照顾了天主教和基督教新教教会各自惯用的不同的《圣经》版本，并介绍了“次经”部分。

本书的读者面很广，包括从事宗教、外国文学、民族、统战、外事、翻译等的工作者和研究人员，以及大专院校中对《圣经》感兴趣的师生和受过高等教育的基督徒和非基督徒。

愿文庸教授的这本书今后更加完善，愿中国学者在当代圣经研究这个专门领域中作出独创性的贡献。

1991年12月于北京大学勺园

（马爱德博士时任美国旧金山大学中西文化历史研究所所长，

北京大学客座教授）

PREFACE

The Ocean in Seashell—An Introduction to the Bible

Orginally the material in this book appeared as a textbook for the students of Professor Wen Yong in the Philosophy Department of Peking University. His purpose was to introduce the Bible from the standpoint of contemporary research, an approach quite new in Chinese academic circles and therefore welcomed as an important contribution. He not only presents the formation of the Bible, different versions of the biblical books and their influence, but also treats the historical background, contents, structure and key ideas of each book. By way of example, he includes eighty stories selected from both the Old and New Testaments. He has taken account of the two different canons used by the Catholic and Protestant churches, and the books called apocrypha have also been presented.

This volume is intended for a wide variety of Chinese readers: scholars of religion and foreign literature, researchers who study the minority peoples, United Front cadres, members of China's foreign service, translators, university professors and students interested in the Bible, Christians and others who have studied in institutions of higher learning.

It is to be hoped that Professor Wen Yong's work may be further advanced by himself and others, and that Chinese scholars may make their own original contributions to the highly specialized field of contemporary biblical research.

Edward J. Malatesta, S. S. D. Director, Institute of Chinese–
Western Cultural History University of San Francisco

序三

杨周怀

在我国，公民个人的宗教信仰是受到宪法和法律保护的。特别是近十年来，宗教信仰自由政策的逐步落实为发展宗教文化、开展国际宗教文化交流和友好往来、促进世界和平事业等提供了保证，使我国的宗教事业出现了令人鼓舞的美好前景。

《圣经》是基督教信仰的依据，同时它对西方文化有极其深远的影响。要了解基督教、了解西方文化，不可不对《圣经》进行研究。这对我们的改革开放、结合我国国情吸收西方文化的精华是有很大帮助的。文庸教授的《圣经蠡测》向读者介绍了《圣经》的一些基本的、合乎实际的知识，使信仰基督教的人和不信仰基督教的人读后都能从中获得一些有关《圣经》的基本知识，既能增进彼此间的理解，又能使双方在为我国社会主义精神文明建设贡献力量时更加协调。我非常高兴地看到这本书的出版，并希望在我国多出版一些客观、正确地介绍基督教及其高尚伦理道德的书籍，为提高读者的文化知识和道德品质多作贡献。

1991年10月于燕京神学院

（杨周怀牧师时任燕京神学院教授、北京市基督教三自爱国会常委）

自序

如果说，基督教是西方精神文明的主要支柱，那么，《圣经》就是这根支柱的柱心。作为基督教的经典，《圣经》是基督教教义、神学、教规、礼仪、典故、成语等的依据。但是，《圣经》并不仅仅是基督教的经典，它还是一部学术巨著，是西方哲学、伦理、道德、文学、艺术、历史、地理、社会、民俗等范畴的丰富宝藏。一千多年来，西方各个上层建筑领域里的学者们，不论他是否是基督徒，都经常从《圣经》中汲取创作素材。因此，研究西方文化若对《圣经》一无所知，就很可能会走上“盲人骑瞎马”的危途，这绝非危言耸听。

据统计，《圣经》是世界上流传最广、发行量最大的书。它共有1400多种文字的版本，其中《新约全书》曾先后被译成1848种语言或方言。目前，全世界约有3亿册《圣经》在各地流通，每年销售量高达1500万册。此外，各种版本的《圣经》诠释、故事等书，更是不计其数。在西方，《圣经》虽非人手一册，至少也是几乎每家都有的。

相比之下，中国人对《圣经》就比较陌生了。尽管基督教传入中国已有数百年之久，致力于《圣经》翻译工作的宣教会、传教士和信徒也不乏其人，特别是在20世纪前30年中，他们曾做过不少工作，但是，《圣经》在中国并未得到普及，《圣经》的真正价值也未被中国学术界所公认。有关介绍《圣经》的书籍，除了教会出版的以解经为目的的几部诠释类的书以外，全面客观地向中国读者介绍《圣经》的中文著作还几乎是一个空白。“文革”十年动乱期间，《圣经》成了“禁书”，《圣经》研究工作自然成了

“禁区”。十一届三中全会拨乱反正以后，随着宗教信仰自由政策的落实，对外开放政策的发展和对西方文化研究工作的开展，向中国读者全面介绍《圣经》的必要性也日益突出了。本书就是在这方面所作的一个初步尝试。

本书原稿是编者给北京大学哲学系宗教学专业学生讲课时编写的讲义，力图尽量客观地向同学们介绍有关《圣经》的知识，同时也适当介绍一些教会方面对《圣经》的看法。本书借鉴、引用了许多别人的研究成果，因此只能算是“编写”。在编写过程中，编者得到了中国天主教爱国会主席宗怀德主教、北京市基督教三自爱国会常委杨周怀牧师等专家的热情鼓励与指导，使用了思高圣经学会的《圣经辞典》和朱维之先生、郭秀梅先生、张奎武先生、迟轲先生等人的著作，美国旧金山大学马爱德博士为本书作序并将目录译成了英文，又蒙冰心先生为本书题词，欧阳中石先生题写书名，在此，谨向他们表示衷心的感谢。

本书的第二章是本书的重点，其中的“神学思想”部分更是重点中的核心。神学是信徒对自然、社会等的认识、了悟的总结，见仁见智，求同存异，以我之浅薄而奢谈《圣经》中的神学问题，无异于痴人说梦，瞎子摸象。初版出版之后，每逢读到这一部分的时候常面红耳赤，惭愧万分。此次修订本出版本应对这一部分作重点提高，无奈志大才疏，只好知难而退，望读者海涵、指教。

本书第三章圣经故事部分是王云桥、张德禄两位教授根据英国人大卫·凯勒斯（David Kyles）所著的《101个最好的圣经故事》（*101 Best Bible Stories*）编译的，并根据我国的具体情况作了一些增删。

出版本书的目的主要是抛砖引玉，希望能够引起国内学术界对《圣经》研究工作的重视，多出版几部高水平的研究著作。至于本书所存在的欠妥之处，我们衷心地希望读者批评指正。

1991年10月

第一章 《圣经》简介

第一节　名称

每一种宗教都有自己的经典作为教义、教规、神学理论等的依据，如佛教有《大藏经》，伊斯兰教有《古兰经》，道教有《道藏》，基督教的经典就是《圣经》。

教会认为：《圣经》各卷是作者们在上帝的默示（Inspiration）下记录下来的“上帝的话”，并交给教会保存、解释的一部书。这部书是经过1400多年（从摩西到约翰），由不同作者，在不同时期、不同地点、不同环境中陆续记录而成。

《圣经》之所以被信徒们认为是神圣的，是因为他们相信作者所写的一切并非出于自己的意愿，而完全是记录了上帝的默示，是上帝与以色列人之间订的“约”。最初是犹太教徒，后来是基督徒，读了这些书后深受感动，逐渐搜集并保存了这些记录，成为一个汇集，并把这个汇集作为信仰与道德的标准，称之为“标准书”（Canon），把耶稣降生以前的各卷统称作《旧约标准书》，把耶稣降生以后教会初期写成的各卷统称为《新约标准书》。所谓“约”，是指上帝与人类立的“盟约”。按《旧约·出埃及记》记载，摩西带领在埃及沦为奴隶的以色列人逃出埃及后，走到西乃半岛南部的西乃山，耶和华上帝在西乃山上召见了摩西，通过摩西与以色列人订了一个盟约。作为订约一方的以色列人要遵守“十诫”（Decalogue 或 The Ten Commandments）。据说这“十诫”是上帝亲自用手指写在两块石板上的，这两块石板被称为“法版”（Tables of Testimony），“十诫”内容是：（1）除上帝外不可敬拜别的神；（2）不可敬拜偶像；（3）不可妄称上帝的名；（4）当守安息圣日；（5）当孝敬父母；（6）不可杀人；（7）不可奸淫；（8）不可偷盗；（9）不可做假证诬害人；（10）不可贪婪人的财物。作为订约一方的以色列人有义务恪守“十诫”，否则，上帝就降罚给他们。立约的另一方上帝则答应把迦南地赐给以色列人永为基业。这个盟约订立以后过了一千多年，由于以色列人屡次背约，不断犯罪，公义的上帝严厉地惩罚了他们，甚至使他们饱尝了亡国之痛；但上帝又是仁慈的，为了救赎世人，就派遣他的独生子降世为人，名叫耶稣，作为上帝与人类之间的“中保”（Mediator）。耶稣用自己的宝血作赎价，使上帝与全人类重新和好，又订立了一个新盟约。订约的一方不再局限于一个犹太民族，而是全人类，任何人都可以因信耶稣是上帝的儿子，道成肉身，为救赎人类而舍身被钉死在十字架上，而后复活、升天等等，就可以得到赦免、进天国、享永生云云，这就是“因信称义”；订约的另一方上帝则因耶稣的舍身救赎而赦免了人的罪。基督教把这个盟约称为“新约”，而称原来的“西乃盟约”为“旧约”，把《旧约标准书》称为《旧约圣经》（*Old Testament*），把《新约标准书》称为《新约圣经》（*New Testament*），所以，《圣经》又称为《新旧约全书》或《新旧约圣经》。

基督教徒认为《圣经》里记述的都是上帝的默示，是信仰的总纲，是处世的规范，是永恒的真理，因此，把它译成中文时，取其“神圣典范”、“天经地义”的意思，译为《圣经》。

其实，《圣经》的名称原来并没有“神圣”之意，它的原名有两个：

（一）Biblia：原文希腊文，意思是“书”。这个词原本是复数，泛指很多书。后来人们逐渐认为在一切书之中只有这一部书最有价值，所以在拉丁文中，它就成了单数，英文根据拉丁文音译为单数，就成了“Bible”。公元5世纪初，君士坦丁堡主教克利索斯顿开始把《圣经》称为“唯一的书”，从此，英语国家统称《圣经》为“The Bible”。

（二）Scriptura：这是个拉丁词，意思是“著作”、“文章”、“文字”，后来演变为全部《圣经》（*The Scripture*）的名称。《新约》中引用《旧约》的经文时，往往用它单指《旧约》，如“经上说”如何如何。无论发生了什么争端，就拿《旧约》上的有关论述作为解决争论的准则，只要说“经上说”、“经上记着”、“经上的话应该应验”等，争论就可平息。可见《圣经》是具有绝对权威的。

犹太教不承认耶稣是救世主，他们只接受《旧约》为自己的经典。基督教继承了犹太教的经典《旧约》，再加上自己的经典《新约》，合称《新旧约全书》。中国天主教称犹太教为“古教”，因而也称《旧约》为《古经》，称《新约》为《新经》。

第二节　书目

一、“首正经”、“次正经”与“伪经”

《圣经》中所收书目的卷数和次序，各教派略有不同。历来没有争议的各卷被称为“首正经”（Protocanonicals），亦称“正典”；有过争议的各卷被称为“次正经”（Deuterocanonicals），亦称“次经”或“后典”。

所谓“次经”是指《多俾亚传》、《友弟德传》、《巴路克书》、《智慧篇》、《德训篇》、《玛加伯上》、《玛加伯下》、《以斯帖补篇》、《但以理补遗三篇》、《耶利米书信》等。它们见于希腊文七十贤士译本，而不见于《希伯来圣经》，因此，有些学者对它们的经典地位产生了怀疑，理由有三：

第一，它们不是希伯来文作品或者其希伯来原文已失而又无法证明其原本为希伯来文，因而不是犹太经典；第二，内容与《律法书》不合；第三，写作时间在以斯拉时代（公元前5世纪后半叶）以后。基督教产生后，继承了犹太教的经典，把《希伯来圣经》作为自己的《旧约圣经》，并根据希腊文七十贤士译本把《旧约圣经》译成拉丁文，也收入了这些所谓“次经”部分，但对它们的经典地位仍有争议。后来，天主教会对1546—1563年召开的特兰托公会议（The Council of Trent）上对此问题进行了讨论与表决。1564年11月13日教宗庇护四世宣布，包括上述有争议的各卷的通俗拉丁文译本（即《武加大本》）为天主教会法定本《圣经》，所收各卷都是根据天主的默示写成的，都具有同等的经典地位，《圣经》卷册不多于此，也不少于此。东正教一般承认“次经”的经典地位，但俄罗斯正教会和基督教新教各教会则把“次经”排除在《旧约圣经》之外，只承认它们是有益的作品，应该受到尊重，但不应作为教义的根据。

《新约圣经》中的27卷早在2世纪中叶即被教会普遍接受，公元397年又在迦太基宗教会议上被确认，但仍然有人对《希伯来书》持保留意见。16世纪宗教改革时，马丁·路德不仅拒绝《旧约圣经》中的“次经”部分，而且也否认《新约圣经》中的《希伯来书》、《雅各书》、《犹大书》、《启示录》的经典地位。所以有人把这几卷称为《新约圣经》中的“次经”。

“次经”除上述被收入天主教法定本《圣经》的7卷和5篇补遗外，还有《玛拿西祷言》、《以斯拉二书》、《以斯拉三书》。这3卷被东正教（俄罗斯正教会除外）收入自己通用的《旧约圣经》之中，此外，它还收入了译自某些七十贤士译本抄本的《诗篇》第151篇和《玛加伯三书》。

总之，“次经”问题构成了基督教三大主要教派使用的《旧约圣经》书目和内容上的差别。

“伪经”（Pseudepigrapha）是指在题材与命名方面类似《圣经》，但未被教会公认为经典著作的总称。这些作品大致出现于公元前2世纪至公元

2 世纪之间，后来又被称为“圣经外传”、“外典”、“旁经”，因其全为托名之作，故称“伪经”，并无贬义。“伪经”卷数很多，很多原本已佚，有的仅存残片或卷名。从内容方面看，“伪经”各卷可分为三类：历史传奇类、智慧文学类和启示文学类；从文字方面看可分为两类：用希伯来文或阿拉米文写成的属巴勒斯坦的“伪经”，用希腊文写成的属亚历山大里亚“伪经”；习惯上则依《圣经》时代划分为《旧约伪经》和《新约伪经》。《旧约伪经》包括《禧年记》、《亚当夏娃传》、《以诺书》、《摩西升天记》、《以赛亚升天记》、《以斯拉三书》、《以斯拉四书》、《玛加伯三书》、《玛加伯四书》、《十二列祖遗言》、《所罗门诗篇》、《巴路克启示录》、《以利亚启示录》、《以西结启示录》、《西比林神谕集》等。《新约伪经》包括《希伯来人福音》、《埃及人福音》、《十二使徒福音》、《彼得福音》、《多玛福音》、《雅各原始福音》、《救主童年福音》、《彼得大事录》、《安得烈大事录》、《多玛大事录》、《保罗大事录》、《腓力大事录》、《巴拿巴大事录》、《哥林多人致保罗书》、《彼得启示录》、《多玛启示录》、《保罗启示录》、《童贞圣母启示录》等。“伪经”虽未被教会承认为经典，但也受到一些信徒们尊重，甚至为“正经”引用，如《新约·犹大书》中就引用了《伪经·以诺书》和《摩西升天记》的内容。此外，这类作品都反映了一定的历史背景，具有重要的史料价值。值得注意的是“伪经”有时也被指为“次经”。

二、《圣经》书目

《圣经》的中文译本很多，由于教派不同，对专有名词、术语的译法也不一样。特别是天主教和基督教新教各用自己的译本，不仅译本文字不同，专有名词的译法也不一致，这是值得注意的。否则，就有可能把一卷书当成两卷书，一个人当成两个人了。

中国天主教与基督教（新教）《圣经》书目译名对照表

天主教		基督教（新教）
《旧约》	创世纪（创）	创世记（创）
	出谷纪（出）	出埃及记（出）
	肋未纪（肋）	利未记（利）
	户籍纪（户）	民数记（民）
	申命纪（申）	申命记（申）
	若苏厄书（苏）	约书亚记（书）
	民长纪（民）	士师记（士）
	卢德传（卢）	路得记（得）
	撒慕尔纪上（撒上）	撒母耳记上（撒上）
	撒慕尔纪下（撒下）	撒母耳记下（撒下）
	列王纪上（列上）	列王记上（王上）
	列王纪下（列下）	列王记下（王下）
	编年纪上（编上）	历代志上（代上）
	编年纪下（编下）	历代志下（代下）
	厄斯德拉上（厄上）	以斯拉记（拉）
	厄斯德拉下（厄下）（亦称《乃赫米雅》）	尼希米记（尼）
	多俾亚传（多）（亦称《多比传》）	（无）
	友弟德传（友）（亦称《犹滴传》）	（无）
	艾斯德尔传（艾）	以斯帖记（斯）
	玛加伯上（加上）（亦称《马加比传上》）	（无）
	玛加伯下（加下）（亦称《马加比传下》）	（无）
	约伯传（约）	约伯记（伯）
	圣咏集（咏）	诗篇（诗）
	箴言（箴）	箴言（箴）
	训道篇（训）	传道书（传）
	雅歌（歌）	雅歌（歌）
	智慧篇（智）（亦称《所罗门智训》）	（无）
	德训篇（德）（亦称《便西拉智训》）	（无）
		以赛亚书（赛）
	依撒意亚书（依）	
	耶肋米亚书（耶）	耶利米书（耶）
	哀歌（哀）	耶利米哀歌（哀）
	巴路克书（巴）（亦称《巴录书》）	（无）
	厄则克耳书（则）	以西结书（结）
	达尼尔书（达）	但以理书（但）
	欧瑟亚书（欧）	何西阿书（何）
	岳厄尔书（岳）	约珥书（珥）
	亚毛斯司书（亚）	阿摩司书（摩）

（续）

天主教		基督教（新教）
《旧约》	亚北底亚书（北）	俄巴底亚书（俄）
	约纳书（约）	约拿书（拿）
	米该亚书（米）	弥迦书（弥）
	纳鸿书（鸿）	那鸿书（鸿）
	哈巴谷书（哈）	哈巴谷书（哈）
	索福尼亚书（索）	西番雅书（番）
	哈盖书（盖）	哈该书（该）
	匝加利亚书（匝）	撒迦利亚书（亚）
	玛拉基亚书（拉）	玛拉基书（玛）
共计	46 卷	39 卷
《新约》	玛窦福音（玛）	马太福音（太）
	马尔谷福音（谷）	马可福音（可）
	路加福音（路）	路加福音（路）
	若望福音（若）	约翰福音（约）
	宗徒大事录（宗）	使徒行传（徒）
	罗马书（罗）	罗马人书（罗）
	格林多前书（格前）	哥林多前书（林前）
	格林多后书（格后）	哥林多后书（林后）
	迦拉达书（迦）	加拉太书（加）
	厄弗所书（弗）	以弗所书（弗）
	斐理伯书（斐）	腓立比书（腓）
	哥罗森书（哥）	歌罗西书（西）
	得撒洛尼前书（得前）	帖撒罗尼迦前书（帖前）
	得撒洛尼后书（得后）	帖撒罗尼迦后书（帖后）
	第茂德前书（弟前）	提摩太前书（提前）
	第茂德后书（弟后）	提摩太后书（提后）
	第铎书（铎）	提多书（多）
	费肋孟书（费）	腓利门书（门）
	希伯来书（希）	希伯来书（来）
	雅各伯书（雅）	雅各书（雅）
	伯多禄前书（伯前）	彼得前书（彼前）
	伯多禄后书（伯后）	彼得后书（彼后）
	若望一书（若一）	约翰一书（约壹）
	若望二书（若二）	约翰二书（约贰）
	若望三书（若三）	约翰三书（约叁）
	犹达书（犹）	犹大书（犹）
	若望默示录（默）	启示录（启）
共计	27 卷	27 卷

说明：括号内的名称是该卷书名的简称。

三、书目分类

（一）按时期分类：以耶稣降生为分界线，称耶稣以前的经书为《旧约圣经》，称耶稣以后的经书为《新约圣经》。

（二）按内容分类：（下列书目用基督教新教《圣经》的译名，“次经”各卷用天主教《圣经》的译名。）

1.《**旧约全书**》

（1）“**律法书**”5卷（Pentateuch，亦称《摩西五经》或《梅瑟五书》）：《创世记》、《出埃及记》、《利未记》、《民数记》、《申命记》。

（2）“**历史书**”12卷：《约书亚记》、《士师记》、《撒母耳记上》、《撒母耳记下》、《列王记上》、《列王记下》、《历代志上》、《历代志下》、《以斯拉记》、《尼希米记》、《玛加伯上》、《玛加伯下》。

（3）“**先知书**”17卷：《以赛亚书》、《耶利米书》、《巴路克书》、《以西结书》、《但以理书》、《何西阿书》、《约珥书》、《阿摩司书》、《俄巴底亚书》、《约拿书》、《弥迦书》、《那鸿书》、《哈巴谷书》、《西番雅书》、《哈该书》、《撒迦利亚书》、《玛拉基书》。

（4）“**圣录**”12卷：《路得记》、《多俾亚传》、《友弟德传》、《以斯帖记》、《约伯记》、《诗篇》、《箴言》、《传道书》、《雅歌》、《智慧篇》、《德训篇》、《耶利米哀歌》。

（5）“**智慧文学**”7卷：《约伯记》、《诗篇》、《箴言》、《传道书》、《雅歌》、《智慧篇》、《德训篇》。

2.《**新约全书**》

（1）“**福音书**”4卷：《马太福音》、《马可福音》、《路加福音》、《约翰福音》。

（2）“**历史书**”1卷：《使徒行传》。

（3）“**使徒书信**”21卷：《罗马人书》、《哥林多前书》、《哥林多后书》、

《加拉太书》、《以弗所书》、《腓立比书》、《歌罗西书》、《帖撒罗尼迦前书》、《帖撒罗尼迦后书》、《提摩太前书》、《提摩太后书》、《提多书》、《腓利门书》、《希伯来书》、《雅各书》、《彼得前书》、《彼得后书》、《约翰一书》、《约翰二书》、《约翰三书》、《犹大书》。

（4）**"先知书"** 1 卷：《启示录》。

对于《圣经》各卷的分类，学者们有不同的分法。有些学者（特别是犹太圣经学家）把《约书亚记》、《士师记》、《撒母耳记（上、下）》、《列王记（上、下）》归入"先知书"，称它们为"早期先知书"，而称其他"先知书"为"后期先知书"；把《历代志（上、下）》、《以斯拉记》、《尼希米记》、《玛加伯（上、下）》归入"圣录"。有些学者把《但以理书》归入"圣录"，不承认它是"先知书"。有些学者按篇幅的长短把"先知书"分为"四大先知书"（《以赛亚书》、《耶利米书》、《以西结书》、《但以理书》）和"十二小先知书"（《何西阿书》、《约珥书》、《阿摩司书》、《俄巴底亚书》、《约拿书》、《弥迦书》、《那鸿书》、《哈巴谷书》、《西番雅书》、《哈该书》、《撒迦利亚书》、《玛拉基书》），并把《巴路克书》附在《耶利米书》之后作为附录。有些学者把《新约圣经》中的《使徒书信》又分为《保罗书信集》（指前 14 封信）和《公函集》（指后 7 封信）等。教会对《圣经》各卷的分类不置可否，学者们则仁者见仁、智者见智，并无定论。

四、章节划分

《圣经》原来不分章节，后人为了便于阅读和引用，就把经文分成了章节。《圣经》分章始于 13 世纪时的坎特伯雷总主教史蒂芬·朗顿（Stephen Langton），他把通俗拉丁文译本分了章。16 世纪，希伯来文和希腊文《圣经》也按通俗拉丁文译本分了章。1528 年，巴尼尼（Santes Pagnini Lucensis）又把《旧约正经》各卷分了节。1551 年，法国人罗伯特·史蒂芬司（Robert Stephens）又把其余各卷分了节。请注意，天主教和基督教（新教）各自使用的《圣经》汉译本在章节划分上略有不同。教会对章节的划分未曾表态，所以圣经学家对此不受限制。

第三节 《圣经》的成典过程

一、《旧约圣经》

基督教的《旧约圣经》是从犹太教继承来的。它是以犹太教《希伯来圣经》的希腊文七十贤士译本为蓝本翻译、整理成典的。

传统的意见认为《希伯来圣经》是公元前14世纪（以色列人出埃及时期或更早）到公元前5世纪初（以斯拉时期）之间的作品，是上帝对以色列人直接默示（或启示）的记录。最早的记录是《摩西五经》（犹太教称之为《托拉》），随后是先知书及其他有关上帝默示的著作。据说以斯拉时期以后，上帝停止了对以色列人的直接默示，因此人们不承认以斯拉时期以后写成的书为经典。直到17世纪，这种观点才受到圣经学家们的挑战。

学者们认为，现存有关古以色列人的历史文献，最早可追溯到公元前1223年埃及法老梅尼普塔征服巴勒斯坦的纪功碑，碑文中记载："以色列已化为废墟，但它的种族并未灭绝。"据此可以推断，埃及人征服巴勒斯坦后曾把当地的以色列人掳去做奴隶，奴隶逃亡是经常发生的事，大批奴隶集体逃亡也是极有可能的，于是以某次大批奴隶集体逃亡事件为背景产生了摩西带领以色列人出埃及的传说。这些传说逐渐由口传记录成文字。最早成文的应是《上帝十诫》，它是古以色列人最早法律（《出埃及记》第二十一至第二十三章）的总纲，《摩西五经》就是在这个基础上逐渐形成的。但是直到公元前7世纪下半叶才有关于《申命记》的正式历史记载。

公元前722年，亚述帝国灭亡了北部以色列国后，南部犹大国沦为亚述帝国的附庸。公元前7世纪中叶亚述国势渐衰，公元前621年南部犹大国王约西亚趁亚述人的威胁减弱的有利时机，发奋图强进行了一系列政治与宗教改革。为了争取人民对改革的信任与支持，约西亚授意大祭司编纂了一部律法，佯称是在圣殿中新发现的摩西的遗著，并把它作为改革的依据，被后人称为“善意的欺骗”。据信这就是后来成书的《申命记》的一部分。这一事件记录在《列王记》中。《列王记》的史学价值是学术界公认的，但从《列王记》中找不到另外有关《摩西五经》的记述。因此可以推断，原始的《摩西五经》是以片段的形式由上层祭司掌管，并未编纂成书，一般平民，甚至下层祭司都没有见过这些记录。公元前597年和公元前586年，巴比伦人曾先后两次攻陷耶路撒冷，焚掠圣殿，圣殿中保存的书面文献尽数丧失，一部分散失于民间，一部分由被掳的难民随身带往巴比伦。严重的民族灾难使以色列人的宗教观念发生了巨大的变化，他们痛定思痛，以先知的教诲和《申命记》的思想与指导进行了反思，深信背离耶和华上帝是一切灾难的根源，并用这种新的宗教观念把已有的古老记载加工整理成书。公元前539年，波斯帝国灭巴比伦王国，为了与埃及人和马其顿人争夺地中海东部的霸权及巩固西部边防，从公元前538年起，先后把掳往巴比伦的以色列人释放回国。这些以色列人在民族领袖所罗巴伯、尼希米、以斯拉等人率领下返回故国，重建耶路撒冷圣殿，修复耶路撒冷圣城，建立藏书馆收集失散的经书。为了巩固重建的神权政体，约公元前400年时，以斯拉、尼希米召集群众大会，向群众宣读并讲解《律法书》。“以斯拉站在众民以上，在众民眼前展开这书。他一展开，众民就站起来。以斯拉称颂耶和华至大的上帝，众民都举手应声说：‘阿门！阿门！’就低头面伏于地，敬拜耶和华。”（参见《尼希米记》第八章第5—6节）可以断定，以斯拉所展示的《律法书》就是已经初具规模的犹太教最高经典《摩西五经》。

继《摩西五经》之后整理成书的是《先知书》，先知是公元前 10 世纪以后以色列奴隶制社会中阶级斗争的产物。残酷的阶级压迫促使一些同情被压迫人民的有识之士冒着鞭打、监禁、放逐、杀头的危险，奔走呼吁为民请命，向统治者犯颜直谏，抨击时弊，揭露祭司、贵族、奴隶主的种种罪行，反对高利贷，反对土地兼并。他们在斗争中使用的唯一武器就是自称是他们的民族保护神的代言人，是奉耶和华上帝的默示而说话行事的。这是在宗教旗帜下进行政治斗争的一种方式，这种方式既能有效地保护自己，也能收到最好的效果。所以，先知就是“上帝的代言人”，他们的活动既涉及政治斗争，也涉及宗教斗争。公元前 8 世纪以前的先知都没有留下著作。公元前 8 世纪中叶，犹大国提哥亚的牧羊人阿摩司自称蒙召来到北国以色列执行先知使命。当时北国以色列在耶罗波安二世统治下正处于鼎盛时期，但阿摩司发现在繁荣的表面下潜伏着深刻的民族危机。于是他大声疾呼，抨击宗教堕落、政治腐败、社会不公，预言以色列必遭受耶和华的惩罚。阿摩司的抨击使以色列政教当局对他恨之入骨，结果，阿摩司被逐回南国犹大。回国后，阿摩司把自己在北国以色列执行先知使命的经历记录下来，成为第一个有著述的先知，开创了先知文学的先河。阿摩司之后，何西阿、以赛亚、弥迦继起；公元前 7 世纪以后又陆续出现了那鸿、西番雅、哈巴谷、耶利米等先知，以他们的名字命名的先知书都是以色列人被掳往巴比伦之前的作品。公元前 597—前 538 年以色列人流亡巴比伦时期出现了先知以西结，他预言以色列民族复兴，用上帝的恩许挽救了以色列人因国破家亡而面临的精神崩溃。公元前 6 世纪末，以色列人返回故国重建家园时期又出现了哈该、撒迦利亚、玛拉基等先知。这期间，除上述先知们的著作陆续完成外，《约书亚记》、《士师记》、《撒母耳记》、《列王记》这些记录古以色列人历史的《先知书》也陆续完成。于是，以色列人在《摩西五经》成典以后，又把《先知书》整编成自己的第二批经典。

《希伯来圣经》中除《摩西五经》和《先知书》外，其余各卷统称为《圣录》，是公元前4—前2世纪中叶陆续成典的，当然其中包括了不少古老的文字记录。

公元前3—前1世纪，《希伯来圣经》在埃及被译成了希腊文七十贤士译本。基督教诞生后把它继承为自己的《旧约圣经》，但事情并未结束。公元2世纪出现了“次经”问题的争议，公元5世纪争议逐渐平息；到了16世纪争议又起，直到1564年天主教特兰托公会议决定通俗拉丁文译本为《圣经》的法定版本，《旧约全书》才最后定型。

二、《新约圣经》

《新约圣经》各卷是在1世纪中叶到2世纪末相继成书的。初期的基督教没有自己的经典，当时信徒多数是犹太人，所以就继承了犹太教的《希伯来圣经》作为自己的经典。后来基督教逐渐传播到非犹太人中间，形成了所谓“外邦人的教会”，这些非犹太人基督徒对犹太教经典很不熟悉，也不感兴趣，就要求有新的经典来适应传教的需要，于是各地教会中陆续出现了一些新的传教材料。在流传使用中，一些材料逐渐获得了较高的威信，被公认为阐述教义的权威著作，收集成册后便成了《新约圣经》。

《新约》各卷中，《启示录》的成书时间可以确定为在公元68年。它的写作思想受《旧约圣经》（特别是《但以理书》）的影响极深，是犹太启示文学的典型作品，书中的许多隐喻都取材于《旧约》，这说明它是基督教还未完全脱离犹太教而独立时期的产物。书中充满了犹太人对罗马统治者强烈的民族仇恨，而又不敢直言不讳地表露这种民族感情，只好求助于启示文学的表现手法来发泄，这说明写作时间很可能是犹太战争（66—70年）最激烈的时期。恩格斯在《论早期基督教的历史》一文中就指出：“在新约中有唯一的一篇，它的写作时间的判定可以精确到几个月内：它大概是在 67 年 6 月和 68 年 1 月或 4 月之间写出的……这一篇就是所谓的约翰启示录……”[1]

《福音书》是《新约》中最早成典的书，它们产生于 1 世纪后半叶，到 2 世纪中叶定型，并获得了公认的经典地位。《保罗书信集》传统意见认为应写于 1 世纪五六十年代，但实际上定型于 2 世纪中叶以后。《使徒行传》也是 2 世纪下半叶才被接受为经典的。《七公函》与《启示录》则是《新约》中成典最晚的书。

总之，从 1 世纪中叶到 2 世纪末叶，《新约》各卷都陆续出现、定型并陆续被教会接受为经典。但这期间在各地教会中流传的还有其他许多经卷，如《彼得福音》、《腓力福音》、《多马福音》、《马利亚福音》、《十二使徒遗训》、《彼得启示录》、《牧人书》等等，这些书在当时教会中也有一定的地位。这种现象在不同程度上反映了当时基督教会内部各宗派之间矛盾斗争的情况。随着社会发展的需要，教会内各宗派渐趋统一，到 4 世纪初，现有《新约全书》各卷虽逐渐取得了多数教会公认的权威地位，但仍未被编订成一部法定经典。公元 325 年，罗马帝国皇帝君士坦丁召开了著名的尼西亚宗教会议，把基督教纳入了自己的政治轨道。公元 330 年君士坦丁大帝委托西撒利亚主教犹西比乌负责编选 50 部经典，以皇帝的名义颁发给各主要教会以统一思想。公元 397 年，基督教第三次迦太基宗教会议才以教会的名义作出决定，确定了《新约全书》的内容目次，这就是现在流传使用的《新约圣经》。但是，随着“次经”问题的争议，圣经学家们对《新约圣经》中的几卷也提出了异议。到 16 世纪宗教改革运动兴起时，马丁·路德就曾拒绝承认《希伯来书》、《雅各书》、《犹大书》和《启示录》为《圣经》。不过，后来基督教新教多数教派都将上述各卷纳入《新约全书》之中，承认其经典地位。

---

[1] 《马克思恩格斯全集》第 22 卷，第 533 页。

第四节 《圣经》的主要版本

据20世纪80年代有关机构统计，《圣经》共1400种文字的版本，其中《新约全书》曾先后被译成1848种语言与方言，各种单行本不计其数。

一、古抄本

最古老的《旧约》经卷是犹太经学家们用古希伯来文抄写在羊皮卷或纸莎草上的，一般是单页或长卷形式。

《死海古卷》又称《库姆兰古卷》。1947—1966年，在约旦死海西岸的瓦迪·库姆兰的山洞群里陆续发现了大批文献，其中有很多手抄本经卷，如《以赛亚书》全卷及残片，《哈巴谷书》第一至第二章的注释，《创世记》第一章第18节、第三章第11节、第四章第17—19节，《出埃及记》第七章第12—16节，《利未记》第十一章第10—11节、第三十章第20—24节，《民数记》第一章第48—50节，《申命记》第二章第47—49节，《士师记》第六章第20—22节，《撒母耳记上》第十八章第17—18节，《撒母耳记下》第二十一章第16—18节以及《诗篇》第八十六篇第5—8节等经文的残片。据专家们考证，其中最古老的手卷大约是公元前4世纪的抄本，最晚的也应在公元前68年以前，是现存《圣经》抄本中最古老的。

大英博物馆珍藏的西乃抄本，抄写年代约在4世纪中叶，共800页羊皮纸，原藏西乃半岛的圣凯瑟琳修道院，1933年归大英博物馆。

罗马梵蒂冈图书馆珍藏的希腊文抄本，抄写年代约在5世纪中叶。

埃及开罗图书馆珍藏的巴比伦《圣经》古卷，抄写年代约在916年，部分《先知书》的抄写年代约在895年。

列宁格勒博物馆珍藏的全部希伯来文《圣经》古卷，据考证是缪尔本·雅各布于1009年抄写的。

二、希腊文七十贤士译本（只有《旧约》）

七十贤士译本（Septuagint），又称七十子译本，是《旧约》的最古译本，大约译于公元前3—前1世纪。这个译本按亚历山大里亚“经书目录”的传统，收入经书50卷，即除了39卷“首正经”外，还有7卷“次经”和4卷“伪经”。

（一）来源与名称

据说，公元前3世纪中叶时，埃及国王托勒密（Ptolemy，前285—前247年）由耶路撒冷请了72位犹太“经师”前往亚历山大里亚，请他们把《摩西五经》译成希腊文以充实该城的图书馆，并为不懂希伯来文的犹太侨民提供方便。经师们在快乐岛（Pharo）各居一室，工作了72天，译完《旧约》。奇怪的是他们的译文竟彼此逐字相同，遂被说成是在上帝默感下译成的。后来，圣经学家们认为译者只有70人，故称之为七十贤士译本，又名亚历山大里亚译本（The Alexandrian Version），简称“LXX”（罗马数字70）或希腊文译本，简称“G”（Greek Version）。这当然是个传说故事。事实上，这个译本是从公元前3世纪起由许多佚名译者先后用了近两个世纪的时间才陆续译成的。后来在亚历山大里亚一带流传使用中汇集成书。

（二）重要价值

（1）它不单纯是个译本，而且还附有释义；（2）它是当时希腊化犹太人的通用本，特别是耶稣及其门徒们使用的也是这个译本；（3）《新约》中曾300多次引用《旧约》经句，大部分引自这个译本；（4）初期教会以这个译本为《旧约》法定本（《但以理书》除外）；（5）大多数希腊教父都使用这个译本，讲道时把它作为蓝本。

三、叙利亚文译本（Syriac Versions）

叙利亚文的《旧约》译本是仅次于七十贤士译本的最古老的译本，叙利亚文的《新约》译本则是最古老的译本。这些译本在圣经研究中的价值极大：（1）以《旧约》译本而言，它们反映了当时信徒的日常生活，并表露了当时政治的动荡和教会的“异端”；（2）以《新约》译本而言，它是最古老的译本，而且是与耶稣当时使用的语言最接近的文字。

（一）《旧约》译本

（1）培熹托译本（The Peshitto 或 The Peshitta），译于公元 1—2 世纪，（2）叙利亚文非罗色诺译本（The Syro-Philoxenian Version），译于 508 年；（3）叙利亚文巴勒斯坦译本（The Syro-Palestinian Version），译于 7 世纪；（4）叙利亚文六栏本（The Syro-Hexapla），译于 615—617 年。

（二）《新约》译本

（1）福音合参（The Diatessaron），约译于 172 年；（2）叙利亚文顾勒登译本（The Syro-Curetonean Version），译于 3—4 世纪；（3）叙利亚文西乃译本（The Syro-Sinaitic Version），约译于 3 世纪，1892 年被发现于西乃山的圣加大利纳隐修院，故名；（4）《新约》简明本（The Peshitto of the N. T.），翻译时间不详，5 世纪时已通用；（5）叙利亚文非罗色诺译本（The Syro-Phi-loxenian Version），是《新约简明本》的修订本；（6）叙利亚文哈尔克译本（The Syro-Harclean Version），译于 614—618 年；（7）叙利亚文巴勒斯坦译本（The Syro-Palestinian Version），译于 7 世纪。

四、哥特文译本

哥特文译本（Gothic Version）是4世纪时译成的，现存的手抄本是5—6世纪的产物。

五、拉丁文译本

《圣经》译本之中，除了希腊文译本和叙利亚文译本外，拉丁文译本（Latin Versions）占有更重要的地位。

（一）古拉丁文译本（Vetus Latina）

1. **名称与种类**：古拉丁文译本是泛指圣哲罗姆的通俗拉丁文译本以前的一切拉丁文译本。这些古拉丁文译本抄本很多，由于历代传抄时留下的笔误、修改等，抄本内容都不尽相同，很难断定是一个译本还是多种译本，但至少可以分为两种主要版本：非洲古拉丁文译本和欧洲古拉丁文译本。后者又分法国版本和意大利版本。

2. **来源**：无法确定这些古拉丁文译本是什么时候开始翻译的，只能说，当罗马帝国有众多不懂希腊文的基督徒时，就开始有了拉丁文译本。公元180年已有部分《圣经》译成了拉丁文，全部《圣经》至迟在公元258年就已全部译成。从译文的风格和翻译方式来看，可知这些古拉丁文译本是由多名译者在不同年代里分别译出的。

3. **价值**：（1）这些译本历史悠久，《旧约》译自七十贤士译本，《新约》译自希腊文原本，是研究《圣经》的重要资料；（2）古拉丁文译本，除了《旧约》的“首正经”外，可以说是通俗拉丁文译本的蓝本，有助于研究通俗拉丁文译本的形成；（3）拉丁礼仪、拉丁教父及作家都采用古拉丁文译本，即是在通俗拉丁文译本问世以后，古拉丁文译本（尤其是其

《旧约》部分）仍然是当时的通用本，直到9世纪才被通俗拉丁文译本所取代；（4）它们是研究拉丁语、初期拉丁教会的动态、神学思想及术语演变的重要资料。

（二）通俗拉丁文译本（Vulgate）

又译武加大译本。Vulgate一词来自拉丁文Vulgata，意为“普遍的”、“通行的”。这个名称最初也指当时通用的七十贤士译本及古拉丁文译本，到16世纪初，才成为圣哲罗姆的通俗拉丁文译本（又称《拉丁通行本》或圣哲罗姆译本）的专有名词。

1. **来源**：382年，罗马主教达马苏斯一世（Damasus Ⅰ，亦译达马苏一世）因为古拉丁文译本的各种抄本很不一致，就委托圣经学家、拉丁教父哲罗姆（Jerome）修订古拉丁文译本，以编订一部统一的《圣经》拉丁文译本。383年，哲罗姆开始校译《福音书》。384年，达马苏斯一世逝世。385年，哲罗姆迁往巴勒斯坦的伯利恒，在一座隐修院里继续译经工作，到390年将《新约》校订完毕，在朋友们的支持与请求下又开始校译《旧约》，最后于405年完工。

《旧约》：（1）五卷“次经”（《巴路克》、《智慧篇》、《德训篇》、《玛加伯上》、《玛加伯下》）直接取自古拉丁文译本，因为哲罗姆和巴勒斯坦的犹太人一样，认为非希伯来文的经书不是“正经”；（2）另外两卷“次经”（《多俾亚传》、《友弟德传》）则在朋友们的要求下译自阿拉米文本；（3）《艾斯德尔传》（《以斯帖记》）、《达尼尔》（《但以理书》）中的“次经”部分取自古拉丁文译本；（4）哲罗姆先以七十贤士译本为蓝本修订古拉丁文译本的《圣咏》（《诗篇》），成为罗马礼仪用本，名为《罗马圣咏集》，列入《罗马大日课》；后来他又根据六栏本修订古拉丁文译本的《圣咏》，成为高卢的礼仪用本，名为《高卢圣咏集》，列入通俗拉丁文译本；他还由希伯来文直接翻译了《圣咏》，名为《希伯来文圣咏直译》；

（5）《旧约》的“首正经”各卷则译自希伯来文，共费时 15 年（390—405 年）。

2. **价值**：通俗拉丁文译本的修订、翻译工作共用了 20 多年（382—405 年），文词优雅，着重意译，尤以《新约》的译文最好。但是，这个译本问世后，却没有受到广泛的欢迎，当时通用的仍然是古拉丁文译本，直到 8 世纪末、9 世纪初它才逐渐取代了古拉丁文译本。1564 年 11 月 13 日（一说是 1564 年 4 月 8 日），在特兰托公会议上，天主教会当局正式宣布哲罗姆的通俗拉丁文译本的真实性、权威性及其所收各卷的“正典性”，宣布《圣经》的卷数不多于此，也不少于此，承认通俗拉丁文译本是天主教会的法定本《圣经》，是天主教信仰的正确而又可靠的源泉，才确立了通俗拉丁文译本的地位。

六、英文译本

天主教使用的《圣经》英文译本是 1609 年核定的“多阿伊本”（The Douai-Rheims Bible-Roman Catholic Version）。

基督教（新教）使用的《圣经》英文译本影响较大，几个比较重要的英文译本有以下几种。

（一）《大圣经》（*The Great Bible*）

1538 年 9 月，克伦威尔下令英国各教区都应配置这个《圣经》版本，但到 1539 年才发行。该版本出于科弗代尔（M.Coverdale）之手，起初在巴黎印制，后迁伦敦。1540 年 4 月，科弗代尔进行校订后再版，附有克兰默的一篇序文，故又称《克兰默圣经》，又因其中提到“从示巴出的乳香”（《耶利米书》第六章第 20 节），故又称《乳香圣经》。

（二）《日内瓦圣经》（*The Geneva Bible*）

《日内瓦圣经》是1560年在日内瓦译成的英文版《圣经》，译者是逃避宗教迫害而逃往日内瓦的英国人，其中包括诺克斯·约翰。这件事鼓舞英王詹姆士一世（James Ⅰ）组织学者翻译《钦定译本圣经》。该版本有加尔文的注释，也是第一版划分章节的《圣经》。

（三）"钦定本"（*The Authorized Version*）

1604年，英王詹姆士一世鉴于当时英国新教各教会使用的《圣经》没有一个公认的权威英文译本，就在罕普顿（Hampton）宫召开的御前会议上下令成立了一个翻译机构，重新翻译《圣经》。参加这项工作的共有54人，他们收集了当时可能找到的各种版本的《圣经》及研究资料，以希伯来文的《旧约》和希腊文的《新约》为蓝本，工作了三年，最后由牛津大学的迈尔斯·史密斯统一定稿，完成了这一部巨著.（另一种说法是詹姆士一世指令47位圣经学家在大主教兰斯洛特·安德鲁斯[Lancelot Andrewes]主持下完成的。）这部英文译本《圣经》于1611年印行，卷首印有"托上帝的恩惠，献给最伟大、最有权力的詹姆士王"（To the most high and mighty Prince James, by the Grace of God），所以这个译本称为"詹姆士王本"（The King James'Bible），一般通称"钦定本"。这个译本语言丰富，文字优美，文学价值极高，被公认为英国文学中的一部名著，对后来的一些文艺作品（如莎士比亚的剧作）影响很大。

"钦定本修订版"（*The Revised Authorized Version*，简称"钦定本"）。"钦定本"虽然具有很高的文学水平，但由于历史条件的限制，如历史资料的匮乏，对原文的理解不够精确等，有些地方难免译错或欠妥。1870年英国教会人士发起对"钦定本"的修订。1881年，《新约》"修订本"问世，1885年，《旧约》"修订本"发行。这部修订后的《圣经》版本又称为“修订钦定本”，简称“修订本”，至今仍是最通用的版本之一。现在人们通常说的“钦定本”就是指这个“修订本”。

（四）“标准本”（The Standard Version）与“修订版标准本”（The Revised Standard Version）

英国的“钦定本修订版”《圣经》问世以后不久，美国圣经学家们为了适应美国信徒的需要，以英国“修订本”为基础再进行校订，于1901年刊印，称为“标准本”。1928年美国教会又开始对“标准本”进行修订，1946年出版了修订版《新约》，1952年9月30日又发行了修订版《新旧约全书》，称为“修订标准本”，译文水平颇高，在圣经学界获得了相当高的地位。它和英国的“修订钦定本”并列为最通用的《圣经》英文译本。

（五）《新英语圣经》（*The New English Bible*）

“修订本”的问世，固然纠正了原“钦定本”翻译上的一些错误和欠妥之处，但仍然遗留了一些有争议的章节。1947年，在约旦死海附近的瓦迪·库姆兰山洞群里发现的《圣经》手抄本，给解决这些疑难问题提供了依据，使《圣经》的研究工作进入了一个新的阶段。此外，“修订本”《圣经》的译文用的仍然是旧英语，有些单词已被淘汰，文词虽美，但失之于不够通俗。为了适应语言的变化及传教工作的需要，英国教会人士又发起重译了一部新版本，名为《新英语圣经》，简称“新本”。1961年《新约》初版，1970年《旧约》及“次经”同时问世，合订为“新本”《圣经》。

“新本”集当代《圣经》研究成果之大成，译文使用的是现代英语，通俗易懂，又没有派别之争、门户之见，所以它也是目前较好的一个英文译本。

《新英语圣经》中除《新旧约全书》外，还包括了“次经”。公元前3世纪至前1世纪的七十贤士译本中原来收有“次经”。5世纪初哲罗姆将《旧约》译成拉丁文时，也翻译了“次经”各卷，但它们的希伯来文的原本却辗转流失了，为此，对“次经”各卷的权威性曾经有过争议。16世纪欧洲宗教改革时，新教徒们因为找不到它们的希伯来原文，视之为“伪作”，把它们从《旧约》中排除出去，但罗马天主教会仍然把它们保留在自己使用的《旧约》之中。其实，把“次经”各卷视为“伪作”是不公正的。因为《圣经》各卷差不多都是后人假托之作。如前所述，《摩西五经》明明是公元前8—前7世纪的产物，却把它提前几个世纪，硬记在游牧社会传说人物摩西的名下；《以赛亚书》后半部和前半部截然不同，分明不是出于一人之手，可从来没有人把它们视为“伪作”。所以，“次经”被视为“伪作”，排除在《旧约》之外的根本原因，并不在于它是真是假，而是教会内部宗派斗争的结果。“新本”在翻译过程中，邀请了各宗派代表参加，集思广益，求同存异，摆脱了宗教的派别成见，把“次经”也包括了进去，对其真伪问题并不表态。因此，“新本”翻译的成功使《圣经》研究工作前进了一大步。

1966年美国圣经会出版“现代英文译本”（Today’s English Version），1976年又出版了《福音圣经》（*The Good News Bible Today’s English Version*）也是用现代英语翻译的。

1990年美国出版适合美国读者的《公教研读圣经》（*Catholic Study Bible-New American Bible*）是天主教使用的。

《圣经》英文译本的渊源（古希伯来文经卷）

公元前3世纪希腊文七十贤士译本（Septuagint）

公元405年，通俗拉丁文译本Vulgate（圣哲罗姆译本）

《新约》各卷：“西乃抄本”、“亚历山大里亚抄本”、“梵蒂冈抄本”

735 年，比德译本（《约翰福音》）[Bede（Anglo-Saxon）]

1384 年，约翰·威克利夫译本（《旧约》）[John Wycliffe（First English Bible）]

1522 年，马丁·路德译本（《新约》）（德文版）[Luther（German）]

1526 年，威廉·廷代尔译本（《新约》）[William Tyndale（First Printed English New Testament）]

1535 年，迈尔斯·科弗代尔译本 [Miles Coverdale（First Printed English Bible）]

1539 年，大圣经（The Great Bible）

1560 年，在日内瓦出版了第一部用活字版铅印的小型版本加尔文宗《圣经》，The Geneva Bible

1568 年，主教本《圣经》（The Bishops'Bible）

1609 年，罗马天主教核定的多阿伊本《圣经》[The Douai-Rheims Bible （Roman Catholic Version）]

1611 年，钦定本《圣经》[The Authorized Version（The King James' Bible）]

1881 年，钦定本《圣经》（《新约》）修订版（The Revised Version）

1885 年，钦定本《圣经》（《旧约》）修订版（The Revised Version）

1901 年，标准本《圣经》（The Standard Version）

1952 年，标准本《圣经》修订版（The Revised Standard Version）

1961 年，新英语《圣经》（《新约》）（The New English Bible）

1970 年，新英语《圣经》（《新旧约全书》，次经）

1976 年，《福音圣经》（The Good News Bible-Today's English Version）[1]

---

[1] 另一种说法认为“威克利夫译本”是《新旧约全书》，其中《新约》为威克利夫所译，《旧约》为希立佛得的尼哥拉所译。1388 年，威克利夫的门人约翰·普尔维将全部译文修订整理，销售量很大。其中的《新约》译文更为生动流畅，对英国文学有很大影响。

七、汉语译本

(一)景教的《圣经》译本

781 年(唐德宗建中二年),景教的景净辅理主教主持刻了"大秦景教流行中国碑",1625 年(明天启五年)在西安附近出土,凡 1780 字,陈述景教教义大纲,其中说耶稣"圆廿四圣有说之旧法,理家国于太猷",又说耶稣死后"亭午升真,经留二十七部"。根据这两句碑文推测,前一句中的"旧法"应是指《旧约》,后一句中的"二十七部"应是指《新约》,景教可能有中文译本《圣经》,从卷数推测,可能是根据《圣经》叙利亚文译本翻译的。碑文又说:"大秦国有上德,曰阿罗本,占青云而载真经,望风律以驰艰险。贞观九年祀至于长安,帝使宰臣房公玄龄总仗西郊,宾迎入内,翻经书殿,问道禁闱,深知正真,特令传授。"可见景教在唐太宗时就有了译经的工作。有一份景教文献名为《尊经》(写作年代不详),记录了 35 本《大秦本教经》,并说景净"译得以上三十部"。这些书名中有《多惠圣王经》(即《诗篇》)和《阿思(音恩)瞿利容经》(即《福音书》)。因此,圣经学家们认为景教曾经将《圣经》全部(至少局部)译成汉语。但是,在吐鲁番(1885—1905 年)及敦煌(1906—1908 年)发现的景教文献中却没有任何景教《圣经》汉语译本。值得注意的是,有一份文献名叫《世尊布施论第三》(作于唐太宗贞观十五年,641 年),开头的 62 节却很像《马太福音》第六至第七章耶稣"登山训众"的摘录,只缺少"主祷文",与公元 1 世纪末的《十二使徒遗训》(*Didache*)很相似。总之,根据现有资料来看,景教可能正式翻译过《圣经》,不过到现在为止,还没有发现景教《圣经》的完整译本。

(二)中国天主教的《圣经》译本

1294 年,方济各会士、意大利人孟德哥维拿的若望(John of

Montecorvino）将罗马公教传入中国（据称1583年5—8月间广东肇庆青年信徒若望首创"天主"的尊号，遂将中国罗马公教汉译为"天主教"），从他的信件中，我们知道他曾把《圣咏》和《新约全书》译成了当时"鞑靼人通用的语言"在崇拜礼仪中朗诵及宣讲。不过，这个译本早已失传，学者们无法肯定他所说的"鞑靼人通用的语言"是蒙古语还是汉语。

元亡后，天主教在华传教事业再度中断。1552年，耶稣会士圣方济各·沙勿略（St. Francis Xavier S. J.）来东方传教，中国的天主教会又开始了一个新纪元。初期的经文译本只有3类：(1)《圣经》经句诠释；如利玛窦的《天主实义》(1595年)、阳玛诺（Emmanuel Diaz S. J.）的《十诫直诠》(1642年）等。(2)《圣经》史实：如庞迪我（Didacus Pantoja S. J.）的《受难始末》、艾儒略（Julius Aleni S. J.）的《天主降生言行纪略》(1635年)、阳玛诺的《圣若瑟行实》(1674年）等。(3）部分《圣经》译文；如阳玛诺的《圣经直解》(1636年)，利类思（Louis Buglio S. J.）的《弥撒经典》(1670年)、《司铎日课》(1674年)、《圣母小日课》(1676年)、《已亡日课》等。可以说都不是正式的《圣经》汉语译本。

第一个正式的《圣经》汉语译本：约1700年，巴黎外方传教会会士巴设（J. Basset M. E. P）根据通俗拉丁文译本翻译了《四史福音会编》、《宗徒大事录》、《圣保禄书信》、《希伯来书》第一章；《新约》中的其他部分，如《希伯来书》第二至第十三章、七封《公函》及《默示录》，巴设可能没有翻译，或者译出而失传了。巴设的译文是简单通俗的白话文，有些专有名词逐渐定型，沿用至今，有些则含义模糊，有欠准确。巴设的译本没有正式出版发行，只有抄本流传。其译本现存伦敦大英博物馆(British Museum)，称为"Sloan Manuscript"。后来马礼逊翻译的《新约》就是以巴设的译本为蓝本，他于1807年带来的巴氏译本的抄本现存香港大学图书馆。

第二个正式的《圣经》汉语译本：这个译本也是第一个《新旧约全

书》的汉语译本，是耶稣会士贺清泰（Louis de Poirot S. J.）约在1800年根据通俗拉丁文译本翻译的，缺少（或遗失了）《雅歌》及大部分《先知书》（只译了《依撒意亚》、《达尼尔》和《约纳》），并按Cornelius a Lapide S. J.的注释本（Commentary）加上了经训。译文简单通俗，有时带有北方俚语；《圣咏》、《先知书》及《智慧书》的译文常有不易读懂的地方，专有名词、动植物学名及《圣经》术语的译法不一致。这个译本也没有出版，原稿新中国成立前存在北京西什库天主教北堂图书馆，一说存于上海徐家汇耶稣会图书馆。

1875年及1883年，王多默神甫先后翻译了《四福音》及《宗徒大事录》。同时辛方济神甫也翻译了《四福音》。这些译本都没有出版，译稿解放前存于上海徐家汇图书馆。1892年，巴黎外方传教会会士德雅（J. Dejean M. E. P.）出版了他翻译的《四史圣经译注》，译文"雅"而不"信"。1897年，耶稣会士李问渔翻译并出版了《新经全集》，译文较"雅"，而"信"、"达"则较差，特别是《圣保禄书信》。

1913年，辅仁大学奠基人马相伯翻译了《新史合编直讲》，译文"达"而"雅"，他还出版了《救世福音》（1937年）和《注解四史圣经》（1948年）。

1919年，耶稣会士萧静山出版了《四福音》，1922年又出版了《新经全集》，译文简洁通顺，语气热切动人，成为中国天主教会的通用本。1932年，耶稣会士巴鸿勋（J.Bataille S. J.）用萧静山的译文出版了《新经合编》。1948年，耶稣会士们按照希腊原文修订并出版了萧静山的《新经全集》。

1923年，巴黎外方传教会会士卜士杰（P. Bousquet M. E. P.）翻译了《新经公函》和《默示录》，欧声石（L. Aubezac M. E. P.）先后于1915及1927年翻译了《圣保禄书信》及《宗徒公函》。耶稣会在狄守仁（P. Petit S. J.）领导下也先后出版了《福音》（1940年）、《新经全书》（1949年）、

《宗徒大事录》(1955 年)、《罗马书》(1956 年)。这些译文的水平都不算很高。

1946、1949 年，吴经熊博士根据英文、法文先后翻译了《圣咏释义初稿》及《新经全集》。译文“雅”而欠“信”，尤以《圣咏》及《圣保禄书信》为甚。

1945 年，方济各会士雷永明（Gabriel M. Allegra O. F. M.）在当时教廷驻华代表蔡宁总主教（Mgr. M. Zanin）的赞同及祝福下，在北京创立了“思高圣经学会”(1948 年迁香港)。由十几位方济各会士共同努力，费时 16 年（1945—1961 年）根据《圣经》原文翻译了全部《圣经》，并附加了引言、注释和附录，共 11 卷，1963—1968 年，又用了 5 年时间对这 11 卷《圣经》进行修订，出版了《圣经》合订本，附有简短引言、注解、插图，附录及彩色地图，译文水平极高，称为“思高本”。

1969 年，台湾光启出版社出版了《新经全集新译本》，共两册，即《四福音》、《宗徒大事录》和《宗徒书信》、《默示录》。

进入 20 世纪 80 年代后，中国天主教教务委员会为满足全国神长教友读经的需要，先后印行了《新经全集》和《古经全集》，成为当前中国天主教会通用的法定本《圣经》。

（三）中国基督教新教的《圣经》译本

第一本基督教新教的《圣经》汉语译本是马士曼（Joshua Marshman）和拉沙（Joannes Lassar）根据拉丁文本在印度译成的，其《新约》部分于 1811 年印行，《圣经全书》则于 1822 年以五卷本出版。1823 年 5 月马士曼的儿子将样本呈送给伦敦大英圣书公会。

第一个在中国把《圣经》译成汉语的是马礼逊（Robert Morrison）。1807 年，马礼逊到达广州时带来了一份天主教《圣经》巴设译稿的抄本。1810 年和 1811 年，马礼逊先后译成了《使徒行传》和《路加福音》；

1813年译成了《新约圣经》，并于1814年印行。《旧约》则是他和米怜（William Milne）共同翻译的。1823—1824年出版了《圣经全书》（又称《神天圣书》），共21卷，由马礼逊的儿子马儒翰（J. R. Morrison）送交大英圣书公会作样书。1845年，米怜的儿子美魏茶（William Charles Milne）又修订了《路加福音》和《使徒行传》。

此后不久，由麦都思（Medhurst）、郭实猎（Gutzlaff）、裨治文（Brigman）和马礼逊的儿子马儒翰组成四人小组翻译《圣经》。《新约圣经》于1837年出版，名为《新遗诏书》，是石印本；《旧约圣经》则于1838—1840年出版。1840年，郭实猎又出版了他个人修订的《新遗诏书》，改名为《救世主耶稣新遗诏书》，太平天国曾使用过这个译本，但颇多删改。

1843年，伦敦会、公理会、美国浸礼会等传教会的代表在香港举行会议，决定修订一本完善的《圣经》译本，名为代表译本（Delegates' Version，又称会使译本）。1853年出版了《新约圣经》。由于对"God"一词的译法意见分歧，不得已出版了两个版本：美华圣经会采用"神"字，称"神本"；大英圣经会采用"上帝"，称"上帝本"。浸礼会则早已退出并按照马士曼译本另行出版。

修订《旧约圣经》的工作，由来自广州、香港、厦门、福州、宁波、上海等地的教会代表组成的委员会进行；也是由于意见分歧，分成两个团体各自工作：一个团体由麦都思、米怜、施敦力（John Stronach）、理雅各（James Legge）组成，译订工作于1853年完成，1854年出版，与《新约圣经代表译本》合订，名为《代表译本圣经》；另一个团体由裨治文和克陛存（M. S. Culbertson）组成，1859年和1862年先后出版了《新约圣经》和《旧约圣经》新译本，为美华圣经会采用。

浸礼会则由高德（J. Goddard）修订马士曼译本，1853年出版了《新约圣经》，1883年又由罗尔梯（E. C. Lord）对该译本进行修订出版。至于《旧约圣经》译本，也由高德和罗尔梯相继完成，于1868年出版。

1890 年，基督教各差会在上海举行传教大会，会议决定出版《和合译本》（*Union Version*），分文理、浅文理和官话三种版本。《文理和合译本》先后由湛约翰（John Chalmers）、艾约瑟（Joseph Eckins）、惠志道（John Wherry）、谢卫楼（Z. Shelffield）、沙牧师（M. Schaub）、卢一（J. Lloyd）、皮尧士（T.W.Pearce）负责。《新旧约圣经》先后于 1906 年及 1919 年出版。

《文理译本》出版后，个人进行《浅文理译本》工作的有杨格非（John Griffith）和施约瑟（S.L.Schereschewsky）。杨格非译的《新约》于 1885 年出版，《旧约》（译至《雅歌》）于 1905 年出版；施约瑟译的《新旧约圣经》于 1902 年出版。教会官方的《浅文理和合译本》由包约翰（J. S. Burdon）、白汉理（H. Blodget）、纪好弼（R. H. Graves）、叶道胜（J. Genahr）和汲约翰（J. C. Gibson）负责，1904 年出版了以英文修订译本为蓝本的《新约圣经》。

至于《圣经》的官话译本，先有 1857 年出版的麦都思、施敦力合译的南京官话《新约圣经》，又有北京官话《新约圣经》译本，由五人委员会（艾约瑟、丁韪良、包约翰、施约瑟、白汉理）译成，1866 年出版，1872 年又修订出版。由于对“God”译法的分歧，出版了“神”、“上帝”、“天主”三种版本。1874 年，施约瑟主教出版了《旧约》官话译本。1878 年，大英圣书公会把这个《旧约》官话译本与北京官话译本《新约》合成一本《圣经全书》。此后，杨格非又翻译了一个白话译本，1889 年出版了《新约》，《旧约》只翻译了一部分。

《官话和合译本》先由一个七人委员会负责，后来只剩下了狄考文（C. W. Mateer）、富善（C. Goodrich）、鲍康宁（F. W. Baller）、文书田（G. Owen）和鹿依士（S. Lewis），1906 年出版由狄考文主持的《新约圣经》；由富善主持翻译的《旧约》于 1916 年完成，遂于 1919 年出版《圣经全书》，即今通用的版本，先后用了 27 年的工夫。

此外，还有全部或部分《圣经》的方言译本，如上海话、福州话、宁波话、广州话、厦门话、兴化话、苏州话、客家话、台州话、蒙古话、越南话、花苗话、建宁话、满洲话、汕头话、西藏话、五经富话、温州话等译本。

上面提到的这些译本都是外国传教士翻译的。1826年开始了中国人译经的新纪元，出现了冯亚生译的《马可福音》、《路加福音》，接着是何进善译的《马太福音》(1854年)、《马可福音》(1856年)，1908年问世的是严复译的《马可福音》(第一至四章)。朱宝惠与赛兆祥(Sydenstriker) 合译的《新约全书》(1929年) 在赛兆祥死后，朱宝惠根据希腊文原文重作新译，于1936年出版；王宣忱译的《新约全书》(1933年)，即《官话和合译本》，译自1916年伦敦印行的拉丁文本；吕振中译的《新约全书》(1946年) 是译自苏特尔的希腊文译本 (Souter's Text)，1952年出版《新约新译修稿》，1970年出版全部《圣经》；陆亨理、郑寿麟合译的《国语新旧库译本新约全书》；《新约》部分于1939年出版，《新约》与《诗篇》的第三版试验本于1958年出版。此外，还有一些《圣经》的部分译本，如译自英文本的《现代语文圣经新约译本》(1956年)、署名"蒙恩者"译的《新约雅各书》(1958年)、王福民的汉英对照文言白话兼用的《雅歌》(1960年)、刘翼凌的《新译约翰福音》(1964年)，圣经公会还用现代口语出版了《新约全书》译本等等。总之，新中国成立后的这些译本都是在香港和台湾地区出版的。

1966年美国圣经会出版了中英对照的《圣经》，英文是现代英语，译文是现代汉语。

《圣经》是世界上流传最广、译本最多的书。通过各国"圣经会"的努力，据统计它已被译成1800多种语言与方言，当然各种文字的译本是分别在不同时期先后译成的，由下表可见其一斑。

《圣经》翻译年代、文字一览表

年代	文字
公元前 4 世纪	希伯来文
公元前 3 世纪	希腊文
公元 2 世纪	拉丁文、古叙利亚文
公元 3 世纪	科普特文
公元 4 世纪	埃塞俄比亚文、哥特文、格鲁吉亚文
公元 5 世纪	亚美尼亚文
公元 6 世纪	努比亚文
公元 7 世纪	阿拉伯文
公元 8 世纪	古英文
公元 9 世纪	古德文、斯拉夫文、法兰克文
公元 12 世纪	法文
公元 13 世纪	西班牙文、意大利文、荷兰文、波兰文、冰岛文
公元 14 世纪	英文、波斯文、捷克文、丹麦文
公元 15 世纪	印刷术的发明推动了欧洲印刷业的发展。文艺复兴运动也促进了《圣经》的翻译工作。1455 年德国活版印刷创始人谷腾堡印出了第一部拉丁文版《圣经》
公元 16 世纪	印刷术的革新，纸的使用，活铅字取代了死板，缩小了印刷品的体积，同时也促进了《圣经》的翻译印行工作
公元 20 世纪	在工业革命的推动下，1904 年成立了英国国内外圣经学会，大力开展《圣经》的翻译及印行事业，使《圣经》译文在 20 世纪内超过了 500 种文字

1947 年在约旦发现的希伯来文经卷手抄本给《圣经》研究带来了新课题，根据这些资料重新研究和翻译《圣经》将是必然的趋势。

（四）《圣经》的研究问题

翻译《圣经》是一项很严肃的事，译者必须对以色列人的历史和基督教的历史有渊博的知识。近些年有人从英文译本翻译《圣经》，这是不严肃的。《圣经》的汉译只能以希伯来文或希腊文、拉丁文译本为母本，以英译本为蓝本，会失之毫厘谬以千里。

《圣经》研究的一个误区——浅译《圣经新语》

近年来，改革开放的浪潮给宗教研究带来了前所未有的新气象。但把宗教作为一个社会实体和文化实体来研究的较多，涉及宗教经典的较少。宗教经典是教义、教规、神学等的依据，只有研究经典才能更好地把握各有关宗教的本质、特点、历史原貌和思想精髓。因此，当我们看到《圣经新语》面世时，心中不禁涌起一阵喜悦。在中国研究《圣经》的著作毕竟太少了，无论是信徒们从自身的信仰角度的理解，还是学者们从客观立场进行的纯学术研究。

《圣经新语》分上、下两编和附录。上编包括“箴言”（汉英对照）、“典故”和“诗篇”3部分，主要编选了一定篇幅的《圣经》原文。在“典故”之下分列“创造集”、“民生集”、“神迹集”、“弘道集”、“训诫集”、“崇信集”、“先知集”7部分，在“诗篇”下分列“教诲篇”、“祈祷篇”、“赞美篇”、“雅歌”4部分，“以期真正为读者提供一些帮助”（见该书“后记”）。下编收录了关于《圣经》与西方美学、文学、艺术、政治法律制度、神学，以及基督教与西方哲学、中国文化、马克思主义的8篇论文，“化零为整，将本来可以洋洋洒洒、欲罢不能的题目浓缩为1万多字的小文章”（见该书“后记”）。在这两编之后是附录，包括《圣经》人物简介，西方思想家论基督教及《圣经》典故索引。

从目录看，这部新著可谓包罗万象，本期望它能对《圣经》研究有些帮助，读了后却无论如何也找不到《圣经》的根本中心思想，不但看不到《圣经》的本来面目，反而使人困惑不解：《圣经》何以“沦落”到这种地步！因此，我们想发表一些自己的看法，与该书编著者商榷，重点在其上编，即有关《圣经》原文部分，至于下编，则仁者见仁，智者见智，暂时不作讨论了。（以下《圣经新语》简称《新语》）

《新语》：对《圣经》的破坏

对为数不少的中国人来说，《圣经》并不陌生。其所以如此，也许不在于它是充满神秘性和神圣性的宗教经典而吸引了读者，更多的则是因为它在文学艺术方面的影响，因此，人们对《圣经》的理解与认识，也只能是片面的或相当肤浅的。所以，如果不能从整体上把握《圣经》，就难免在理解上出现偏差。

对于《圣经》的看法，大体上可以分为教徒和非教徒的两种不同认识。从教徒的观点来看，《圣经》记述的全是上帝的默示，是信仰的总纲，是处世的规范，是永恒的真理。全部《圣经》就是一部救赎史，它记载着上帝与人类的关系，从《创世记》到《启示录》是上帝对人类爱的计划的逐步实现，从“原罪”到“因信称义”关系到每一个时代的每一个人，基督既为每一个人死去，所以每一个人都是救赎史中的一分子。《圣经》不仅是个人的救赎史，也是全人类的救赎史。只有按照这个基本观点来解释和研究《圣经》，才能理解《圣经》的真谛。非教徒对《圣经》的研究虽然不带有信徒的偏执，但又容易走向另一个极端，就是对其宗教性的否定，忽略了对宗教经典的研究应不同于对其他学科的研究，“经文必须放在它们完整的历史与文学范围之内来诵读，根据基督教的传统和当前的经验加以思索”。[1]《新语》恰恰违背了这一基本原则。由于编著没有把《圣经》看成是一部整体性的宗教经典，对《圣经》进行随意性的解释，并任意加以肢解或分割，然后又按照自己的意图重新组合，结果既使《圣经》丧失了完整的神学意义，也无益于读者对《圣经》的一般性了解。《圣经》成了一部毫无主题思想的大杂烩。

从非教徒的立场客观地看《圣经》，在承认它是一部宗教经典的同时，又承认它是一个极有价值的文化宝库，也是一部文学名著。这部“唯一的

[1] 〔美〕艾弗里·达勒斯：《晚期新教和天主教对〈圣经〉的一些看法》，《世界宗教资料》，1982 年，2，第 22 页。

书”内容广博（天文、地理、政治、历史、社会、道德、民俗、节日、文学、艺术、服饰、器物、宫室、语言等等无所不包），对研究犹太人的历史、宗教、法律、风俗及早期基督教的面貌和性质有相当重要的价值；同时，作为文学名著，它的语言运用、创作手法、艺术表现力等都有可借鉴的地方。尤其值得注意的是，近两千年来，基督教从一个地区宗教发展成为世界性宗教，在世界各地各民族中广泛传播，《圣经》中的一些故事、寓言、格言和教诲等随之深入到广大的地区和群众之中，渗入到社会生活，尤其是法律、道德、文化等领域，甚至成为西方文化传统的一个重要渊源。

就这样一部历史文化巨著，在《新语》中却被“碎尸万段”。读者难以在其中找到历史的影子，因为历史的线索被乱刀剁碎，零零散散的碎片无法还其本来面目，也难以从其中找到有价值的文学形象，因为一个个原来栩栩如生的人物被肢解成断肢残臂在书中任意抛来抛去。读过《圣经》的人即使能明白《新语》中某一箴言的意义、某个典故的出处与寓意、一篇诗歌的教诲、祈祷或赞美，但也会被杂乱无章的排列弄得晕头转向，而一个不懂《圣经》、想以此书为入门的人就会更加不知所措了。

《新语》:《圣经》研究的一个误区

圣经学研究大致有两条路子：一条是文献学的，包括版本目录学、语言学、语义学、考古学等，例如，在国外一些学者利用西亚（包括埃及）的考古资料对比研究《圣经》，将它置于西亚的历史条件之下寻找其本来面目，还其应有的历史地位；另一条是哲学思想的，正如约翰·麦奎利所说的：它“包括被称为哲学分支的宗教哲学（它关注的是理解和评价宗教），也包括被视为神学分支的哲理神学（它关注的是阐明并考察某种宗教信仰的哲学含义）”。严格地讲，中国还没有自己的《圣经》研究，或者说对《圣经》的研究才刚刚起步。由于历史的原因和思维方式的差异，中国对《圣经》的研究多注重其文学艺术性而较少注重其文献学的和哲学思想的研究，而且很少有自己的独特见解。人们对《圣经》的了解主要来自“圣经故事”一类的书。这些书大都是对《圣经》的简单编纂，“注重知识性的介绍”，只介绍其基本内容与典故。最近孙小平编译的《圣经抒情诗选》也属于这类作品，只是把《圣经》作为文学欣赏的对象。另外，如《新语》下编所收录的几篇论文，也仅仅是将《圣经》与某一门类的学科（如美学、文学、哲学等）建立单一的联系，进行概括的论证。当然，这种基础性研究是必要的，不过要真正弄懂《圣经》，还必须深入《圣经》内部去作全面细致的探索。

《新语》上编所采用的研究方法在编者看来是独辟蹊径的，“用一套兼具学术性、知识性和通俗性的丛书，系统、客观地全面评述《圣经》及以西方的基督教文化”（见该书“后记”）。然而这一尝试应该说是失败了。首先，这种研究方法正是曾经盛行于我国的“语录”式研究方法，不但没有超出编纂的形式，而且是更简单化的“拿来主义”，照搬原文，并且搬得很不高明。不仅如此，它还采取了极不科学、极其简单化的排列方式——按汉语拼音的字头来重新排列组合《圣经》原文（尤其是在“典故”部分）。如果是作为人物简介（如附录），采取这种索引式排列来方便读者查阅，还是可取的；而作为一部严肃的学术著作来这样“系统、客观地全面”介绍《圣经》，则是极为轻率的。这样做的结果，为人们全面客观地了解《圣经》设置了障碍，把读者引入了一个误区，更何况《新语》的失误远远不只是一个编排方式问题！

《新语》中的失误

由于编者指导思想上的失误，致使《新语》中出现了许多值得商榷的地方。为了说明问题，下面仅就该书上编“典故”部分中存在的部分问题进行举例说明并作简要分析。

1. 排列次序很值得商榷。按汉语拼音字母顺序排列必然打乱《圣经》

内容的连贯性。例如，“创造集”中共收录了6个条目，按“禁果”、“男人的肋骨”、“圣诞”、“圣灵降孕”、“天主一命”、“伊甸园”的顺序排列。且不说“圣诞”和“圣灵降孕”这两条是否应该排列在“创造集”中（因为“上帝之创造”这一神学命题的基本内涵是专指《创世记》第一至第二章中的记述），单就这种排列次序而言，就会使读者对“上帝的创造”感到莫名其妙：还没有创造天地，哪里来的“禁果”？先造的男人（编者把“创造亚当”放在后两条中）还是先造的女人？先创造天地万物还是先造了“禁果”和女人？耶稣降生在前还是创造天地在前？耶稣是先“降生”还是先“降孕”？先有耶稣还是先有亚当？这些问题近乎荒唐或笑话，但却是这种排列方式必然产生的后果。《圣经》既然是一个整体，其中各卷的排列次序就有自己的规律（尽管不尽科学），为什么硬要打乱原来的合理次序而代之以逻辑混乱的排列呢？！其实，这个致命的弱点充斥在全部《新语》之中，因为编者自称按汉语拼音排序是这本书“独特的研究方法”，本文就不一一列举了。

更为严重的是，《新语》中有些地方又不是按汉语拼音次序排列，而是随心所欲毫无原则可循。比如，在“弘道集”中，“房（F）角的石头”竟排在“不（B）坏的冠冕”等之前；“恶（E）奴讨债”竟排在“大（D）者为佣”、“第（D）二次的死”等之前；“三（S）位一体”、“天（T）国里小孩为大”等又排在“哥（G）尼流蒙恩”之前；同是以“M”打头的“末世谕人”、“抹大拉的马利亚”之间竟插入了一个以“X”打头的“西门行贿”，等等，简直不胜枚举，编辑思想之混乱，由此可见一斑。

2. 曲解《圣经》。从一些选段的分类与标题来看，编者对《圣经》缺乏起码的常识，只是在那里望文生义，任意曲解。如第七部分名为“先知集”，集中包括了8个条目：“基督在哪里”、“见噬于狮”、“降灵”、“门徒洗脚”、“彼得不认主”、“卖主的饼”、“最后一口醋”、“血田”。《圣经》中的先知是蒙上帝选召、接受上帝的默示、传达上帝旨意的人，可以定义为"上帝的代言人"，说预言只是先知使命的一个次要部分。《圣经》记载的著名先知很多，从亚伯拉罕（上帝曾亲口称他是先知，见《创世记》第二十章第7节）到施洗约翰，中间有摩西、亚伦、底波拉、撒母耳、拿单、以利亚、以利沙以及以赛亚等16位"著述先知"，对于他们的言行，编者都没有选录，却偏偏选入了6条有关耶稣的记述，1条非常不典型的所谓"见噬于狮"和1条与"先知"毫不相干的"降灵"。可见编者根本不了解《圣经》中"先知"的含义。其次，编者选录了6条有关耶稣的记述，就会给人一种印象，似乎耶稣就是一位先知。须知，耶稣是弥赛亚，是永生上帝的儿子，是道成肉身的基督，绝非任何一位先知所能比拟的。如果编者真的把耶稣当成一位先知。那真是天大的笑话！退一步讲，也许编者心目中的"先知集"是指"预言集"，因为所选的条目含有预言成分在内。但是，"先知"与"预言"是两个完全不同的概念，更何况所选经文的主要含义并非"预言"。"基督在哪里"条是耶稣对末日审判的描述（这一条还算是有一点预言的成分）；"见噬于狮"条是说明违背上帝命令的人必受惩罚；"降灵"条是记述圣灵降临节的起源和众使徒传教活动的开始；"门徒洗脚"条是记述耶稣用给门徒洗脚的行动表示自己的谦卑，以身作则教训门徒及后世教会中居领导地位的人要像他一样存谦卑爱人的心，甘心做众人的仆人，与"先知"、"预言"都毫不相干；"彼得不认主"条虽是证明耶稣有先见之明，但用意在于证明彼得的软弱；"卖主的饼"条的来源是《约翰福音》第十三章第26—27节，耶稣在"最后的晚餐"时蘸了一点饼给犹大，犹大吃后，撒旦就入了他的心，他才去出卖了耶稣。按《约翰福音》的这段记载与前三《福音》记载不同，从逻辑上看也不太符合当时的情况，更与"先知"无关；"最后一口醋"条是记述耶稣在十字架上临终前喝了一口醋，以应验《诗篇》第六十九篇第21节中的"预言"（其实那篇诗的作者是否用这句话来预言耶稣，还是个可以讨论的问题），但这段经文的重要性在于它包含了耶稣"架上七言"中的两

“言”；“血田”条是记录犹大卖主后又后悔了，把卖主的30块银钱还给祭司长，自己上吊死了，祭司长用这些钱买了一块“义地”，称之为“血田”，这段记述虽与《撒迦利亚书》第十一章第12—13节暗相呼应，但它主要是记录叛徒犹大的下场。根据这样的分析，可以断言编者对所选经文的含义并未认真考虑，或者根本就不理解。

3. 任意阉割经文，致使文不对题。由于编者对《圣经》的无知，选材时又缺乏严肃认真的态度，对经文任意阉割，为读者正确理解经文设置了障碍。如“民生集”中第三条“大卫也有犯罪时”。稍微有一点《圣经》知识的人都知道大卫一生所犯的大罪之一就是借刀杀人，害死部将乌利亚，然后霸占其妻拔示巴。编者在这一条中引用了相当长的一段经文，但偏偏没有引用大卫犯罪的情节，所引经文虽然也包括了先知拿单对大卫的谴责和上帝对大卫的惩罚，可是由于前面一大段是记述大卫与亚扪人、亚兰人作战的事，没有读过《圣经》的人读了这一条后会得出这样的结论：大卫犯罪是指他和亚扪人、亚兰人打仗，而不知道大卫到底犯了什么罪。又如“弘道集”中的“抹大拉的马利亚”条只选了《约翰福音》第八章第1—9节，其实这只是整个故事的一部分，而其主要部分却被编者阉割了。这个故事主要是阐述应该如何对待犯过罪的人，即被编者阉割掉的那两节，耶稣告诫那妇人“不要再犯罪了”。编者在一些条目中阉割掉应该引用的主要经文，而在另一些条目中却又令人莫名其妙地多引用与题无关的经文。如“民生集”中的“姐妹易嫁”条，就多选了与本题无关的利亚生子的记录，但是，利亚生了6个儿子，这里却又只收录了4个。再如，“崇信集”中的“尊主为大”条，这是著名的《马利亚颂》，即《路加福音》第一章第46—55节。不知为什么编者多引用了与本题毫无关系的第56—59节，这几节是记述施洗约翰降生和起名的故事，不过编者却又毫无道理地把这个故事腰斩了。《圣经》上明明记着，施洗约翰降生后，亲朋们要照他父亲的名字叫他撒迦利亚（《新语》引文到此为止），“他母亲说：

'不可，要叫他约翰。'他们说：'你亲族中没有叫这个名字的。'他们就向他父亲打手势，问他要叫这孩子什么名字。他要了一块写字的板，就写上说：'他的名字是约翰。'他们便都稀奇"（第60—63节）。由于编者任意阉割，给读者造成了一种错觉，似乎以利沙伯生的孩子名叫撒迦利亚，而不是约翰。这些例子充分说明编者连自己选用的经文都没弄懂，更谈不上对全部《圣经》的理解了。

4. 任意肢解经文，把本来完整的故事拆得七零八落。比如，参孙是《士师记》中的一个著名人物，描绘得有血有肉，栩栩如生。在"民生集"中，编者却把一个完整的故事斩为两条："力士参孙"与"参孙的头发"。其实，即使把这两条合在一起也不能给读者一个完整的印象，因为编者把参孙的出生和复仇的记述阉割了，而这恰恰是参孙故事的主要部分。又如，"洪水灭世"本是一个完整的故事，编者却把它肢解为"灭世洪水"、"诺亚方舟"、"立约的记号"等，却丢弃了对后世影响很大的"鸽子"与"橄榄树嫩芽"的重要内容。再如，《新语》把耶稣降生的故事分割为"圣诞"、"圣灵降孕"、"耶稣的星"、"伯利恒的牧羊人"、"尊主为大"等条，这些条目不仅次序混乱，而且不在一集之中，使读者难以把它们联系成一个整体。

5. 生编硬造出一些怪诞的条目来概括一段经文的内容，而且词不达意，不仅使读者不能一目了然，反而使读者更加惶惑。如"民生集"中的"盖博爱山"条，选用的是《撒母耳记上》第二十六章和第三十一章，前一章记述大卫宽宏大量，不计前嫌，对扫罗以德报怨，后一章写扫罗父子在基利波山战役中阵亡的故事。编者把这两段内容无关的经文合为一条，使用"盖博爱山"作标题，实在使人百思不得其解。又如"崇信集"中有一条叫"复活的麦油"，所选经文内容是记述耶和华行神迹，使先知以利亚寄居的寡妇家中仅有的一点面和油吃了很多天，却不见减少，又使那寡妇的儿子死而复活。这样的内容为什么称为"复活的麦油"呢？此外，编者还抛弃了一些约定俗成的条目名称而代之以一些既使人莫名其妙又极不恰当的“新”名称。如“创造集”中的“天主一命”（应为“创造世界”），“神迹集”中的“祷告的殿”（应为“洁净圣殿”，而且这一条与“神迹”无关），“魔鬼的诱惑”（应为“耶稣受试探”），“主的爱子”（应为“登山变像”或“主显圣容”）等。编者把极为严肃的命题当作草率的文字游戏，实在使人难以苟同。

6. 由于编者不懂所选经文的含义，在题目上用词不当，结果歪曲了经文的原意或使人不知所云。如“先知集”中的“门徒洗脚”，顾名思义，应当理解是门徒们自己洗脚，而经文原意却是耶稣为门徒洗脚，一般称“为门徒洗脚”，一字之差，把门徒由被动变成主动，主客关系完全颠倒了。又如“民生集”中的“二女寝父”（如何“寝父”？），“弘道集”中的“世人如蛆”（“弘”的什么“道”？），“训诫集”中的“吃蝗虫”（难道《圣经》教训人去“吃蝗虫”？）等都会使读者不知所云。

7. 条目的分类与标题不贴切。如“民生集”中的“第一个醉酒者”，“神迹集”中的“魔鬼的诱惑”、“神的儿子”、“世代邪恶”、“亚伦的棍子”、“有言必践”，“弘道集”中的“第二次的死”、“积财不富”、“末世谕人”，“崇信集”中的“天主看心”、“头上搽圣油”、“无血的祭礼”、“先知集”中的“降灵”、“卖主的饼”等。

8. 众所周知，对于“神”的称谓，天主教内部与基督教新教在汉语译法上存在着很大的分歧。天主教大多数人译作“天主”，反对使用“上帝”、“耶和华”、“神”等称谓，把“Lord God”译作“上主天主”，17—18世纪时，在中国天主教会内部甚至还成为一次著名的论战——中国礼仪之争——的部分内容。基督教新教则把“God”译作“上帝”或“神”，并允许使用“耶和华”这个约定俗成的称谓。《新语》编者使用的《圣经》，从引文来看可以断定是基督教新教通用的汉译“和合本”（“神”本），把“God”称作“神”，但书中又夹杂着使用了一些“上帝本”的译文，把“God”称作“上帝”，如“先知集”中的“降灵”条，“训诫集”中的“嘱托以色列人”条等。不仅如此，编者还在标题上把“天主”、“上帝”和“神”三个称谓混用，使初读《圣经》的人在概念上产生混乱。

9. 有些条目意义不大，徒占篇幅。如“民生集”中的“利亚的风茄”、“摩西审判”、“神人交合”、“希伯来的收生婆”等等。这些条目不具备典型意义，又不说明任何问题，何必单独列为条目？

10. 重复。如“创造集”中的“禁果”条引自《创世记》第三章第1—21节，“民生集”中的“失乐园”条又重复引用了上述经文。又如“弘道集”中的“真福八端”与“箴言”部分的第154条雷同等。须知《圣经》中很多经文具有多方面的含义，硬把它分类，必然顾此失彼。《新语》中重复引用经文是编辑体例失误的必然结果。

由于特定的历史原因，我国在基督教研究方面一直处于落后地位。近10年来，国内陆续出版了一些有关基督教研究的书籍，在一定程度上活跃了学术研究气氛，填补了我们对世界文化研究方面的一个空白。然而与此同时，却出现了一种令人不安的倾向，其具体表现之一就是有些研究人员的治学态度与方法脱离了严谨的轨道而趋向浮躁，不去作艰苦细致的研究与探索，沾沾自喜于一孔之见，便以专家自诩，甚至望文生义，闭门造车，道听途说，以讹传讹，作品中失误之处甚多。《圣经新语》就是一个典型的例子。读完《新语》之后，的确感到它很“新”，这“新”却把读者引入了一个误区。我们完全同意该书《序言》中所说的，由于历史原因，《圣经》在我国曾“被置之不顾”，“几乎成了一本禁书”，“结果之一是剥夺了我国知识界几代人接触到这份重要历史财富的权利”。但我们不能同意《序言》对《新语》的这种评价：“在对宗教和《圣经》的态度上，作者们能摆脱简单化和反教传统的框框，能看到一种文化型、道德型、服务型、反映着人类终极关怀的宗教的价值。他们象征着地平线上新的一代知识分子的出现。”《圣经》研究应是一个亟待开拓的领域，希望有关学者能以严谨的学风辛勤耕耘，结出有价值的研究成果。当然，学术研究应该百家争鸣，求同存异。(这也是我们对《新语》下编暂不妄加评论的原因之一。) 不过，“失之毫厘”尚且“谬以千里”，如果强不知以为知、随心所欲地去曲解与阉割，其后果又当如何?!

（原载《世界宗教资料》1990 年第 4 期）

第二章 《圣经》的基本内容

第一节 《圣经》的中心思想

从一个非信徒的角度来看，《圣经》是一部“百科全书”。特别是《旧约》，由于它是许多作品的汇编，以及作者不同、时代不同、写作目的不同、读者对作品的理解不同等原因，所以很难说它有一个共同的中心思想。但是，从信徒的角度来看，情况就不同了。

基督教认为，全部《圣经》就是一部“救赎史”，它记载着上帝与人类的关系，从《创世记》到《启示录》全是上帝对人类的爱的计划的逐步实现。从“原罪”到“因信称义”关系到每一个时代的每一个人，基督既为每一个人死去，所以每一个人都是救赎史中的一分子，《圣经》不仅是全人类的救赎史，而且也是个人得救史。

基督教认为，只有按照这个基本观点来解释、研究《圣经》，才能理解《圣经》的真谛，才能解释《圣经》中存在的一切矛盾（诸如科学、逻辑、史实、文学、神迹奇事等），否则，《圣经》就成了一部无法理解的书。

第二节 《圣经》分卷介绍

对于《圣经》，只作一般的、整体的介绍是不够的，还应该作些比较细致的分卷介绍，才能对它有一个比较全面的了解；同样，只站在宗教圈子外面冷眼旁观作些客观分析也是不够的，还应该进一步去了解基督徒对《圣经》的看法，才算全面。因此，简要地介绍一下基督教圣经学家们对《圣经》的看法，是完全必要的。

一、《旧约圣经》

（一）《创世记》（*Genesis*）

1. 名称

本卷希伯来文原名“Bereshith”，意为“太初”，古希伯来人习惯用每卷书的第一个词作为书名。就像我国《诗经》里的篇名一样，如“关雎”取自“关关雎鸠”，“七月”取自“七月流火”，“东山”取自“我徂东山”，“公刘”取自“笃公刘”等。公元前3世纪70名犹太经师在亚历山大里亚将本卷译成希腊文时，根据全卷内容译为《创世记》，因为本卷记载的是关于上帝创造世界、人类的由来、以色列民族的起源与发展等。英文本译作“Genesis”，基督教（新教）和天主教的《圣经》汉语译本都译作《创世记》。中国天主教学者、辅仁大学奠基人之一马相伯先生曾将本卷译为《生民记》，注释为“记天地之初，以引起生民也”。

2. 主题与内容

顾名思义，本卷是记述世界的创造、人类的由来和以色列民族的起源。上帝在万民中选择了亚伯拉罕及其后裔，目的是要这个家族保存与发展最初的启示与宗教，为《出埃及记》中记载的西乃山的隆重启示作准备。本卷用宗教观点来说明上帝参与人类历史行动的计划，记述人类救赎史的开端。

基督教神学家们既把全部《圣经》看作是一部人类救赎史，《创世记》就是救赎史的开端。从这个角度来分析，本卷内容明显地分为两部分：

（1）第一至第十一章是救赎史的前导，记述耶和华上帝是天地万物的创造者，是人类历史的主宰，并指明以色列民族与其他民族的关系。

1）创世六日：圣经学家称之为Hexaemeron，也译作“创世六日工程”，即第一至第二章。这两章记载了两个创世过程，第一个记载把上帝的创世工程分为六天来描述，所以圣经学家称之为“创世六日”。圣经学家们对于“六日”有各种不同的解释，大致可归纳为三类：一是历史性的解释，认为一“日”就是24小时的一“日”，分别代表地质学发展的六个阶段；二是文学性的解释，认为“六日”只是作者用以表达思想的写作方式，把古代人的创世神话从“多神论”改造成“一神论”，与创世的历史事实无关；第三类解释是综合上述两类，认为“六日”是一种写作方式，除了表达宗教思想外，同时也记述创世的史实。

2）创造人类：上帝按照自己的形象造人（第一章第26—27节），把上帝人格化。

3）原罪：第三章，记述了人类始祖亚当、夏娃被赶出伊甸园的经过。亚当、夏娃原来在伊甸园里过着无忧无虑的生活，上帝给他们立了一条诫命——不准吃“禁果”，是为了考验他们的忠诚，但他们在隐身于蛇形的魔鬼的引诱之下偷吃“禁果”，违犯了上帝的诫命，犯了罪，失去了原有的纯洁，被赶出伊甸园。这就是基督教教义的核心——“原罪”的来历。由于人类有了原罪，才引出了弥赛亚降临的全部救赎史。第三章第15节，上帝惩罚蛇时曾说：“我又要叫你和女人彼此为仇，你的后裔和女人的后裔也彼此为仇。女人的后裔要伤你的头，你要伤他的脚跟。”这段话被称为“原始福音”，“女人的后裔”就是指耶稣。有些学者认为，“原罪说”把人类对外部的反抗引向对内的自省，成为西方“罪感文化”的根源。

4）骨肉相残：第四章第1—24节，记述了亚当的儿子继续背离上帝，该隐因忌妒杀死了胞弟亚伯。这是亚当犯罪的第一个恶果。

5）洪水：第六至第八章，记述了因世人犯罪，上帝决定用洪水灭世，只留挪亚一家的挪亚方舟的故事。关于洪水，古代各民族都有类似的传说，如巴比伦神话中就有。我国古代也有大禹治水的故事，不过较少神话色彩。《旧约》中多用洪水的事来说明上帝的施恩和惩罚；《新约》中多把洪水视为“末日审判”（《马太福音》第二十四章第37—39节）或洗礼的预象（《彼得前书》第三章第18—22节）。后来方舟就成了教会的象征，在文学作品中具有避难所的意思；鸽子和橄榄枝则成了和平的象征；虹作为安全的保证。

6）巴别塔：第十一章第1—9节，记述了洪水之后，挪亚的后裔由于骄傲而受了上帝的惩罚，彼此不和、四分五裂。先知们多用巴别城象征恶势力。西方作品中“巴别”有“胡乱”的意思，是骄傲的符号。现在“通天塔”则有了“改造世界”、“向上帝挑战”的意义。

（2）第十二至第五十章，是救赎史的开端，记述上帝主动遴选了一位信仰坚定、绝对服从的人——亚伯拉罕，立他做一个新民族的始祖，即将来成为上帝的选民的始祖，全人类要因是他的后裔而获得救赎。亚伯拉罕的后裔发展成为以色列民族，是上帝的选民，受到上帝的特殊照顾。

第十二至第五十章的故事主要内容如下：

亚伯兰奉召带领家族从迦勒底的吾珥到迦南地去，上帝应许天下万族都因亚伯兰而得福——婢女夏甲为亚伯兰生子以实玛利——上帝给亚伯兰改名为亚伯拉罕（意为“上帝的朋友”）并答应将迦南地赐给他的后裔永为基业，定“割礼”为约——亚伯拉罕的妻子撒拉生子以撒，以实玛利母子被逐往旷野——上帝考验亚伯拉罕的忠诚，亚伯拉罕奉命毫不犹豫地献独生爱子以撒为燔祭，表示了他对上帝的绝对顺服与信心，预示了上帝把独生子耶稣赐给人类，耶稣则甘心从命救赎人类——以撒生子以扫（意为“有毛”，据说他身上的汗毛很长）和雅各（意为“抓住”，据说他出生时是抓着以扫的脚出生的）——以扫为了一碗红豆汤而出卖自己的长子权——雅各冒充以扫欺骗父亲以撒而得到祝福——雅各在伯特利梦见上帝——雅各娶表妹利亚和拉结为妻并生了12个儿子——雅各带领全家回迦南地，路上与天使摔跤获胜，上帝给他改名为以色列（意为"与神与人较力都得了胜"），后来他的12个儿子成为以色列民族12个支派的祖先——最后是约瑟的故事。

3. 作者

教会传统认为摩西是《摩西五经》的作者，更确切地说，摩西是编者。本卷所记都是摩西以前的事，这些事一直用书面或口头形式在群众中流传，编者只不过是把当时能收集的资料根据自己的意图加以提炼汇编起来的。当然，除了摩西收入的资料以外，民间还有不少其他资料，后人为了保存这些传说或文献，就把它们编入摩西的记录中，因而使本卷增加了不少篇幅，出现了很多重复、矛盾的地方，辗转抄写时又出现了把古语改为通用语、把古地名改为新地名等的情况，甚至有把后人的注释误作经文的地方。

其实，正像前面所说的那样，《创世记》的作者或编者绝对不是摩西，而是由摩西以后很久的人们汇编而成的，为了提高作品的权威性，才伪托是摩西的作品。

4. 主要神学思想

《圣经》是基督教神学的根源与基础，《创世记》占有极其重要的地位，它包含着上帝、人类、罪恶、审判、救赎、因信称义等基本教义的根源。本卷的主要神学思想如下：

（1）天地万物皆为永远存在的唯一全能上帝所创造，一切都是好的。

（2）人是上帝按照自己的形象造成的，所以是万物之灵，统辖万物。

（3）女人虽然出于男人，但并非男人的附属品，双方应相辅相成，借以在生理、心理、道德上达到圆满的地步。所以婚姻是上帝的旨意，是教会的"圣事"之一，并应是一夫一妻制。

（4）由于亚当犯罪，破坏了原始的幸福，招来了自然界的灾祸与道德方面的罪恶。罪恶是由魔鬼引诱而来的，因为有了原罪，才有了痛苦与死亡。

（5）人类虽因原罪而陷入了死亡，但上帝主动应许救援，人类最终必将战胜罪恶。

（6）人类背离上帝，上帝不得已使洪水灭世以示惩罚，其目的是使人类走皈依的路。

（7）上帝在挪亚、亚伯拉罕及其后裔身上所显示的特殊恩典，是为弥赛亚降临开辟道路。

（8）与《启示录》遥相呼应，《创世记》记述世界的开端，《启示录》则说明世界的终结；《创世记》记录人类的堕落，《启示录》则预言人类得救；《创世记》阐述痛苦和死亡降临到人类，《启示录》则应许人类的在基督里最终战胜死亡，消除痛苦；《创世记》是救赎史的开端，《启示录》则是救赎史的完成。

（二）《出埃及记》（《出谷记》，*Exodus*）

1. 名称

本卷为《摩西五经》第二卷。希伯来文书籍常用第一句第一个词作书名，所以本卷原名为《这些名字》，希腊文七十贤士译本译作“Exodos”即“离开”（埃及）之意。基督教（新教）汉译本意译作《出埃及记》。天主教认为本卷记述上帝将以色列人由埃及救出来的事实，是上帝要把全人类由罪恶的深渊里救出来的预象和初步实现，所以译作《出谷记》。“谷”是指“涕泣之谷”、“苦难的深渊”或“罪恶的深渊”。

2. 主题

教会认为本卷主题有二：第一是上帝拯救沦为奴隶的以色列人逃出埃及，准备进入迦南福地，以实践他应许以色列人列祖的诺言；第二是上帝在西乃山与以色列人订立盟约，使以色列人成为上帝在世上建立的神权政体、政教合一的国家。圣经学家们认为本卷是《旧约》历史与宗教的核心，《旧约》没有《出埃及记》就不成其为《旧约》。

3. 内容

本卷可分为三部分：

第一部分（第一至第十八章）记述雅各的子孙在埃及沦为奴隶，备受欺凌，“他们的哀声达于上帝。上帝听见他们的哀声就纪念他与亚伯拉罕、以撒、雅各所立的约。上帝眷顾以色列人，也知道他们的苦情”（第二章第23—25节）。于是选派摩西为以色列人的领袖，命他带领以色列人逃出埃及，并用一些奇迹来庇护、救助他们逃到西乃旷野。

第二部分（第十九至第二十四章）和第三部分（第二十五至第四十章）可称为全部《旧约》的核心，记述上帝在西乃山通过摩西与以色列人订立“西乃盟约”，向他们颁布了律法，使他们成为上帝特选的民族——选民，成为神权政体的国民。律法包括诫命、律例、典章三部分。诫命（即“十诫”）是宗教生活和社会生活的总纲，前四条是论上帝与人的关系，后六条是论人与人的关系；律例是关于社会生活的法律，如主仆问题、财务问题、风俗问题、刑事问题等的处理办法；典章是关于宗教生活的规定，如会幕的建造、祭司制度的建立、圣事的规定等。从订约之日起，上帝自己就作为以色列人的君王和领袖，亲自住在百姓的帐幕中，并任命利未的子孙世代相传做祭司，代表百姓在会幕中服役。

4. 历史年代

本卷是有关以色列人建国立法的极为重要的历史文献。这段历史的年代，学者们意见不一，一派认为发生于公元前15世纪，一派认为发生于公元前13世纪，还有一派认为这只是传说故事，并非历史事实。

5. 作者

教会认为《摩西五经》是摩西的作品，至少主要部分是摩西的作品。实际上从本卷所反映的一些农业社会情况来看，它应该是以色列人定居巴勒斯坦进入农业社会后的产物，作者根本不可能是摩西。

6. **主要神学思想**

教会圣经学家都承认本卷在《旧约》中的重要地位，就像《福音书》在《新约》中的地位一样。没有《福音书》就没有《新约》其他各卷，同样没有《出埃及记》也就没有《旧约》其他各卷。第一，本卷指出耶和华是以色列人应该敬拜的唯一上帝；第二，本卷指出以色列人是上帝的选民，并订有“盟约”。这两点构成了以色列人政治与宗教的基础。一方面，本卷不但启示了上帝的超然存在，也显示了他的具体临在，并且特别眷顾自己的选民；另一方面，以色列人对“西乃盟约”负有特殊义务，即绝对效忠耶和华上帝，恪守“十诫”，否则就要受到惩罚。所以后来各《先知书》都把以色列人所受的苦难统统归咎于对上帝的不忠和背约。本卷在以色列人眼里具有永恒的价值，许多教义、原则、法规、节日、庆典等都出自本卷，因而对《圣经》其他各卷影响极大。不但《旧约》如此，《新约》也是这样，一些神学家认为《约翰福音》就是按《出埃及记》的结构写成的，耶稣降世，领导人们脱离罪恶，返回上帝的怀抱，就像摩西带领以色列人出埃及、进入迦南福地一样。保罗也曾用出埃及的行程作为基督徒灵程的写照（《哥林多前书》第十章第1—13节）。一些神学家认为会幕是基督的象征，也是教会的象征，因为基督是会幕的实体，而教会又是基督的实体，信徒们在教会里与上帝同住。

（三）《利未记》（《肋未记》，*The Book of Leviticus*）

1. **名称**

本卷为《摩西五经》第三卷，希伯来文按本卷首词称之为“召唤”，即上帝召唤摩西，借以训示以色列人祭祀之法，故犹太教经师称之为《先知法典》。本卷记述的都是有关祭祀礼仪和祭司职责的法规，故又称《祭祀法典》或《祭司法典》，简称《祭典》。“利未记”一名原出于七十贤士译本，通俗拉丁文译本继续使用这个译名，因为以色列人的祭司皆出自雅各第三子利未支派，遂通行于教会之内。

2. 主题

教会认为，以色列人是得天独厚的“选民”，他们因“西乃盟约”而形成了一个神权政体，成为“祭司的国度，圣洁的国民”(《出埃及记》第十九章第 6 节)，他们自然应该以圣洁的生活把自己奉献给上帝。这种奉献不仅应有内心的虔敬，而且也应举行各种敬拜仪式。本卷除记述为敬拜上帝而当守的节庆和各种献祭礼仪外，还制订了祝圣祭司的仪式，以及祭司应尽的义务和应享的权利，也规定了以色列人应守的圣洁律法以保证他们的纯洁信仰和圣洁生活，因为就全人类来说，以色列人是个“祭司民族”，担当着全人类的祭司职务。如果内心不诚、生活不洁，则对祭祀有损而无益。

3. 内容结构

第一部分（第一至第七章）是祭祀的礼仪，包括燔祭、素祭、平安祭、赎罪祭、赎愆祭等的献祭条例；第二部分（第八至第十章）是祭司的职责；第三部分（第十一至第十六章）是分辨洁与不洁的规定；第四部分（第十七至第二十六章）是圣洁的律法，包括日常生活、伦理道德、宗教祭品等的规定和各个节期；第五部分（第二十七章）讨论许愿与“什一献仪”。

4. 作者

教会圣经学家们虽然把本卷列为摩西的作品，但他们也承认并非全卷都出自摩西之手，而是说本卷渊源于“西乃盟约”。因为律法是随时代的需要、环境的变迁而不断修订的，礼拜仪式更是如此。从内容来看，不少法规都是进入迦南地以后才可能产生的，所以有些学者断定本卷是公元前 8—前 7 世纪以后才成书的。

5. 主要神学思想

本卷详细记述的一切有关祭祀的礼仪法规都是暂时性的，礼仪本身不能除去世人的罪孽，而只能激发信仰与救赎的期望，等到耶稣降生完成救赎大业后，“旧约”的一切礼仪与法规就完全成了自己的历史使命。但本卷对“新约”的教会来说仍具有永久价值，因为本卷一再训示说：“你们要圣洁，因为我，耶和华，你们的上帝，是圣洁的。”（第十九章第 2 节）

（四）《民数记》（《户籍记》，*The Book of Numbers*）

1. 名称

本卷为《摩西五经》第四卷。希伯来文原名“在旷野里”，取自本卷原文第四词，打破了采用首句首词为书名的惯例，可能是因为本卷记载的内容都是发生在旷野里的事。因为本卷中数次记载了户口调查和壮丁登记，所以七十贤士译本和通俗拉丁文译本都改译为《民数记》。

2. 主题

本卷继《出埃及记》之后记述以色列人在摩西率领下，由西乃山起程，在旷野流亡了 38 年之久，才到达迦南地边沿的约旦河东岸。除了记载在旷野中发生的一些重大事件外，还记载了一些有关献祭的特殊规定。

3. 内容

第一部分（第一至第十章第 10 节）是以色列人在西乃山下作起程的准备，核点人数，依次安营；第二部分（第十章第 11 节至第二十一章）记述以色列人流亡旷野的经历；第三部分（第二十二至第三十六章）记述以色列人到达约旦河东岸后的遭遇。

4. 作者

教会认为本卷作者是摩西，因为从本卷内容看，作者对旷野时期的历史、风俗、典章制度、行营秩序、立法的动机与原因等等都非常熟悉，若非亲历其事，绝不可能记述得如此详细。当然他们也不否认其中有后人增添修改的地方。

5. 主要神学思想

本卷的中心思想是叙述“西乃盟约”订约双方对盟约的态度。根据盟约，上帝要照顾自己的选民，所以他在旷野中经常显示奇迹保护以色列人，同时也使他们遭遇种种困难以考验他们的忠诚；另一方面，以色列人却时常忘记自己的使命、地位和应尽的义务，一遇挫折就抱怨上帝、反抗摩西。他们虽因此多次受罚，但执迷不悟，因此上帝罚他们在旷野流亡近40年之久，直到出埃及的那一代人，除少数坚定忠贞的人以外，都死在旷野为止。但最后仁慈的上帝还是实践了自己应许圣祖的诺言，并打发异教术士巴兰来为以色列人祝福。

本卷对后世影响很大，保罗就曾把旷野时期的历史作为新约选民的“鉴戒”，告诫信徒应经历今世的“旷野”，万不可背信弃义、执迷不悟、重蹈覆辙，只有经受住考验的人才能走向永生。《新约·福音书》中记述耶稣在旷野受试探40天，就是影射以色列人在旷野的40年。每年四旬节（大斋节）期间，天主教会在弥撒中一再将以色列人在旷野流亡的历史向信徒宣读，就是使信徒抚今追昔、引以为戒而勉力向善的意思。

（五）《申命记》(*Deuteronomy*)

1. 名称

本卷为《摩西五经》的第五卷。希伯来文原名取首句首词，称之为“这些话”，犹太经师称之为“Misbne”，即“重申前命”之意，七十贤士译本和通俗拉丁文译本都称之为“第二法律”或“申命记”，也是“重申前命”的意思。本卷所记律法多半是把摩西在西乃山所订立的律法（《出埃及记》第十九至第二十三章）重新向以色列人扼要地述说一遍。

2. 主题

本卷所记的是摩西去世前一个月在约旦河东的摩押平原对新一代以色列人作的三篇演说词，所以学者们又称《申命记》为《摩西的遗嘱》。摩西在演说中回顾了以色列人40年来在旷野中经受的一切，详细阐述了上帝对其子民的仁慈与爱护，指出上帝惩罚以色列人的目的是彰显公义，劝诫选民要恪守盟约。本卷可以说是《摩西五经》的总结。《创世记》是记述以色列人的起源，《出埃及记》是记述上帝为选民所施的恩惠，《利未记》是阐明选民对上帝应尽的义务，《民数记》是记录上帝对选民忠诚的考验，《申命记》则是这段历史的总结，指出选民应当具备什么条件才能在“应许之地”安居乐业。

3. 内容结构

第一部分（第一章第1—5节）是导言；第二部分（第一章第6节至第四章第40节）是摩西的第一篇演说词，是选民历史的回顾；第三部分（第五章第1节至第二十九章第1节）是第二篇演说词，讨论伦理、礼仪、民法等各种律法，指出这是以色列人在神权政体下应该遵行的律法，是本卷的主体；第四部分（第二十九章第2节至第三十章）是第三篇演说词，对选民的命运提出诚恳的警告，告诫他们祸福存亡全系于是否忠实地遵守《盟约》；第五部分（第三十一至三十四章）是摩西最后的训诫与事迹，立约书亚为继承人，祝福12支派，登尼波山遥望“应许之地”，并死在那里。

4. 作者

教会把本卷列入《摩西五经》，当然认为其作者是摩西。但本卷在语言风格、语气、思想方面都别具一格，与其他四卷大不相同。本卷虽为律法书，但绝少命令口吻，而是反复叮咛，苦口婆心地劝勉以色列人忠于上帝，列举历史事件论证忠心遵守律法必能国泰民安，违犯律法则必国破家亡。因此，有些学者认为本卷作者不是摩西，而是公元前621年（或公元前 622 年），犹大国王约西亚进行改革时，授意大祭司编纂的一部法典，伪称是大祭司在圣殿中发现的摩西的作品，以提高改革的权威性。因此有些学者称这一行为为“善意的欺骗”。

5. **重要性**

基督教学者们一般都承认本卷在政治、宗教、文学方面都具有深远影响，称之为“申命记体”。《旧约》中的大部分经卷，特别是《先知书》，都是仿效本卷文体写成的。按照以色列人的传统，《申命记》应保存在上帝的约柜旁边，每 7 年向民众宣读一次。以色列是以神权立国的民族，政教合一，宗教法规就是政治法律，所以，不论是统一的以色列王国，还是分裂后的以色列王国和犹大王国，都把《申命记》定为治国大典，北部的以色列王国更奉《申命记》为国法。持这种观点的学者都否认《申命记》是公元前 621 年犹大王约西亚进行改革的产物。

6. **主要神学思想**

《申命记》的中心思想是把上帝对人的爱作为宗教的基础。这一特点不仅对《列王记》、《先知书》的历史观影响很大，而且与《新约》思想非常接近。《新约》中多次强调“博爱”思想，应该说受本卷的影响很大。“上帝爱世人，甚至将他的独生子赐给他们……”“爱人如己”，“我赐给你们一条新命令，乃是叫你们彼此相爱，我怎样爱你们，你们也要怎样相爱”，“要爱仇敌，为那逼迫你们的祷告”等等，都是与《申命记》的中心思想一脉相承的。

（六）《约书亚记》（《若苏厄书》，*The Book of Joshua*）

1. **名称**

本卷希伯来原文书名的意思是“上帝是拯救者”。通俗拉丁文译本将书名改为“约书亚书”是因为本卷主要是记录以色列民族领袖约书亚的事迹。

2. 主题

本卷主旨在于证明上帝如何实践诺言，使约书亚率领以色列人战胜迦南地各土著民族，占领了“应许之地”，并按 12 支派加以划分。

3. 内容

第一部分（第一至第十二章）记录攻占“应许之地”的过程；第二部分（第十三至第二十二章）叙述约书亚按照摩西遗命把迦南地分划归 12 支派，利未支派为祭司支派，未分得领地，只得到 48 座城，其中包括 6 座“逃城”（避难城）；把约瑟支派分为玛拿西、以法莲两支派，以补足 12 支派之数；第三部分（第二十三至第二十四章）是约书亚的最后劝导。

一些学者认为本卷原与《摩西五经》为一体，是“五经”的结束，合称“六书”；另一些学者把本卷列为《旧约》史书的第一部；也有一些学者把本卷归入“早期先知书”。

4. 作者

本书记录的事很多是在约书亚死后才发生的，可见是在约书亚死后经过了一段相当长的时期才写成的。当然不排除有些章节是当时人的记载。

5. 主要神学思想

本卷主要思想是阐明“耶和华为以色列争战”（第十章第 14 节）。上帝信守诺言忠于“西乃盟约”，以神迹奇事亲自为选民争战。占领迦南不是以色列人的胜利，而是上帝的胜利，所以，以色列人更应遵守“盟约”，侍奉上帝。神学家们用以色列人的这段战斗史来影射基督徒在“天路历程”中必须经历的“战斗生活”。

（七）《士师记》（《民长记》，*The Book of Judges*）

1. 士师

士师是指从约书亚死后到扫罗被立为王之前这一时期内，被上帝特别选召来拯救以色列人脱离异族压迫的民族英雄。希伯来文称之为

"Shophetim"，意思是"审判者"。以色列人进入迦南以后，约书亚按照摩西遗命把土地分给12支派，12支派则各自为政，尚未形成统一的国家。所以，这一时期以色列还是分散的部落，士师就是每个部落的酋长，他们的任务是对外抵抗外侮，对内治理民众，有的士师同时还兼有先知任务。Shophetim英文译作"Judge"，基督教（新教）汉译作"士师"（士师是我国古代法官的通称。《周礼》中为秋官司寇的属官，掌禁令、狱讼、刑罚），天主教汉译作"民长"。

2. 内容

《士师记》记述的是历任主要士师的事迹。第一部分（第一章第1节至第三章第6节）略述约书亚死后以色列人的宗教政治情形；第二部分（第三章第7节至第十六章）记述六位主要士师的事迹，即俄陀聂（第三章第7至第11节）、以笏（第三章第12至第30节）、底波拉（第四章第1节至第五章第31节）、基甸（第六章第1节至第八章第35节）、耶弗他（第十一章第1节至第十二章第7节）、参孙（第十三章第1节至第十六章第31节）；中间穿插记述了六位较小的士师的事略，即珊迦（第三章第31节）、陀拉（第十章第1—2节）、睚珥（第十章第3—5节）、以比赞（第十二章第8—10节）、以伦（第十二章第11—12节），押顿（第十二章第13—15节）；第三部分（第十七至第二十一章）是两篇附录：第一篇（第十七至第十八章）记述但族人抢走以法莲的利未人米迦雕刻的神像并建立圣所，形成了宗教分裂；第二篇（第十九至第二十一章）记述便雅悯族的基比亚人轮奸了一个过路的利未人的妾，引起了以色列人的内战，结果便雅悯支派几乎灭绝。

3. 作者

本卷是由几篇不同时期的史料编辑而成，成书年代应在以色列统一以后，因为本卷最后一句说："那时以色列中没有王，各人任意而行。"书中记述的宗教生活缺乏规范化的规章，与《律法书》相比，取材当更古老。

4. 中心思想

惩罚与拯救。本卷记录的几段事迹，从结构上看都是一个模式，即以色列人“行耶和华眼中看为恶的事”，上帝惩罚他们，把他们交给异族受苦；以色列人向上帝呼救，上帝派遣士师拯救他们，然后平安若干年，如此循环。主要思想是说上帝一贯信守“西乃盟约”，而以色列人却屡次背约，他们遭难与得救全在于对“盟约”的背弃与遵守。

（八）《路得记》（《卢德传》，*The Book of Ruth*）

本卷是最早出现的一篇希伯来文学短篇小说（有人把它列入“历史书”，是不恰当的），曾被认为是《士师记》的一篇附录，所以把它列在《士师记》之后、《撒母耳记》之前。作者不详，也没有蛛丝马迹供参考。书中记述的是大卫王的曾祖母路得的一段故事。当时迦南地发生了饥荒，有一个以色列人到摩押地去逃荒，其子娶了摩押女子路得为妻。后来路得的公公、丈夫都死了，她没有按当地的习俗回本族去，而是随寡母回到了犹大的伯利恒，在那里按照以色列人的习俗嫁给前夫的亲戚波阿斯，生了大卫的祖父俄备得，成为上帝祝福的人。根据这个故事，后来犹太人在五旬节期间，庄稼收割完毕时，当众朗诵本卷作为谢恩经文。

公元前 6 世纪末叶，波斯国王释放了一批被掳往巴比伦的以色列人回巴勒斯坦；公元前 445 年（中国东周贞定王二十四年），尼希米回耶路撒冷，领导以色列人重建耶路撒冷城；公元前 397 年（或公元前 427 年）以斯拉回巴勒斯坦加强统治。尼米亚和以斯拉为保持本民族血统与信仰的纯洁，反对以色列人与异族通婚。本卷作者却通过异族的摩押女子路得先后两次与以色列人结婚并成为大卫王的曾祖母来鼓吹不同民族之间可以通婚、友好，反对狭隘的民族主义。可见本卷的写作年代应在公元前 4 世纪。也有人认为本卷作于公元前 6 世纪—前 5 世纪之间。

圣经学家们认为本卷的中心思想是表明凡虔诚信赖上帝的人，上帝必予以照顾，上帝不仅是以色列人的神，也是外邦人的神。此外，还可以从本卷中了解到当时以色列人的一些社会状况，如为弟兄立嗣的义务，收割和吃饭的习俗等等。所以，本卷在民俗学和文学方面也具有一定的价值。英国诗人济慈在著名的抒情诗《夜莺颂》里就曾使用过路得的典故。

（九）《撒母耳记》（《撒慕尔记》，*The Book I and II of Samuel*）

1. 名称

本卷记载的是以色列人由士师时代进入统一王国时代的历史，撒母耳是这一历史阶段的关键人物，他既是最末一位士师，又以先知的身份代表上帝为以色列人膏立了两位开国君王（扫罗与大卫），所以称为“撒母耳记”。本卷原为一卷，希腊文七十贤士译本把它分为上、下两卷，与《列王记》上、下两卷合称《列王记》，共为四卷。后来圣经学家因为从文体和写作目的来看，很明显的是两部独立的史书，因而又把它们分开，成为现在的卷目。

2. 内容

本卷被列为“早期先知书”（又称“前先知书”），也被列为“历史书”，内容是约公元前 1095—前 970 年间的以色列历史。

（1）**撒母耳传**（约公元前 1095—前 1015 年）：《撒母耳记上》第一至第十二章记述撒母耳的出生及以色列人士师时代末期的情况，上帝应以色列人的要求，命撒母耳膏扫罗为以色列王。

（2）**扫罗传**（前 1015—前 1010 年）：《撒母耳记上》第十三章至《撒母耳记下》第一章记述扫罗统一以色列十二支派，抵抗外侮的战绩，以及扫罗与大卫之间的矛盾，最后扫罗战死。

（3）**大卫传**（前 1010—前 970 年）：《撒母耳记下》第二至第二十四章记述扫罗战死后，大卫统一了 12 支派建立了统一的以色列王国，把耶路撒冷定为以色列王国的政教中心。

3. 作者

本卷作者及成书年代均不可考。因原本残缺严重，经常出现资料重复、次序混乱、记述矛盾等现象，而且有明显的增补痕迹，所以本卷的编著者、史料来源、写作时间、编写次序等都是很难解决的问题。

4. 主要神学思想

恩许的实现。本卷是通过历史事实来阐述上帝的旨意，使以色列人知道上帝已开始实践他昔日对圣祖们的许诺，赐给他们一个君王——大卫，大卫王朝要永世不替，为大卫的伟大后裔——弥赛亚的来临作准备。此外，作者再三推崇大卫为理想的君王，虽然犯了重罪，但能衷心悔改，并经常以上帝的仆人自居，听从先知的指教。因此，后世的先知都以大卫为弥赛亚（新大卫）的预象，以大卫的王国预兆弥赛亚将要建立的天国。

5. 价值

从史学方面看，本卷记录的历史比较可靠，有些记载与考古学关于迦南的研究结论相吻合，例如：《撒母耳记上》第四章的示罗战役，约柜被非利士人掠去；第十三章第19—22节记载的扫罗时代的铁器；第三十一章的基利波战役，扫罗父子战死；《撒母耳记下》第五章第6—16节大卫攻打耶布斯人的情况；第八章第4节大卫时代的马兵情况等。此外，它还记载了当时的一些社会生活知识，如地理、生物、矿物、社会、军事、工业、建筑、家庭、服装、饮食、礼仪、起居、卫生、疾病、丧仪等方面的情况。所以有些学者把《创世记》至《路得记》称为“史前时代”，把《撒母耳记》以后各卷称为“史后时代”。

从文学方面看，本卷的希伯来原文用简单的语言、单调的句法记述了复杂的历史事件，描写逼真，人物性格鲜明，被一些学者称为“希伯来叙述艺术的杰作”。其中大卫与约拿单的友谊可以与我国春秋时代齐国的“管鲍之交”的典故相媲美；撒母耳的祈祷：“主啊，请说，仆人敬听。”已成为后世祈祷的典范，并成为艺术家的创作素材。

（十）《列王记》（*The Book I and II of the Kings*）

1. 名称

本卷记述大卫以后的以色列诸王的历史，故名“列王记”。《列王记》原为一卷，七十贤士译本把它分为上、下两卷，与《撒母耳记》合称《列王记》，共为四卷。后来圣经学家们又根据文体和写作目的把它们分开，成为现在的卷目。

2. 内容

本卷记述的是从大卫王去世、所罗门王登基（约公元前 970 年）到犹大国灭亡（前 586 年），前后约 400 年的历史。最后是犹大王约雅斤在巴比伦被释放的事（前 561 年）作为附录来总结全书。

第一部分（《列王记上》第一至第十一章）记述以色列人历史上著名的君王所罗门的历史，详述他凭借上帝赐予的超人智慧，继承大卫的事业把以色列王国建设成一个富强的统一王国，使人民安居乐业，实现了空前的太平盛世。但所罗门晚年沉湎酒色，娶了许多异教徒为妃，竟然敬拜了她们带来的邪神，因而受到上帝的惩罚。在他死后（前 930 年），统一的王国分裂为南、北两国，南部为犹大王国，北部为以色列王国。

第二部分（《列王记上》第十二章至《列王记下》第十七章）记述统一的以色列王国分裂后的历史，最初是政治分裂，但不久又引起了宗教分裂。公元前 722 年（中国东周平王四十九年）北部以色列国亡于亚述。

北部以色列王国的政局一直不稳定，从公元前 930 年建立到公元前 722 年灭亡，200 多年中竟改换了 9 个王朝和 19 位国王，有的国王在位仅几天或几个月就被推翻；政治中心也一再迁移，由示剑迁至得撒，再迁至撒玛利亚，一直处于内忧外患之中，国力衰弱。南部犹大王国的政局比较稳定，从公元前 930 年建国到公元前 586 年灭亡，300 多年间，除亚他利亚（犹大王约兰的王后，北部以色列国暗利王的孙女）篡位的 6 年（前 840—前 834 年）外，一直都是大卫王朝统治。

第三部分（《列王记下》第十八至第二十五章）记述南部犹大国最后136年的历史。北部以色列国的灭亡对南部犹大国震动很大，犹大王希西家、约西亚等曾先后奋发图强，进行过政治与宗教的改革，国力虽有所恢复，但终于抵抗不住巴比伦王国的强大压力。公元前586年，犹大国灭亡，国王约雅斤及其臣民被掳往巴比伦。

3. 作者

《列王记下》第二十四章第18节至第二十五章第30节与《耶利米书》第五十二章几乎逐字相同，而且《列王记》与《耶利米书》在思想、史观、文体方面都很相似，所以一些学者认为这两卷书的最后编者可能是一个人。也有人认为是以斯拉整理成书的。

4. 主要神学思想

公元前586年以后，被掳往巴比伦的以色列人目睹国家沦亡和自身的悲惨处境，对于耶和华上帝向列祖们的许诺产生了一系列的怀疑：上帝的恩许在哪里？上帝忠于“盟约”吗？大卫王国的永久性在哪里？本卷是用“申命记体”写成的，目的就是回答这些问题。作者先后60多次逐字引用《申命记》的经句，再三强调《申命记》的中心思想，即遵守诫命就能生存，违背诫命必定灭亡。作者编写此书并非为写历史而写历史，而是用历史来写神学，因此，一切与作者意图无关的历史，即使是在位时间很长的君王，作者也只作简单的描述，如在位41年的北部以色列王耶罗波安第二，作者只写了7节（《列王记上》第十四章第23—29节）；在位52年的南部犹大王亚撒利雅，作者也只写了7节（《列王记下》第十五章第1—7节）；而对与宗教生活有关的事却大书特书，如建造圣殿（《列王记上》第五章第15节至第八章第66节）、以色列人背约（《列王记上》第十一章至第十四章第20节）、宗教改革（《列王记上》第十五章、《列王记下》第十二、十八、二十二、二十三章）、君王与先知的关系（《列王记上》第十七至二十二章，《列王记下》第三至第七、第十八至第二十章）等。作者还特别重视先知（尤其是以利亚和以利沙）的使命，强调他们是上帝派来劝诫君王和百姓的特使。

作者认为：以色列人衰亡的原因是他们屡次背约，不忠于上帝，而上帝是信守盟约、言出必行的，他对大卫的许诺——王权长存——必将在弥赛亚的国度里应验。

5. **历史价值**

本卷作者虽然是用历史来写神学，但本卷仍不失为研究古以色列历史的重要资料。如考古学家们曾在耶路撒冷发现了一座寺庙的残址，据考证是所罗门在公元前966—前959年建造的，公元前587年被巴比伦人破坏。从遗址中找到一个用来作圣事的小屋，其中有9个高1.2米、直径0.8米的泥罐和1盏小橄榄油灯。

（十一）《历代志》（《编年记》，*Chronicles I and II*）

1. **名称**

《历代志》很早就分为上、下两卷，曾与《以斯拉记》、《尼希米记》合称《编年史》。七十贤士译本称本卷为《史事补遗》。后来圣经学家们根据本卷的内容名之为《历代志》，是《圣经》各卷中涉及年代最长的一卷书。

2. **内容**

本卷记述的主要是大卫、所罗门以及南部犹大国的历史，很少涉及北部以色列国。作者以圣殿和圣殿的侍奉为中心，记述了有关政治、宗教方面的大事，并引用了一些早期的文献，如《大卫王记》（《历代志上》第二十七章第24节）、《先知拿单并先见迦得的书》（《历代志上》第二十九章第29节）、《亚希雅的预言书》（《历代志下》第九章第29节）等。本卷内容可分为四部分：

第一部分（《历代志上》第一至第九章）是导言，记述从亚当开始，世界上最古老的民族以及以色列各支派的源流，偏重犹大、利未、便雅悯三支派的族谱，而在犹大支派中，又特别偏重大卫的家谱。

第二部分（《历代志上》第十至第二十九章）是大卫的历史（前1010—前970年），但只记述大卫的光辉业绩，如制订崇拜上帝的礼仪，整顿利未人的职务和筹建圣殿的功勋等，都大书特书，而对大卫的缺点和罪过及其所受的惩罚却讳莫如深，只字不提。

第三部分（《历代志下》第一至第九章）是记述所罗门的丰功伟绩（前970—前930年），特别颂扬他建筑圣殿的功勋。

第四部分（《历代志下》第十至第三十六章）记述统一的以色列王国分裂后的南部犹大国历史直到被掳往巴比伦为止（前930—前586年），着重记述历代君王对圣殿和对祭司们的关系、全体人民对宗教礼仪所持的态度，并用这种观点来评论一切历史的得失，将亡国被掳的罪责归咎于选民（特别是君王和祭司们）对上帝的背叛。对犹大国的政治和北部以色列国的情况很少提及。最后是一个简短的附录（《历代志下》第三十六章第22—23节），记载波斯王古列（居鲁士）在上帝默感下允许被掳的以色列人回耶路撒冷重建圣殿，表示了民族复兴的希望。

3. 作者与成书年代

圣经学家们根据本卷中提到的一些古文献、史书、先知书等，认为本卷成书的时代是公元前300年左右，是《旧约》中成书较晚的一卷。具体作者无法确定，但根据本卷与《以斯拉记》、《尼希米记》有类似的论点，可推定这几卷书可能出于同一作者（或编者）之手。

4. 编写意图与主要神学思想

以色列人政治上的分裂导致了宗教上的分裂，除敬拜邪神外，公元前4世纪中叶，北部撒玛利亚的一些宗教集团又正式宣告与耶路撒冷脱离关系，从而对耶路撒冷作为宗教中心的权威地位提出了挑战。本卷作者的目的就是回答这种挑战，着重记录作为正统的犹大王国。作者记录历史，目的不在于探究其历史真实性，而是为解释当时的信仰，为自己的信仰而辩护，鼓励重返家园的犹大人振作起来，明了自己之所以是上帝的选民，是依赖于对上帝的虔敬与热诚，使当时正在进行宗教改革的人们回顾过去的历史，从而更加遵守诫命，绝对信赖上帝，因为寻求上帝、皈依上帝的人必能获得仁慈上帝的恩眷。以色列子民应该向前看，期待那位将要来的理想的新“大卫王”。上帝必将实践自己的诺言，弥赛亚（大卫的后裔）必将降临在以色列选民之中。

本卷作者特别强调上帝选民的整体性、以色列12支派的整体性、耶路撒冷是全以色列的中心、祭司和平民的整体性、选民与君王的整体性。

由于本卷内容似乎只是复述《摩西五经》、《约书亚记》、《士师记》、《撒母耳记》、《列王记》已经记录的救恩史，而且其中夹叙一些冗长的人口统计、单调的家谱、众多的实物记录清单，引不起研究者的兴趣，所以常被人们忽略。圣经学家们对于是否将本卷列入“历史书”的意见也存在分歧。《历代志下》第三十三章第13、18、19节提到的犹大王玛拿西的祷词就是“次经”中的《玛拿西祷词》，祷词共15节，内容是表达罪人对仁慈上帝的依赖。天主教和新教使用的《圣经》都没有收入这篇祷词，但最近出版的《新英语圣经》（*The New English Bible*）则把它与“次经”其他各卷一起附录在《旧约》与《新约》之间。译文可参看《圣经后典》（张久宣译，商务印书馆出版）。

（十二）《以斯拉记》（《厄斯德拉上》，*The Book of Ezra*）与《尼希米记》（《厄斯德拉下》，亦称《乃赫米雅》，*The Book of Nehemiah*）

《以斯拉记》与《尼希米记》原来是一卷书，因为中间有一句话：“哈迦利亚的儿子尼希米的言语如下。”后人遂从这里一分为二，把上一部分称为《以斯拉记上》，把下一部分称为《以斯拉记下》。通俗拉丁文译本就是这样分卷的，不过近代译本多把下卷译为《尼希米记》。

《以斯拉记》第一章第1—3节与《历代志下》第三十六章第22—23

节完全相同，而且两书在用词、术语、风格、笔法、历史特征、宗教观念、道德标准等方面非常相似，圣经学家们认为它们最初可能是一部书，至少是同一作者或编者，并成书于同一时代。

《以斯拉记》和《尼希米记》是记述被掳往巴比伦的以色列人（主要是犹大支派的人）回国后约一百多年间的复兴史，叙述当时以色列人的社会情况和宗教状况以及以斯拉、尼希米两位民族领袖所倡导的几件重大革新运动。所以，有些圣经学家把这两卷归入“历史书”之中。公元前538年（或公元前536年），波斯王古列（居鲁士）允许被掳往巴比伦的以色列人返回耶路撒冷，于是，大卫的后裔所罗巴伯等率领一部分人首先起程回国。他们回到耶路撒冷后，立即在先知哈该和撒迦利亚的鼓动下，排除万难重修圣殿，终于在公元前516年（中国东周敬王四年乙酉）完工（《以斯拉记》第一至第六章）。随后，波斯王亚达薛西又派祭司兼经师以斯拉于公元前458年率领第二批以色列人回耶路撒冷。以斯拉回国后，进行了宗教改革运动。为保持以色列人宗教上和血统上的纯正传统，以斯拉规定不准以色列人同异族通婚，已有的婚姻必须解除（《以斯拉记》第七至第十章）。大约公元前400年以后，一些自认为信仰和血统纯正的以色列人就自称为“犹大人”了。

《尼希米记》是记述尼希米于公元前445年回耶路撒冷担任犹大省省长的事。尼希米首先修复了耶路撒冷城墙，整顿了政风，然后与以斯拉共同进行宗教改革运动，恢复“西乃盟约”的绝对权威。

有些学者认为，尼希米回国在前，约在公元前445年，以斯拉回国在后，约在公元前427年（或前397年）。《圣经》的排列次序与事实恰恰相反。

神学家们认为《以斯拉记》和《尼希米记》不但记录了十分重要的历史资料，更重要的是，以色列人由于背约而受到了极重的惩罚，又因上帝的仁慈而重返家园，他们一反过去崇拜邪神的恶习，转而一心侍奉唯一的上帝，并奉“西乃盟约”为社会生活的准则，确立了耶和华上帝的绝对权威，所以当时以色列人虽然没有独立的国家，也没有政治自由，但他们坚信自己是上帝的选民，为保持纯正的宗教信仰，而具有一种非凡的力量。因此，有些学者认为《摩西五经》就是在这种时代背景下被树立为绝对权威的。

“次经”中另有《以斯拉二书》、《以斯拉三书》两卷，天主教和新教使用的《圣经》版本都未收入，但《新英语圣经》则把它们与“次经”其他各卷一起附录在《旧约》与《新约》之间。其汉语译文可参看《圣经后典》。

《以斯拉二书》（又称《以斯拉上》）共9章，见于七十贤士译本，部分内容与《历代志下》、《以斯拉记》、《尼希米记》中有关部分重复。其中第三章第1节至第五章第6节为波斯王的三个卫士（所罗巴伯即其中之一）在国王面前辩论世上最强有力的是什么。一个卫士认为是“酒”，另一个卫士认为是“君王”，所罗巴伯则认为是“真理”。波斯王赞成所罗巴伯的论点并允其所请让他回耶路撒冷重建圣殿。本卷作者佚名，约作于公元前一二世纪，原文已失。早期教父中曾有人承认其“正典”地位，5世纪后又被认为是“伪经”。

《以斯拉三书》（又称《以斯拉下》）属启示文学作品，故又称《以斯拉启示录》，共16章，记述以斯拉在巴比伦所见的7次异象。原文已失。有些学者认为它是1世纪末时一位犹太法利赛人的作品，另外有些学者则认为其中的第一、第二、第十五、第十六章出于基督徒之手，则是公元一二世纪的作品了。本卷曾在早期基督教会中流传过。

（十三）《多俾亚传》(*The Book of Tobit*)

1. 内容

有一个虔诚的以色列人，是拿弗他利支派的后裔，名叫托彼特，被亚述人俘虏后，流徙到尼尼微。托彼特敬畏上帝，仗义疏财，经常周济穷人，义务埋葬同族人的尸体。但他的善行不但没有给自己带来幸福，反而双目失明，备受讥讽。同时，在玛代波斯的京城厄克巴塔纳也住着一个以色列人辣古耳。辣古耳有一个美丽、孝顺、心地纯洁的独生爱女，名叫撒辣。撒辣受恶魔阿斯摩太的残害，先后结婚七次，新郎都一一死在洞房里，为此，她受尽谩骂与羞辱，痛不欲生。托彼特和撒辣二人在不同的地方同时向上帝哀告，恳求早死。上帝垂听了他们的祷告，派天使辣法耳来拯救他们。

辣法耳先来到尼尼微，陪伴托彼特的儿子多俾亚到玛代去索取过去的存款。多俾亚在辣法耳的帮助下驱逐了恶魔阿斯摩太，和撒辣成婚，又顺利地收回了父亲的存款。回到尼尼微后，多俾亚又在辣法耳的帮助下使托彼特重见光明。正当托彼特一家图报大恩的时候，辣法耳向他们说明了真相：自己是侍立在上帝面前的 7 位天使之一，是奉差遣来援救他们的，说完便升天而去。从此，托彼特全家蒙上帝祝福，生活美满，继续施舍救济，赞美上帝。

2. 主题与价值

本卷内容很像《约伯记》，是一篇宗教小说，旨在说明“眷顾贫穷的有福了，他遭难的日子耶和华必搭救他，耶和华必保全他，使他存活。他必在地上享福”（《诗篇》第四十一篇第 1—2 节）。此外，本卷还包含了许多有关诫命、教义、道德、修养等方面的教训以及社会生活、家庭生活、父母子女间的义务等准则，并特别指出了婚姻的神圣性，因而被一些学者称为“家庭的雅歌”，或“上帝眷顾的颂词”。

本卷还记述了一些犹太人的风俗习惯，如辣古耳把女儿撒辣嫁给多俾亚为妻时，要写婚书并盖印（第七章第 14 节），结婚筵席期为 7 天，可延长到 14 天以表示隆重（第八章第 19 节，第十一章第 19 节）；女儿结婚后可承受家产的一半（第八章第 21 节）；雇短工的报酬（第五章第 15 节）等等。

3. **作者与年代**

本卷原文早已失传，20世纪中叶在库姆兰山洞里发现的有关残片，一部分是希伯来文，一部分是阿拉米文。学者们认为这都不能确定本卷的原文。现存的希腊文译本有三种：一是“简短经文”；二是“冗长经文”，即西乃抄卷；三是“折中经文”。多数学者都主张采用第二种版本。

本卷的作者及写作年代是一个很难解决的问题。一些学者认为本卷作者是凭着托彼特和多俾亚所写的一些记录或其家族口传的资料编写的，时间应在以色列人被掳之后；一些学者认为本卷是公元前3世纪写成的；也有些学者主张本卷是公元前2世纪（即玛加伯时代）一个佚名的犹太人根据一些古代资料与传说编写成的。

由于本卷原文失传，犹太人和基督教（新教）都否认本卷的经典地位，不把它列入《圣经》。但天主教和东正教都承认它是“次经”，将它收入《旧约圣经》。

（十四）《友弟德传》（*The Book of Judith*）

1. **内容**

本卷记述的是犹太女英雄友弟德拯救自己的国家的故事。某年，亚述王拿步高战胜了玛代王阿法撒得以后，又派元帅敖罗斐乃率兵西征，一路上势如破竹，所向披靡。但亚述军队进入犹太境内后，却遇到了犹太人的顽强抵抗。敖罗斐乃将犹太人的要塞拜突里雅城团团围住，并断绝了城中的水源。拜突里雅人坚守了34天，储存的水都喝光了，人们渴得发昏，丧失了战斗力，不得已提出了投降的建议。这时，有一个叫友弟德（一译“犹滴”）的年轻漂亮的寡妇挺身而出，向城中的长老提出自己有退兵之策。长老们同意了她的建议。于是友弟德浓妆艳抹，只身带了一名使女假装投降进入敌军大营，用自己的美色迷住了敖罗斐乃，把他灌醉，割下了他的头，同使女连夜返回拜突里雅。亚述军没了主帅，军心大乱。犹太人乘机出城冲杀，大获全胜。友弟德倚恃上帝赐给的智慧解救了自己的祖国，全以色列人无不欢欣鼓舞，赞颂上帝，欢呼她是“耶路撒冷的荣耀、以色列的光荣”。

2. 主题思想

作者的目的是用友弟德的故事来教训以色列人敬神守法。友弟德虽然手无缚鸡之力，但她依靠对上帝的信仰就能战胜强敌。以色列人都应以她为榜样忠心侍奉上帝，上帝就不会遗弃他们。天主教会把友弟德奉为圣母马利亚的预像，在一些圣母瞻礼中用本卷的经文来歌颂圣母。

本卷故事内容与历史事实矛盾之处甚多，例如：本卷称“拿步高在尼尼微大城为亚述王”，而历史上亚述诸王中根本没有一个名叫拿步高的人；本卷称亚述战胜了玛代王，而历史事实却是公元前 612 年尼尼微被巴比伦玛代联军所灭，亚述国亡；按本卷所记（第四章第 3 节、第五章第 18—19 节、第八章第 17—20 节），故事似乎是发生在以色列人由巴比伦回国之后，即在公元前 538 年以后，这时尼尼微早已化为瓦砾了；另外，本卷所记的一些人名，地名也都无稽可查等等。所以有些学者认为本卷作者是用故事形式来激励以色列人，当强敌压境时要一心依靠上帝，上帝必然救援。书中的人名、地名、时间等全属虚构；另一些学者则认为本卷所述确有其事，只是由于当时形势关系不敢直书，只好隐去真人姓名，用古人的姓名代替。

3. 作者、年代及其经典地位

本卷原文早已失传，现在只见于希腊文（七十贤士译本）中，所以本卷的作者与年代都无法肯定。学者们根据本卷记述的有关内容推断写作时间应在公元前 2 世纪末或公元前 1 世纪初。由于本卷原文失传，又不见于犹太人的《圣经书目》，因此，基督教新教以本卷为伪经，不收入《圣经》之内，但天主教则承认本卷为“次经”，将它收入《旧约圣经》。

（十五）《以斯帖记》（《艾斯德尔传》，*The Book of Esther*）

本卷是叙述上帝派遣女英雄以斯帖拯救犹大人免遭灭亡的故事，其希伯来文版是《圣经》中唯一未提及“上帝”的一卷。

1. 内容

波斯王亚哈随鲁因王后抗命，将她废黜，另立犹大俘虏末底改的养女以斯帖为王后。后来末底改得罪了权相哈曼，于是哈曼阴谋陷害末底改及全部被俘的犹大族人。亚哈随鲁王听信了哈曼的话，下令要在一天之内杀尽所有的犹大人。在这危急关头，以斯帖亲自见国王揭露了哈曼的阴谋。于是国王处死哈曼，赦免了犹大人，并封末底改为宰相。后来犹大人为纪念这次得救而设立了“普珥节”（Purim）。

2. 版本

本卷古时就有两个文本：一个是较短的希伯来文本，基督教（新教）的《以斯帖记》汉译本就是根据这个文本译出的；另一个是较长的希腊文本，除上述希伯来全文外，还包括六段被称为“次经”的“补录”，最后还有一个“希腊文译者的注语”，通俗拉丁文译本是根据这个文本翻译的，所以天主教的汉语译本就是这个较长的文本。

3. 年代

本卷写作年代可能是公元前 2 世纪（约前 160 年），因为在犹大·玛加伯时代犹太人就已有了“普珥节”。

4. 价值

本卷文体属于戏剧性叙事文，矛盾冲突、男女主角等一对一对的对称安排，层次分明，戏剧性很强。至于故事内容，一些学者认为纯属虚构，因为：（1）据《圣经》其他各卷的记载，亚哈随鲁王对犹大人俘虏是很友好的，不可能下令一日之内杀尽犹大人；（2）不可能想象亚哈随鲁王能够听任犹大人（何况他们都是俘虏、奴隶）杀戮本国同胞 7.5 万人；（3）以斯帖是个被俘的奴隶，不可能被选为王后；（4）据补录记载，末底改是公元前 599 年被掳往巴比伦的犹大人，而亚哈随鲁在位时间是公元前 486—前 465 年，时代不同。所以可以推定，本卷故事纯属杜撰。一些圣经学家把这篇故事当作历史事实而把本卷列入《圣经》“历史书”，这是值得商榷的。

5. 主题思想

本卷主题思想过分强调复仇精神，充满了狭隘的民族主义思想，与《新约》精神相悖。可能作者处于另一次亡国灭种的时代背景下，写作此书来激励同胞保卫自己的民族与国家。

（十六）《玛加伯上》（*The Book of the Meccabees I*）

1. 时代背景

公元前 276—前 195 年，埃及托勒密王朝与叙利亚塞琉古王朝为争夺东部地中海的霸权，先后进行了五次“叙利亚战争”。处于两大国之间的巴勒斯坦苟延残喘，备受战火威胁，加之本国统治集团内部矛盾激化，又发生了分裂，内忧外患使多灾多难的犹大人进一步陷入水深火热之中。公元前 198 年（相当于中国汉高祖九年），叙利亚战胜埃及，乘犹太人内讧之机，派兵进占耶路撒冷，杀戮抵抗者，抢掠圣殿。公元前 187 年，叙利亚军队再次洗劫耶路撒冷，并在城内筑起了一座坚固的堡垒，供叙利亚长期驻军之用。公元前 168 年，叙利亚塞琉古王朝的安条克四世为推行希腊文化，宣布犹太教为非法，焚毁摩西律法，取缔犹太教崇拜仪式，把圣殿改为偶像庙宇，强迫犹太人改变宗教信仰。虔诚的犹太教徒，有的殉道，有的逃往山地避难。公元前 167 年（相当于中国汉文帝十三年），犹太祭司玛塔提雅率领五个儿子揭竿而起，团结所有忠于耶和华上帝、热爱祖国的犹大人，展开了捍卫宗教信仰和民族自由的武装斗争。

玛塔提雅死后，他的儿子犹大继任起义军队的首领。犹大骁勇善战，绰号“玛加伯”（亦译“马加比”），意思是“锤子”，或“执锤者”，威望极高，所以，“玛加伯”就成为公元前 2 世纪为争取宗教和政治自由而战的犹太人的通称，犹大家族建立政权后也被称为“玛加伯王朝”。

公元前164年，犹大率军夺回了耶路撒冷，洁净圣殿，清除偶像，举行祝圣新祭坛的盛典（第四章第59节，第十章第1—8节），但叙利亚驻军仍然坚守在耶路撒冷城内的堡垒中。公元前163年，叙利亚援军到达耶路撒冷，激战中，犹大的弟兄厄肋阿匝尔阵亡。后来，叙利亚虽因内乱撤军，但犹太人内部也发生了分裂，叛徒阿耳基慕联合叙利亚人共同攻打犹大。公元前160年，犹大·玛加伯不幸阵亡。

犹大死后，他的弟弟约纳堂继任领袖。约纳堂利用叙利亚内部矛盾成功地巩固了自己的政权，对内团结了抵抗力量，对外联合罗马并与斯巴达人结盟（第十一章第11—23节，第十二章）使犹太人转危为安。可惜，约纳堂执政不久就被叙利亚阴谋杀害。

约纳堂死后，他的弟弟息孟继任领袖兼大祭司。公元前142年，犹太人在玛塔提雅家族领导下迫使叙利亚塞琉古王朝承认犹太的独立政权，“异民的重轭由以色列人身上解除了”（第十三章第41节）。玛加伯王朝初期给长期遭受异族压迫的犹太人带来了民族复兴的希望。可惜，玛加伯王朝只是昙花一现。公元前134年，犹太人发生内乱，息孟被杀。息孟的儿子若望·依尔卡诺即位，建立了阿斯摩乃王朝。此后，犹太国内乱不绝，国力大衰。公元前63年（相当于中国汉宣帝元康三年），罗马大将庞培占领了巴勒斯坦，犹太民族复兴的希望又破灭了。

2. 内容与结构

本卷记述的是公元前175—前134年犹太人在犹大、约纳堂、息孟三兄弟领导下为争取民族独立、宗教自由而斗争的历史。犹大的绰号叫“玛加伯”，就被用作本卷的书名。从内容看，本卷可分为四部分：

第一部分（第一至第二章）是本卷的序言，记述叙利亚安条克四世利用希腊文化消灭犹太教。犹太人面临政治、宗教双重危机，祭司玛塔提雅带领五个儿子在山地召集一切忠诚的犹太人开始武装反抗。

第二部分（第三章第 1 节至第九章第 22 节）记述犹大·玛加伯的丰功伟绩。犹大率领犹太人英勇奋战，先后战胜了叙利亚的三位国王（安条克四世、安条克五世、德默特琉一世），收复耶路撒冷，重建祝圣圣殿，与罗马结盟作为外援以对抗叙利亚，最后于公元前 160 年不幸阵亡。

第三部分（第九章第 24 节至第十二章第 53 节）记述犹大·玛加伯战死后，犹太人拥立犹大的弟弟约纳堂为领袖，约纳堂巧妙地利用了叙利亚内乱的政治局势，使犹太人的抵抗事业转危为安，成功地战胜了敌人。公元前 143 年，约纳堂被叙利亚将军特黎丰设计谋杀。

第四部分（第十三章第 1 节至第十六章第 24 节）记述约纳堂死后，他的哥哥息孟继续领导犹太人进行战斗。息孟一面进行武装抵抗，一面利用外交谈判，终于在公元前 142 年（相当于中国汉景帝后元二年）取得了独立。可惜，公元前 134 年（前 135 年？）犹太统治集团发生了内讧，息孟被自己的女婿仆托肋米谋杀。

3. 作者及年代

本卷原本已失，学者们推断作者是一位住在巴勒斯坦的犹太人，他对犹太教的律法及犹太地理、历史都非常熟悉。写作时间当在公元前 63 年以前，因为书中对罗马抱友好态度。公元前 63 年罗马军队占领了耶路撒冷以后，犹太人对罗马的态度就恶化了。所以本卷写作时间可能是在公元前 100 年左右，即玛加伯王朝结束后不久。

4. 历史价值

本卷是模仿《撒母耳记》、《列王记》等“历史书”的写法而编辑的，虽然经常用夸张的手法来称颂上帝的救援和以色列民族英雄，但还是不违背历史的，如第八章第 22—32 节、第十章第 18—20 节和第 25—45 节、第十四章第 27—49 节等处的记载可能就是原文引用了圣殿及国家档案内所保存的资料。所以学者们大都认为本卷具有可贵的史料价值，是研究公元前 2 世纪时犹太民族史的重要历史资料。

5. **主要神学思想**

（1）以色列人遭受的灾难是上帝对他们的惩罚，玛加伯人取得的胜利是信仰上帝及热诚祈祷的结果。

（2）真正的宗教依附于犹太民族的生存，没有了犹太民族也就没有了真正的犹太教。所以为民族自由而战也就是热心侍奉上帝，消极抵抗以及为信仰的生存而委曲求全都是不可取的。

（3）律法是犹太教的核心，为保全律法可以使用武力，对本族中违犯法律的人也绝不姑息。

（4）本卷中曾三次提到在玛加伯时代没有先知（第四章第46节、第九章第27节、第十四章第41节）而且避讳上帝的名字，似乎人与上帝的关系疏远了。

6. **本卷的经典地位**

本卷的希伯来文原本早已失传，侨居巴勒斯坦以外的犹太人都不怀疑其经典地位，把它收入七十贤士译本之内。但巴勒斯坦境内的犹太人却把它排斥在《正经》书目之外，后来基督教（新教）也不承认它的经典地位。天主教和东正教则承认它是“次经”，把它收入《旧约》之中。

（十七）《玛加伯下》（*The Book of the Maccabees II*）

1. **作者与年代**

本卷虽然称为《玛加伯下》，但它与《玛加伯上》不是一部书的上、下卷，而是两卷不同的书。此外，还有属于“伪经”的两卷《玛加伯书》，是比较晚的作品。

本卷原文为希腊文，所以基督教（新教）不把它收入《旧约》中，而天主教与东正教因为它列在七十贤士译本之中，而承认它是“次经”。

本卷作者虽未署名，但根据卷首的两封信可推知他是一位侨居埃及亚历山大里亚的虔诚的犹太人，写作时间应在公元前124年以后（第一章第9节）。

2. 内容与结构

据本卷第二章第23—25节可知，作者是根据基勒乃人雅颂所写的五卷史书编写的，所以，《玛加伯下》可以说是雅颂五卷史书的摘要，记述的也是犹大·玛加伯家族率领犹太人为争取民族独立、宗教自由而战斗的光辉历史。

本卷可分为四部分：

（1）序言（第一至第二章）：

1）耶路撒冷的犹太人写给侨居埃及的犹太人的两封信，劝他们庆祝重建圣殿节（洁殿节）（第一章第1节至第二章第18节）。

2）作者为本卷写的序言，说明他编写本书使用的史料、写作的目的和方法（第二章第19—32节）。

（2）争取宗教自由的战争（第三章第1节至第十章第9节）：

1）敖尼雅做大祭司，热心虔诚，圣城安享太平，人民奉公守法。敖尼雅在上帝保佑下保住了圣殿的财宝（第三章）。

2）敖尼雅以后的大祭司行为不端，致使圣殿遭受亵渎，安条克四世迫害犹太教（第四至第七章）。

3）犹大·玛加伯率领一切虔信上帝的犹太人奋起抵抗，战胜了叙利亚军队，收复耶路撒冷，洁净圣殿，建立新祭坛，过“洁殿节”（第八章第1节至第十章第9节）。

（3）维护宗教的战争（第十章第10节至第十五章第36节）：

1）犹大依靠上帝战胜了一切敌人，终于迫使叙利亚承认犹太人的宗教自由并对圣殿表示尊敬（第十章第10节至第十三章）。

2）叙利亚王受了挑拨又与犹太人开战。犹大战胜，杀死敌军统帅尼加诺尔，维护了宗教自由（第十四章第1节至第十五章第36节）。

（4）结语（第十五章第37—39节）。

3. 主要神学思想

本卷写作的目的不是严格地记述历史事实，而是用历史来启发人的信心，所以在叙事时经常流露他本人的宗教热情，同时也提出了一些《旧约》中没有或不明确的新的神学观念。

（1）全能的上帝亲自居住在耶路撒冷圣殿里。因此圣殿是至圣的，亵渎圣殿者必遭受严厉的惩罚。如果上帝允许敌人亵渎自己的圣所，也是由于犹太人的罪恶所致。一旦犹太人悔改、祈祷、献祭，特别是殉道者为信仰而作出牺牲，使上帝的义怒化为怜悯，圣殿的尊荣必然恢复。

（2）死亡不是人生的终点，不能消灭人的真正存在。为信仰而牺牲的人所受的痛苦是暂时的，将来必然复活得享永生。

（3）死亡不能完全隔断生者与死者的联系。已故圣徒能以祈祷为生者求福，在世的信徒也可用祈祷、献祭、行善功等为已死的亲友赎罪。这种观念为后世的“炼狱”说提供了论据。

（4）第二章第 21 节在《圣经》中首次提出了“犹太教”这个名词。

（十八）《智慧书》总论（*The Wisdom Books*）

《约伯记》、《诗篇》、《箴言》、《传道书》、《雅歌》、《智慧篇》和《德训篇》这七卷书被圣经学家们统称为《智慧书》，因为它们的内容和目的是教训人如何获得智慧、增加智慧、认识智慧、解释智慧及了解智慧的作用和效能，借以指导人避恶从善。智慧是人生处世的道德准绳，是上帝恩赐给人的，它甚至具有“位格”。所以初期教会曾把它解释为“上帝的圣言”——“上帝的第二位圣子”。

《智慧书》的特点如下：

（1）这七卷《智慧书》虽然都属于智慧文学，但文体并不一致，有诗歌、对话、格言等。

（2）写作时间都在以色列人被掳以后到耶稣降生以前。

（3）写作目的不只是为教训犹太人，也是为了教训全人类。

（4）内容特别注重伦理道德，不是专讲教理神学。

（5）作者明显受过希腊哲学的影响，但并没有被希腊化。

（十九）《约伯记》（《约伯传》，*The Book of Job*）

1. 内容

约伯是一个公正、虔诚、仁义的富翁，有七儿三女，过着美满的生活。忌妒人的撒旦得到耶和华上帝的许可来考验约伯，使他的万贯家财毁于一旦，子女童仆同时死尽，他本人也从头到脚长满了毒疮，陷入了极端悲惨的境地。约伯在极度痛苦中仍然逆来顺受，一心寄希望于公义仁慈的上帝，耐心接受上帝的安排。他的三个朋友知道约伯遭了难，就一同来慰问他，于是他们之间展开了一场探讨人生痛苦的根由和目的的辩论。三个朋友认为遭受苦难的原因乃是犯罪的结果。约伯却坚决否认自己有罪，强调自己从未做过违背上帝旨意的事。他表示，他不明白为什么许多作恶多端的人不受惩罚，反而飞黄腾达，有权有势，子孙昌盛，生活舒适。朋友们则认为人间痛苦可能是上帝对人的磨炼与警戒，人要绝对承认上帝的全能和智慧，不要妄作聪明，要凭信心把自己完全托付给公义的上帝。约伯不服，耶和华上帝遂亲自与约伯辩论。最后，约伯认罪自责，上帝恢复了他的幸福生活并加倍赐福给他。

2. 作者与年代

一些学者认为本卷是公元前 5 世纪时一位无名氏的作品，也有些人认为不是一个人的手笔。

郑振铎先生认为：“《约伯传》是‘杂集’中的一篇伟大的戏曲，里边的主旨是讲人类的痛苦。这篇戏曲似根据一个古代人民传说的故事而写，且经过好几个作家的增改，她是一面表现出希腊时代的犹太思想的困恼的镜子，她是属于所谓犹太的‘智慧的文学’的，衍以关于人生问题的智慧的回答，以表现上帝的性质。”

3. 文学地位

（1）本卷为世界文学名著之一，有人把它与但丁的《神曲》、歌德的《浮士德》相提并论。

（2）体裁：本卷既不是纯粹的历史，也不是抒情诗歌，又不完全是哲理对话，很像戏剧，又与剧本不同。有的学者认为，这个故事最初可能是用散文体裁记述的，后来经人用诗体改写成现在的样子，保留了一些希腊戏剧的特点。

4. 结构

第一部分（第一至第二章）写约伯遭难的过程；第二部分（第三至第三十一章）是约伯与三个朋友的辩论，是本书的中心部分；第三部分（第三十二至第三十七章）是约伯的三个朋友没有能够解答约伯提出的问题，于是作者又创作了一个年轻人以利户来发表意见；第四部分（第三十八章至第四十二章第 6 节）是耶和华上帝亲自与约伯答辩，指出人无法了解上帝的奇妙安排；第五部分（第四十二章第 7—17 节）是结束语。

5. 主要神学思想

（1）本卷讨论两个问题：第一，世界上为什么有灾难；第二，好人为什么受苦。作者用约伯的遭遇为例，一方面反对普遍的“天道福善祸淫”的观念，一方面阐明上帝是公义的，人在苦难中应该毫无条件地把自己交给上帝，顺从上帝的安排。

（2）第三十四章论上帝的公义；第三十五章论上帝的至尊；第三十六章论上帝救人于苦难；第三十七章论上帝的奇妙威严；第三十八至四十一章是上帝的训词。

（3）约伯不是以色列人，但上帝夸赞他说：“地上再没有人像他完全正直、敬畏上帝、远离恶事。”可见本卷作者已经把上帝的恩宠扩大到世界范围。上帝不再是一国一民的保护神，而是全人类的上帝，宗教信仰的概念有了新的发展，为后来基督教从犹太教中分化出来成为世界性宗教提供了经典依据。

（4）约伯提出的问题直到今天仍然值得人们去思考与探讨。约伯的可贵在于他的信心不是盲目的。他倔强地坚持“与上帝理论”（第十三章第3节）不仅表明他的自信，更重要的表现了他相信上帝是公义的，“在他那里正直人可以与他辩论”（第二十三章第7节）。正因为如此，上帝才欣赏他，降福给他。这就从另一个角度证明了上帝的公义。

（5）《圣经》各卷中，只有本卷将撒旦描写为上帝侍者中的一员，秉承上帝旨意专司察看和考验世人之职。本卷也没有提到律法、先知和宗教生活情况等等。

（二十）《诗篇》（《圣咏集》，*The Book of Psalms*）

1. 名称

《诗篇》是由150篇赞美诗、感恩诗及抒情诗等辑成的诗集，犹太人称之为《赞美歌》（*Thehillim*），是《旧约全书》中历来最受人欢迎、使用范围最广的一卷经书。可以称之为犹太人的《诗经》。据传其中大卫的作品占多数，故又称之为《大卫诗篇》或《达味圣咏集》。

2. 内容与体裁

圣哲罗姆曾说：“《诗篇》的全部内容不外感恩、赞颂和祈祷。”郑振铎先生也说过：“这些赞诗，思想与表白，都是异常的美丽，它们是纯粹的诗歌，世界上没有什么颂神的诗歌能够更超越它们。”这些诗充分表达了人在各种境遇中的感受，不管是欢乐还是忧伤，是恐惧还是安宁，是胜利还是失败，是痛悔还是赞美，是哀告还是感恩等等，各种心情都能在诗篇中找到抒发。

从宗教观点来看，全书诗歌可分九类：

（1）赞美诗：歌颂赞美上帝的威严、全能、忠信、公义及其慈爱的眷顾，如第八、第十九、第二十九、第三十三等篇。

（2）哀祷诗：向上帝倾诉内心的痛苦或民族灾难的悲伤，祈求上帝的救援，如第三、第五至第七、第十二、第四十四、第六十等篇。

（3）忏悔诗：向上帝忏悔自己的罪过，以恳求恩宥，如第五十一篇等。

（4）咏史诗：申述上帝的律法和上帝为救援自己的子民而行的丰功伟绩，以及对义人和恶人施行的公正赏罚，如第七十八、第一百零五至第一百零六等篇。

（5）感恩诗：向上帝抒发知恩报爱、孺慕倚恃的心情，如第十八、第二十一、第三十、第三十二、第三十四等篇。

（6）训诲诗：赞颂“律法”的伟大，表示对“律法”的倾慕以及有关伦理的训诫、行善避恶的警告等，如第一、第三十七、第四十九、第一百一十二、第一百一十九等篇。

（7）庆祝诗：庆祝国王登基，为国王祈福，以及胜利后的感恩等，如第十八、第二十至第二十一、第一百一十等篇。

（8）预言诗：歌颂未来的君王兼祭司弥赛亚，赞颂弥赛亚王国的荣耀与伟大，尤其是在被掳以后，这些诗篇形成了“弥赛亚圣咏”，如第二、第四十五、第七十二、第八十九、第一百三十二等篇。

（9）咒诅诗：呼吁上帝惩罚恶人与仇敌，如第三十五、第五十八、第六十九等篇。

从文学观点来看，全书尽属抒情、赞颂、训诲与祈祷的诗歌，感情诚挚，是世界文坛上的抒情杰作，可以分为抒情诗、叙事诗、戏剧诗等类。在文体和修辞方面也很有特色，如第一百一十九篇就是希伯来文学中的字母顺序诗的典型；但丁在《神曲·炼狱篇》第二歌“天使的舵手”中曾使用过第一百一十四篇，并称赞它能使人快活得发抖；拜伦引用第一百三十七篇创作了著名的爱国诗篇；第六十八篇被称为“战场之歌”，16 世纪时法国的胡格诺战争和 17 世纪时的英国革命战争，都曾用它来鼓舞士气；第一百三十三篇歌颂和谐社会之幸福；第二十三篇则是一首极美的抒情诗。

3. 结构

《诗篇》很早就分为五卷，据说是仿效《摩西五经》而分的，为的是适应礼仪上的需要。第一至第四十一篇为第一卷；第四十二至第七十二篇为第二卷；第七十三至第八十九篇为第三卷；第九十至第一百零三篇为第四卷；第一百零七至第一百五十篇为第五卷。前四卷卷末都用“光荣颂”作结尾，第五卷卷末无“光荣颂”，因为第一百五十篇本身就是一首赞美诗。圣经学家们认为，这样分卷可能是从以斯拉时代（公元前4世纪初）开始的。

《诗篇》除划分为五卷外，还依照作者、文体或内容而自成一些小组：如第三至第四十一篇是大卫的第一组诗；第五十一至第六十三篇是大卫的第二组诗；第四十二至第四十九篇是可拉后裔的诗组；第七十五至第八十三篇是亚萨的诗组；第一百四十六至第一百五十篇是赞美诗组；第一百二十至第一百三十四篇是“上行之诗”，即登圣殿歌（升阶歌）；第五十二至第五十五篇是训诲诗组等等。

4. 小标题

《诗篇》中有116篇在开头附有一个小标题，指出本篇的作者、背景、咏唱时采用的曲调及伴奏的乐器或适用于何种礼仪等。学者们认为这些小标题并非原著，有的已不能详知其意。除单纯表示作者的小标题外，一般将这些小标题分为三类：第一类为“历史性标题”，共12篇，如第三篇是“大卫逃避他儿子押沙龙的时候作的诗”等，这类含有历史背景的标题虽不完全可信，但有助于了解本篇的内容；第二类为“音乐性标题”，共27篇，如“调用麻哈拉”（悲调）、“调用第八”（八度低音）、“调用慕拉便”（意义不详）、“用吹的乐器”（和以管乐）、“用丝弦的乐器”（和以弦乐）等等，诗中的“细拉”意为“停顿”或“音乐过门”；第三类为“礼仪性标题”，共 18 篇，如第九十二篇是“安息日的诗歌”，第一百二十至第一百三十四篇是“上行之诗”，感恩祭用第一百篇等等。另外，无小标题的共 34 篇，犹太人称之为“孤儿诗”。

5. 作者

从每篇的小标题可知《诗篇》是一本不同时代、不同作者的诗集。成书年代约在公元前 300—前 180 年之间，但所用资料有的甚为古老。按小标题统计，摩西的诗 1 篇（第九十篇）、以探的诗 1 篇（第八十九篇）、所罗门的诗 2 篇（第七十二、第一百二十七篇）、可拉后裔的诗 12 篇（第四十二至第四十九、第八十四至第八十五、第八十七至第八十八篇）、亚萨的诗 12 篇（第五十、七十三至八十三篇）、大卫的诗共 73 篇，没有具名的诗共 50 篇。

6. 主要神学价值

《诗篇》内容广泛，包罗万象，是神学、伦理、道德、宗教生活的无尽宝藏，是完善的静心、养性、祈祷的指南。每个人都可凭借本书和上帝直接沟通，所以它有时是罪人的恳求怜悯，有时是为义受逼迫者的叹息，有时是胜利获救者的欢呼，有时是信、望、爱的抒情，有时是训诲，有时是斥责，有时是慰藉，有时是鼓励。

（二十一）《箴言》（*The Book of Proverbs*）

1. 名称

本卷是以色列人的“智慧文学”作品，书中记述的多是一些格言、警句、成语、谚语、训诫、比喻等，也有较长的散文和诗篇，大都是教导人如何立身处世，推己及人、学习智慧、避免愚昧、敬畏上帝的话，所以称之为《箴言》。七十贤士译本称之为《偶发之见》。

2. 结构

本卷可分为七部分：

第一部分（第一至第九章）是所罗门的箴言第一集，其中第一章第1—7节是导言，说明写作目的及纲领，以下是颂扬智慧，劝勉子弟善尽职守，要处理好人与上帝的关系和人与人的关系，都需要从敬畏耶和华开始。

第二部分（第十至第二十二章第16节）是所罗门的箴言第二集，是本卷的主体。这一部分章次无序，没有多少连续性，似乎是一个汇编，内容是教训各种人都善尽职守，修德、养性、远避罪恶、爱好和平、倚恃上帝等等。这一部分是用对比手法来描写个人、家庭、社会中的各种贤愚、善恶、勤懒、贫富、祸福、荣辱、安危等等的对比，语言生动，寓意深刻。

第三部分（第二十二章第17节至第二十四章）是两位“智慧人”的箴言，是教人节操自持，躲避不义。

第四部分（第二十五至第二十九章）是所罗门的箴言第三集，并注明是“犹大王希西家的人所誊录的”，可能是所罗门箴言的补遗。

第五部分（第三十章）是亚古珥的“真言”，据说其中包含着12个谜语和4种不能满足的事物。亚古珥可能是当时的一位智者。

第六部分（第三十一章第1—9节）是利慕伊勒王的母亲戒子的训言，是关于君王应有的智慧。

第七部分（第三十一章第10—31节）是一篇短诗“贤妇赞”，原文是一首希伯来文字母顺序诗。

3. 作者

本卷大部分都注明是“所罗门的箴言”，但也有人怀疑其真实性，因为有些地方流露出被掳以后的文风。有人主张本卷成书于公元前4世纪初以斯拉时代，但无定论。

4. 价值

本卷是训诲诗的代表，是研究以色列人文化、伦理不可缺少的资料，其中有不少格言到现在仍不失其价值。从语言方面来看，本卷多用排比句和对偶句，具有浓厚的希伯来文学特色，而且词句精炼，便于记忆，发人深省，屡读不厌，特别是用一些日常生活中的现象作比喻，深入浅出地阐明所含的真义，以教育启发人的生活，如："当面的责备强如背地的爱情"，"有好消息从远方来，就如拿凉水给口渴的人喝"，"酒能使人亵慢、浓酒使人喧嚷，凡因酒错误的就无智慧"等。

本卷中所说的"智慧"乃是就道德生活立论，教人砥砺品行，洁身自好。"智慧"出于"敬畏上帝"，人可借以获得幸福的生命；相反，"愚昧"就是罪恶，是违背上帝旨意的根源。

（二十二）《传道书》（《训道篇》，*Ecclesiastes*）

1. 名称与作者

本卷是希伯来"智慧文学"作品，风格独树一帜，似乎是一位思想家的哲理笔记。卷首注明作者是"在耶路撒冷做王、大卫的儿子传道者"，故名《传道书》。按大卫的儿子在耶路撒冷做王的当是所罗门，所以 16 世纪以前的学者都认为所罗门是本卷的作者，是他晚年所写的忏悔录。但是，后来学者们根据本书内容与语言认为应是公元前 2 世纪中叶的作品，最早也不能超过公元前 3 世纪。

2. 主题思想

"凡事都是虚空"（第一章第 2 节）是本卷的命题。"虚空"一词在本卷中出现过 30 多次，作者从这一命题出发来探讨人生的目的。人生的欲望是无穷的，"眼看，看不饱；耳听，听不足"（第一章第 8 节），即使人获得了财富、声色、仆马、美食等，一切仍是虚空的（第二章第 1—11 节）。贤与不肖早晚都同归于尽，事由天定，人无能为力（第三章第 1—15 节）。赏善罚恶本来是显示上帝的公义，然而事实上往往是恶人万事亨通，而义人多灾多难（第三章第 16 节，第八章第 10—14 节），因此，作者主张及时行乐（第九章第 7—10 节，第十一章第 7—10 节），但他又强调上帝必将审判一切（第三章第17节、第十一章第9节），人无论如何不可与上帝争辩，只应顺从上帝的安排。最后，第十二章第9—14节是另一个人（或者是作者的弟子）代作者作了一个总结："总意就是敬畏上帝，谨守他的诫命，这是人当尽的本分。"同时再一次强调作者的中心思想："上帝都必审问。"作者认为，人生的目的绝不应是追求个人享受，过分强调"个性"易流于个人主义。一个以自我为中心的人，生活上为所欲为，不受道德法律的约束，表面上似乎很逍遥自在，但是由于他永远不感到满足，他的生活是孤独的、痛苦的、物质享受填补不了他内心的空虚。所以，人尽管可以享受自己劳碌所得，但是人有精神生活，应该追求永生。犹太人在住棚节（公历9、10月间，共7天，是纪念以色列人出埃及在西乃旷野流浪的历史，忆苦思甜）时就诵读此书。有些学者认为本卷是怀疑派哲学家的虚无主义宣言书，把它和中国老子的《道德经》相提并论，称之为东方古代哲理诗中不可超越的双璧。

（二十三）《雅歌》（*The Song of Songs or The Song of Solomon*）

1. 名称

本卷的希伯来文原名为"歌中之歌"，意思是"最高雅的歌"，故汉语译为《雅歌》。

2. 作者与年代

传统说法认为本卷是所罗门的作品，因为第一章第1节注明"所罗门的歌，是歌中的雅歌"。但后世学者多半都认为这个注是后人伪托的，不足为凭。多数学者主张本卷是公元前4世纪中叶以后的产物，具体作者就无从查考了。

3. 内容与结构

表面看来，《雅歌》是一部歌颂男女恋爱的戏剧。书中人物有新娘、新娘的兄弟、新郎和耶路撒冷的女郎，他们以对唱的形式来表示心中的倾慕、欢欣与喜乐。热恋之情，溢于言表。其中第八章第7节“爱情，众水不能息灭，大水也不能淹没，若有人拿家中所有的财宝要换爱情，就全被藐视”，被人称为是古往今来对纯洁爱情的最高赞词，是最深沉的爱的哲学。

本卷共8章，分为6幕：第一幕是互相倾慕（第一章至第二章第7节）；第二幕是互相追求（第二章第8节至第三章第5节）；第三幕是爱情的成熟（第三章第6节至第五章第1节）；第四幕是爱情的试探与巩固（第五章第2节至第六章第10节）；第五幕是爱情的享受（第六章第11节至第八章第4节）；第六幕是爱情的圆满（第八章第5—14节）。

4. 主题思想

《雅歌》与《启示录》被认为是《圣经》中最微妙、最难解的两卷经书。对本卷的主题思想历来是众说纷纭，仁者见仁，智者见智，莫衷一是。

（1）一些学者认为本卷是一篇纯粹的恋歌，是所罗门王与埃及公主结婚时写的。这种主张在公元553年君士坦丁堡第二次公会议上遭到了驳斥。

（2）一些神学家则认为《雅歌》有两种含义：第一是历史性，它是所罗门王与埃及公主婚礼的恋歌；第二是预表性，它象征上帝与以色列选民之间的爱情或耶稣与教会之间的爱情。他们主张，书中的新郎是暗示上帝或耶稣，新娘则暗指选民或教会。

（3）一些非教徒文学家把《雅歌》当作一部爱情歌剧，剧中描写一位美丽的少女，原是一个牧童的恋人，被所罗门王看中强行接进宫中，但少女宁愿放弃王宫的荣华富贵，也不愿抛弃原来的心上人（牧童）。这是一部歌颂男女相爱、忠贞不移的歌剧。

另一些文学家则认为是所罗门王在葡萄园内发现了一位美丽的少女，但少女躲避了他。于是他化装成一个贫穷的牧童，终于得到了少女的爱情。最后，所罗门把少女接进黎巴嫩王宫立为皇后。

（4）还有一些学者认为《雅歌》中对女人的描写有些过于露骨，是一部民间的爱情歌谣，甚至是带有庸俗、低级趣味的作品。

对于《雅歌》的经典地位，神学家们历来都承认其默示性。犹太人在过逾越节时要诵读《雅歌》以纪念上帝对选民的爱。公元一二世纪时，有少数圣经学家认为《雅歌》描写男女之爱过于露骨，不配当作圣书。由于著名经师阿基巴（Akiba，卒于公元135年）力主“一切《圣经》是圣书，而《雅歌》则是圣书中的圣书”，又说：“望天主总不许我们否认《雅歌》是神圣性……全世界的价值也比不上《雅歌》的贵重。”从而维护了本卷的经典地位。

（二十四）《智慧篇》（*The Book of Wisdom*）

1. 作者与年代

本卷的不少抄本都用“撒罗满的智慧”（亦译《所罗门的智训》）为篇名。圣经学家们一致认为这是作者借撒罗满（所罗门）的名字来提高作品的社会地位。至于真正的作者是谁，则无从查考。一些学者认为本卷内容是暗示犹太人在埃及遭受的迫害以及受希腊文化影响而产生的信仰危机，因而推断本卷作者是公元前2世纪末侨居亚历山大里亚的一位犹太学者，他既熟悉希腊文化和当时埃及的社会状况，对《希伯来圣经》也有相当深刻的研究。本卷中引用的《希伯来圣经》经文，似乎出自七十贤士译本。

2. 写作目的

公元前2世纪时，侨居埃及的犹太人日益增多，而且很多犹太侨民从小就受希腊文化的影响，对本民族的文化反而毫无所知。作者写作此书的目的就是教训这些犹太侨民了解并坚定本民族的宗教信仰，以抵抗希腊文化的威胁。本卷中不少词语结构都是希腊文所独有的，可见原文很可能就是希腊文。正因为如此，犹太人不承认本卷为“正经”，基督教（新教）也没有把它纳入《圣经》书目之中；天主教和东正教则承认它是“次经”，并纳入《圣经》书目之中。

3. 内容与结构

圣经学家们对本卷结构的分析不尽相同，最简单的是把本卷分为两大部分：

第一部分（第一至第九章）阐述“智慧”的重要与效能，它显示在撒罗满（所罗门）身上，使他被称为“智慧的化身”或“智慧之父”，勉励人们努力追求“智慧”。

第二部分（第十至第十九章）是强调“智慧”在以色列民族历史上的伟大作用，以及对全人类的指导意义，指出敬拜邪神的人必遭惩罚，警告犹太侨民不要追随异教徒的思想和习俗，同时向那些以希腊哲学自豪的异教徒指出，犹太人的智慧高过他们的哲理，因为“智慧”来自上帝。

4. 价值

（1）本卷是一部阐述犹太宗教思想的希腊文学名著，语言水平极高。

（2）本卷被称为“新约的曙光”，因为其神学观点很接近《新约》的启示，是《旧约》和《新约》间的桥梁。这也说明本卷问世的时期较晚，很可能是《旧约》中写作时间最晚的一卷。

（二十五）《德训篇》（*The Wisdom of Jesus of Sirach*）

1. 名称

本卷的希伯来文残卷题名为“箴言”（*Mishele*），希腊文译本名称甚多，如《息辣之子耶数的智慧篇》（“息辣”亦译“西拉”，“耶数”原文与“耶稣”相同，汉译作“耶数”以示区别）、《便西拉智训》、《息辣书》，《息辣箴言》、《息辣智慧篇》、《耶数智慧书》、《次经传道书》等等。因为本卷是初期教会时望道教友的必读课本，所以拉丁教会称之为《教会经典》（*Ecclesi asticus*）或《诸德智训》，汉译本因之译作《德训篇》。

2. 作者与年代

据本卷第五十章第29节，作者自我介绍是“耶路撒冷人，息辣厄肋阿匝尔的儿子耶数"，本卷希腊文译本序言里也说作者是译者的祖父，名叫耶数，是一位研究智慧之学的犹太经师。

关于本卷的写作年代，从第五十章第1节可知当时大祭司息孟已经去世。按息孟任大祭司的时间是公元前220—前195年，可见写作时间应在公元前195年以后；作者在书中没有提到公元前168年叙利亚王安条克四世劫掠耶路撒冷、迫害犹太教、焚毁《律法书》、把圣殿改为庙宇的事，可见写作时间应在公元前168年之前。由此可以推断本卷写作时间应在公元前195—前168年之间。公元前133年，作者的孙子来到埃及以后把它译成了希腊文（见希腊文译本序言）。

3. 写作目的

公元前3世纪时，希腊文化逐渐侵入巴勒斯坦，一些犹太人崇尚希腊哲学与习惯，渐渐抛弃了自己的民族传统与《圣经》的智慧。针对这种不良趋势，作者就写了这卷书来针砭时弊。

4. 内容与结构

本卷共51章，可以分为两编：

上编（第一章至第四十二章第14节）说明智慧是处世为人和宗教生活中的美德，原属上帝的本性，由上帝发出，赋予爱上帝的人，特别是赐给上帝的选民作产业，它包含在摩西律法之中。人在任何环境中都应以敬畏上帝为生活准则，以遵守律法为获得幸福的稳妥基础。

下编（第四十二章第15节至第五十章）是赞扬以色列民族的历代英雄。

第五十一章是作者的祷词和最后的劝勉。

5. 经典地位

本卷希腊文译本序言说明本卷译自希伯来文。19世纪末在开罗古会堂内、1947年在库姆兰山洞里、20世纪60年代在死海西岸的玛撒达陆续发现了一些希伯来文残卷，其中属于《德训篇》的残片总数相当于全书的五分之三强。这些残片可以证实当初犹太人是承认本卷为经典的。但是后来不知为什么犹太人渐渐不把它当作经典了，以致将其希伯来原文失传。天主教、东正教都始终承认它的经典地位，但基督教（新教）则加以否认。

（二十六）先知书总论

先知书在《旧约》中自成一个体系，共有16卷，即所谓“四大先知书”和“十二小先知书”。“四大先知书”指《以赛亚书》、《耶利米书》(包括《巴路克书》)、《以西结书》和《但以理书》。把《但以理书》列入先知书是有争议的，不少学者根据该书的内容、文体、成书时间等，认为不应把它列入先知书，而应收入“圣录”类中。“十二小先知书”包括《何西阿书》、《约珥书》、《阿摩司书》、《俄巴底亚书》、《约拿书》、《弥迦书》、《那鸿书》、《哈巴谷书》、《西番雅书》、《哈该书》、《撒迦利亚书》、《玛拉基书》。犹太教又把《约书亚记》、《士师记》、《撒母耳记上、下》、《列王记上、下》这6卷“历史书”称为“早期先知书”，所以上述这16卷先知书又被称为“后期先知书”。

《圣经》中（按现在的编排次序）最早提到的“先知”是亚伯拉罕(《创世记》第二十章第7节)，摩西也被称为“先知”(《申命记》第十八章第18节)，后来有些士师也兼任先知，如底波拉就是一位女先知（《士师记》第四章第4节)。但学者们一般都认为先知的职分是从撒母耳正式开始的。撒母耳是最后一位士师，又是祭司，而且是当时“先知集团”(有人称之为“先知学校”)的领袖（《撒母耳记上》第三章第20节、第十章第5节、第十九章第20节)，他承先启后地结束了士师时代并开创了先知时代。

士师时代结束后，以色列人建立了君主政体，国王成了最高统治者，神权统治受到了威胁，于是兴起了许多有权威的先知来指导、教诲、约束、斥责甚至惩罚世俗国王，同时并保护被统治、被欺压的平民百姓，替他们呼吁。所以，先知是时代的产物，而且是具有积极意义的时代产物。

由于先知的斗争矛头多半是指向当时的统治者及强势群体，为了安全起见，他们举起“耶和华上帝”的旗帜，宣布自己是上帝的“代言人”（“耶和华如此说”，“我从耶和华那里听见信息”，“耶和华以色列的上帝说”，“耶和华的话临到我说”……）。这是当时最安全最有成效的斗争方式。忧国忧民，奋不顾身是先知们的可贵传统。他们本着对耶和华上帝的无限信任，不畏强权，无情地揭露统治者的罪恶，宣告上帝的公义审判；他们为民族危机而呼号，为国破家亡而哀哭；他们寄希望于未来的救世主，在宣告惩罚的同时，又报告救赎的恩许，使人们在绝望中看到希望，在黑暗中看到曙光，从而用信仰维系住了以色列民族的生存。

先知并不一定都说预言，也不一定都见异象、行神迹，甚至有时不只用语言来宣讲，而是使用象征性的行为、动作、生活方式等来传达上帝的启示。先知也不一定有著作，如以利亚、以利沙。自公元前 8 世纪起，一些先知开始把自己所说的、所见的、所行的具有启示意义的“神谕”记录下来（或由别人代记），这些先知被称为“著述的先知”，他们的著述就成了现存的“先知书”。

（二十七）《以赛亚书》（《依撒意亚书》，*The Book of Isaiah*）

1. 作者

以赛亚（意为“上帝施救”）是以色列民族史上最著名的先知之一，约公元前 770—前 765 年生于耶路撒冷，可能是出身贵族，因为他在当时具有广泛的政治影响，与朝廷官员交往颇多。据说《以赛亚书》就是他的作品。

18 世纪末，有些学者认为本卷第四十至第六十六章不是以赛亚的作品，但作者佚名，故称之为“第二以赛亚”，是公元前 540—前 538 年在巴比伦被囚时写成的，这时以赛亚早已去世了。19 世纪末，又有人主张第五十六至第六十六章是第三位作者，称之为“第三以赛亚”，是在公元前 450 年写成的。

近代学者们一般接受三个作者的主张，理由大致是：(1) 历史背景不同。第一部分的历史背景是亚述时代；第二部分是在巴比伦为囚的末期(书中提到准许以色列人重返耶路撒冷的国王古列)；第三部分是回国后的重建时代。(2) 语言风格不同。第一部分文字简洁，语气凌厉；第二、第三部分则语气轻松典雅，富于感情，常用叠词。(3) 思想内容不同。第一部分是预告惩罚，表现了强烈的民族主义；第二、第三部分是安慰鼓励，把救恩归于万民。

2. 历史背景

公元前 740 年（相当中国东周平王三十一年），犹大王乌西雅逝世的那一年，以赛亚蒙召在耶路撒冷做先知 40 年（前 740—前 700 年），经历了四代君主：乌西雅、约坦、亚哈斯、希西家，最后，据说由于反对犹大王玛拿西的恶行，被处以锯刑而死。与以赛亚同时代的先知还有犹大国的弥迦和以色列国的何西阿。

公元前 8 世纪，亚述帝国占领了整个小亚细亚，进逼巴勒斯坦，威胁北部以色列国和南部犹大国纳贡称臣。以色列王比加与亚兰王利汛联盟对抗亚述，并要求犹大王亚哈斯参战。亚哈斯拒绝加入反亚述的联盟，公元前 736—前 735 年，以色列亚兰联军进攻耶路撒冷，意在逼犹大国就范。犹大王亚哈斯不听以赛亚的劝阻，遣使向亚述求救。公元前 722 年亚述出兵灭以色列国，犹大国进一步落入亚述的控制之下。在这种政治局势日趋严重的情况下，以色列人的宗教信仰也产生了危机，犹大国君民在亚述帝国的强大压力下，对上帝给大卫的许诺产生了怀疑，他们背叛上帝，寻求邪神的庇护。以赛亚的使命就是挽救犹大国的这种政治与宗教危机。

以赛亚的活动可分为四个阶段：第一阶段是约坦执政时期（前 740—前 736 年），以赛亚目睹国内政治、宗教情况日趋腐化，骄奢淫逸，崇拜邪神，剥削贫民，于是他大声疾呼，宣布“耶和华的日子”快要来临，如不悔改，必遭惩罚，但上帝将保留一部分“遗民”（第二至第六、第十至第十二章）。第二阶段是亚哈斯时代（前736—前721年），这时以赛亚已经登上了政治舞台，成为政界重要人士。他劝亚哈斯不要投靠亚述，而应以忠于“西乃盟约”去博取上帝的保护，可是亚哈斯没有接受以赛亚的劝告（第七章）。第三阶段是亚哈斯晚年时代，以赛亚预言北部以色列国的灭亡（第二十八章第1—6节），同时也预告亚述帝国的灭亡（第三十章第27—33节）。第四阶段是希西家时代，希西家为摆脱亚述的控制而与埃及、新巴比伦结盟，结果引起亚述的报复。公元前701年，亚述进攻耶路撒冷，希西家恳求以赛亚代祷，以赛亚便预言亚述必将惨败，圣城与圣殿必得保存（第三十六至第三十九章）。

3. 结构

第一部分是“预言集”（第一至第三十九章），包括以赛亚讲的许多预言，这些预言不是按时代先后或逻辑层次编辑的，第三十六至第三十九章是“历史附录”。第二部分是“安慰书”（第四十至第五十五章），宣扬上帝是慈爱的天父，人犯罪时，他要施行惩罚，人悔改后，他就抚慰世人，答应被掳的以色列人重返家园建立“新锡安”。第三部分（第五十六至第六十六章）原属“安慰书”，19世纪末才有学者把它从第二部分中分割出来，由以色列人狭隘民族主义的“新锡安”预言到不分国籍的“新耶路撒冷。”

4. 主要神学思想

本卷的中心思想就是强调上帝的神圣性，上帝的一切都是“圣的”，如圣名、圣山、圣臂、圣城、圣殿、圣所、圣日等，并预言弥赛亚及新天新地的来临。因为上帝是至圣的，所以他不能容忍罪恶的存在。他利用外邦人惩罚背叛的以色列人，同时也惩罚外邦人的罪恶。上帝既是唯一的、至圣的、公义的主宰，他就有计划地领导人类历史，也有能力实现自己的计划。人们对上帝的计划只有全心信赖才能屹立不动，即使事态的演变似乎能推翻这个计划，也要坚信不疑。这个“信”就是宗教生活的基础。上帝的计划就是“再造”和“救赎”他的子民，预言弥赛亚降临作为替罪的羔羊，使万国万民得救，使上帝的救恩达于地极。所以有人称以赛亚是“旧约中的福音宣传者”，是对新约教会影响最大的一位先知。《马太福音》第三章记载，施洗约翰传道时就引用本卷第四十章第 3 节：“在旷野有人声喊着说，预备主的道，修直他的路。”

（二十八）《耶利米书》（《耶肋米亚书》，*The Book of Jeremiah*）

1. 耶利米及其时代背景

耶利米是以色列四大先知之一。“耶利米”这个名字原意是“上帝高举”。据《耶利米书》第一章第 2 节记载，犹大王约西亚十三年（前 626 年），耶利米蒙召做先知，当时耶利米曾以“年幼”为借口想拒绝担任先知（第一章第 6 节）。按希伯来文，“年幼”是指 20—30 岁。所以一些学者推断耶利米蒙召时应在 25 岁左右，那么，他出生的时间应是公元前 650 年左右。这时还是亚述帝国强盛时期。公元前 626 年到前 586 年（犹大国灭亡），耶利米做先知 40 年之久，这正是以色列民族史上最惨痛的时期。他沉痛地承担着祖国和同胞的忧患，不顾个人安危，兢兢业业地遵照耶和华上帝的指示，迫切地为民代求，针砭时误，劝百姓悔改，严斥祭司和假先知的罪恶，保卫宗教信仰的纯洁，受尽冷嘲热讽，讥笑咒骂，迫害摧残，表面上虽似一事无成，但后期的犹太人和《旧约》晚期的作者们对耶利米推崇备至，把他尊奉为以色列民族史上的伟大人物，后来甚至有人认为他是耶稣的预像。

公元前 621 年，犹大王约西亚十八年，耶路撒冷圣殿里发现了《律法书》（后世许多学者认为这就是《申命记》），这是一件与约西亚进行的宗教、政治改革有密切关系的大事（《列王记下》第二十二章第 8—13 节）。令人奇怪的是，《圣经》上竟然没有关于先知耶利米参与其事的记录。

公元前 722 年，亚述帝国灭北部的以色列王国，南部的犹大国对亚述俯首称臣。公元前 7 世纪前半叶是亚述帝国的极盛时代，从尼罗河到底格里斯河全属亚述帝国版图。后来，新巴比伦与玛代兴起，亚述逐渐衰弱，公元前 612 年，巴比伦与玛代联军攻陷亚述京城尼尼微，亚述帝国灭亡。当巴比伦玛代联军进攻亚述时，埃及乘机出师北上争夺巴勒斯坦。[1] 公元前 609 年，犹大王约西亚率军拦击埃及大军，不幸战死。从此，犹大国内的政治力量分为两派，一派亲巴比伦，一派亲埃及。

约西亚死后，埃及法老立约雅敬为犹大国王。公元前 605 年，巴比伦战胜埃及，犹大国又臣服于巴比伦。三年后犹大王约雅敬背叛巴比伦，遭到巴比伦的攻击。约雅敬死后，其子约雅斤继位。公元前 597 年，巴比伦王尼布甲尼撒率大军围攻耶路撒冷，约雅斤献城投降。巴比伦人大掠耶路撒冷，并将犹大王约雅斤及王室、贵族、工匠、士兵等 1 万余人掳往巴比伦。尼布甲尼撒另立西底家为犹大王，成为大卫王朝犹大王国最后的君王。西底家即位后，受国内亲埃及派的唆使又背叛了巴比伦。公元前 588 年，巴比伦军队再次围攻耶路撒冷；公元前 586 年，耶路撒冷陷落，巴比伦人将圣城、圣殿等全部焚毁，洗劫了全城，将全部上层人士掳往巴比伦，只留下一些最贫苦的下层农牧民，并把犹大国划为巴比伦的一个省。于是犹大国正式灭亡。

宗教方面，犹大人背离耶和华，社会腐败，道德堕落。玛拿西作犹大王时引导百姓崇拜邪神，竟将偶像供奉在圣殿里，甚至用自己的儿子作燔祭献给邪神（《列王记下》第二十一章第 1—18 节），据说还用锯锯死了反对他的先知以赛亚。

公元前 639 年，约西亚做犹大王，进行了一系列宗教与政治改革，宣布了《申命记》，但他的改革并没有达到预期的目的，犹大人并没有真正悔改，所以约西亚死后，百姓仍旧信奉邪神，继续背离耶和华上帝。

[1] 《列王记下》第二十二章第 29 节："埃及王法老尼哥上到伯拉河攻击亚述王。"此处记载似与史实不合。

耶利米就是在这种政治、宗教危机中担任犹大国先知的。为挽救自己的祖国和同胞，耶利米来到耶路撒冷，一方面劝勉、安抚犹大人，一方面严厉地斥责他们，并用恐吓性的预言来警告犹大人。他所传达的上帝的旨意与当时的社会潮流是背道而驰的，因此受到了无数的误会、侮辱、恫吓甚至刑罚与监禁。但他坚持忠于先知的职守，不遗余力地大声疾呼，斥责当时的一切弊端，尤其是宗教上的堕落现象。他预言耶路撒冷必将灭亡，圣殿必将被毁。他激烈地攻击统治者荒淫无耻、欺压百姓的暴政。耶利米的言行激怒了一些亲埃及的统治者，他们拘捕了他，指控他勾结巴比伦，把他置于死地。巴比伦人攻陷耶路撒冷后，救出了耶利米，并且允许他同穷苦的犹大人留下来不去巴比伦当俘虏。不久，巴比伦人委派的犹大省省长基大利被留下的犹大人刺杀，犹大人害怕巴比伦人报复，便逃往埃及，同时耶利米也被他们挟持到埃及，后来不知所终。

耶利米奋斗了40年之久，虽然没有达到挽救本民族免于亡国的目的，但是他并没有灰心失望，他坚信上帝对圣祖所许的誓约，坚信上帝绝不会将自己的子民永远抛弃不顾。所以，他作为先知，一方面执行"拔出、拆毁、毁坏、倾覆"（第一章第10节）的使命，另一方面又执行"建立栽植"的使命，向以色列人预言南北二国必将复合，必将由大卫的后裔中产生一位弥赛亚来建立一个永恒的、新的神国；上帝必将与人们另立一个永恒的新盟约，这盟约不是刻在石板上放在约柜里，而是铭刻在人们心里。

2. 作者

一般学者们都认为本卷大部分是耶利米的作品，另一部分是耶利米口授而由其弟子巴录（巴路克）记录下来的，还有一部分是后人增补的。根据第三十六章可以知道：（1）耶利米曾于公元前605或前604年将自己所传达的神谕及预言编写成两卷书：第一卷较短，被犹大王约雅敬烧毁了；第二卷内容较多，被保留了下来，是用第一人称写的。（2）用第三人称写的那一部分可能是由巴录记录的。

3. 内容分析

本卷共 52 章，是由许多不同的短集组成的，既无历史顺序，又无逻辑层次，因此，很难按时间、地理及环境来分析其内容。大致分析如下：

第一部分：序言，耶利米蒙召（第一章）。

第二部分：有关犹大国的神谕（第二至第二十九章）。

（1）抨击伦理沦丧，预告惩罚（第二至第六章）。

（2）反对对圣殿的迷信和宗教的形式化（第七至第十章）；上帝不再宽恕背弃盟约的百姓（第十一至第十七章）；陶工与陶器的象征，先知的悲痛（第十八至第二十章）。

（3）抨击统治者及假先知，向西底家王预言犹大国最后四位君王的结局（第二十一至第二十三章）；用两筐无花果来象征犹大国的厄运（第二十四章）。

（4）预言 70 年的被掳及关于各民族的神谕（第二十五章），关于圣殿的言论和耶利米被捕与获释（第二十六章第 1—19、24 节），先知乌利亚被杀（第二十六章第 20—23 节），耶利米与假先知哈拿尼雅的冲突（第二十七至第二十八章）；耶利米写信给被掳的同胞和对假先知的抗议（第二十九章）。

第三部分：关于弥赛亚时代的预言（第三十至第三十三章）。

（1）以色列人返回祖国及复兴（第三十至第三十一章第 30 节）。

（2）上帝与以色列人另立新盟约（第三十一章第 31—40 节）。

（3）耶利米购买田产象征以色列人必然复兴（第三十二章）。

（4）预言以色列人享受弥赛亚时代的和平（第三十三章）。

第四部分：耶路撒冷被围期间的神谕（第三十四至第四十章第 6 节）。

（1）关于西底家君民背约的神谕（第三十四章）。

（2）利甲族遵守先祖遗训必致福（第三十五章）。

（3）约雅敬焚毁耶利米的预言集（第三十六章）。

（4）耶利米被拘禁以及和西底家王的谈话（第三十七至第三十八章）。

（5）耶路撒冷被巴比伦攻陷，犹大国灭亡（第三十九至第四十章第6节）。

第五部分：耶路撒冷陷落后的神谕（第四十章第7节至第四十五章）。

（1）巴比伦委派的犹大省省长基大利被刺杀（第四十章第7节至第四十一章）。

（2）犹大人挟持耶利米逃亡埃及（第四十二至第四十四章）。

（3）耶利米安慰巴录（第四十五章），是一篇附录。

第六部分：关于埃及、巴比伦、非利士、摩押、亚扪、以东、大马色、基达、夏琐、以拦等的预言（第四十六至第五十一章）。

第七部分：历史的附录，犹大国灭亡的情况（第五十二章）。

4. 本书的价值

（1）社会价值：《耶利米书》是犹大王国末期社会生活的详细记录，对耶路撒冷陷落前后犹大人国破家亡的悲惨处境、惊慌失措的心理状态都作了淋漓尽致的描述，文字自然、生动、不尚雕琢，在历史和文学方面都具有重要价值。

（2）宗教价值：以色列的先知们除了具有共同的使命外，都有自己特殊的宗教思想。耶利米就特别强调上帝的正义和慈爱以及祈祷的重要。耶利米认为真诚的内心宗教生活比虔敬的外表礼仪更重要，他强调百姓应以赤诚倚恃的心仰望上帝，在极端困苦中不可失望；上帝一定会使以色列人复兴，使南北和好，弥赛亚必由大卫家族中出生并建立永恒的弥赛亚王国。耶利米不但在犹大遗民中影响很大，被掳的犹大人对他的劝告也逐渐领悟，决心悔改并深信耶利米关于获救的预言一定能实现。总之，耶利米一生的言行，使濒临绝望的犹大人免于精神崩溃，坚定了他们对生活，特别是宗教生活的信念。

（二十九）《耶利米哀歌》（《哀歌》，*Lamentations*）

1. 书名

本卷是哀悼公元前 586 年耶路撒冷城被毁的诗集，希伯来原文用第一个词“为什么”为本卷书名，后来意译为《哀歌》。

2. 内容与结构

本卷包括的五篇诗歌，不是按时间次序编排的，而是按照内心的感慨为哀悼耶路撒冷被毁的悲剧而发出的呻吟。随着诗歌的意境，作者再三引述惊心动魄的惨状以抒发、衬托自己哀痛、忏悔、认罪和悔改的诚意。每篇为一章。

第一篇（第一章）：描述耶路撒冷被洗劫、人民被掳走后的空虚凄凉和一片死气沉沉的景象。

第二篇（第二章）：描写耶路撒冷被破坏的情形，城墙、宫殿、房屋甚至圣殿、祭坛全被焚毁，百姓目瞪口呆、哭泣悲伤。

第三篇（第三章）：哀悼百姓劫后余生的悲惨处境，指出一切惩罚都是来自上帝，劝勉百姓反躬自省，恳求上帝解救。

第四篇（第四章）：抚今追昔，忧国忧民。

第五篇（第五章）：向上帝诉苦，哀求上帝尽快结束义怒，免除百姓的灾难。

前四篇的希伯来原文是按字母顺序诗的特有形式写成的，即每篇 22 节，每节的第一个字母是按希伯来文 22 个字母的顺序排列的；第三篇共 66 节，每三节占一个字母，也是字母顺序诗的形式；第五篇虽然也是 22 节，但不是字母顺序诗。这种按字母顺序排列的形式，大概是便于记忆背诵的缘故。

3. 作者

传统说法认为本卷是先知耶利米的作品，原著中没有作者的名字，七十贤士译本在卷首加上了一句小引，说明本书是耶利米的作品，于是通俗拉丁文译本就把这句小引作为正式标题——“耶利米先知的哀歌”。但大多数学者都认为本卷是由不同作者的作品汇编而成，并非一个人的作品。第二、第四两篇的作者似乎曾亲见耶路撒冷的毁灭，把自己的亲身经历写成了哀歌，是本卷中最好、最早的作品。作者可能是先知耶利米，因为城破之后，只有他受到巴比伦人的优待可以到处巡视。第一篇描写劫后余生的景象，辞藻不太华丽，可能是另一个人的作品，写作时间应在第二篇之后。第三篇的作者似乎受过敌人不少折磨，心灵上受到很大创伤，可能是比前者更晚的一个人的作品。第五篇则是写作更晚的一篇哀祷，当然又是另一个人的作品了。

4. 主题思想

本卷五篇哀歌的作者虽非一人，但都是以先知的观点来解释这场民族灾难的原因，即这是以色列人背离上帝、执迷不悟而招致的上帝的公义惩罚。诗中充满了忏悔的情愫，哀求上帝仁慈眷顾，鼓励陷入绝境的犹大人振作起来，怀着坚定的信仰来领悟上帝的旨意，耐心等待上帝的救恩。正是这种坚定的宗教信仰使犹大人度过了最艰苦的日子得以生存下来。所以，犹大人返回家园后，每年的圣城毁灭纪念日在会堂内诵读《哀歌》以激发人民敬神爱国的感情。天主教会每年在圣周（受难节那一周）内也咏唱《哀歌》，作为人类认罪的忏悔词，并纪念救主耶稣为救赎世人的罪而受难。

（三十）《巴路克书》（*The Book of Baruch*）

1. 作者

巴路克（又译巴录）是先知耶利米的忠实弟子和患难与共的朋友。他不但记录了耶利米的许多预言和神谕，而且《耶利米书》中的全部有关传记性的历史资料都出自他手。公元前 586 年，巴比伦人攻陷耶路撒冷掳走大批犹大人，把犹大地划为王国的一个省。后来，留下的一些犹大人刺杀了巴比伦人委派的省长基大利逃往埃及，并把耶利米和巴路克一起挟持到埃及去。五年之后（前581年）巴路克出现在巴比伦（第一章第2—5节），执行先知的使命，劝慰被掳的同胞，以后又回犹大去慰问留下的遗民，并带回了一部分被掠走的圣器（第一章第6—8节）。

2. 内容与结构

本卷明显地分为五部分。

第一部分（第一章第1—14节）：是序言。

第二部分（第一章第15节至第三章第8节）：可以称为“祈祷书”，是巴路克带领被掳流亡在巴比伦的同胞认罪悔过、恳求宽恕、祈求救援的祈祷词。

第三部分（第三章第9节至第四章第4节）：可以称为“劝勉书”，是赞颂上帝智慧的诗，内容是劝告同胞回心转意，跟随上帝，遵守律法，才能获得上帝的救援返回故土。

第四部分（第四章第5节至第五章第9节）：可以称为“安慰书”，是向在忍耐希望中坚守“律法”的同胞预告返回故土的喜讯，并慰问他们所受的忧苦。

第五部分（第六章）：是《耶利米的书信》，这是本卷的一篇附录，内容是揭露、讽刺一切邪神的虚妄，警告同胞不要误入歧途。

3. 写作年代

圣经学家们一般都认为本卷第一、第二部分写作于被掳时期，其他三部分写作时间较晚，具体年代则很难推断。

4. 价值

本卷的希伯来原文早已失传，所以基督教（新教）否认它的经典性，但天主教、东正教都承认它是“次经”，收入《旧约圣经》之中。

本卷篇幅较短，但对上帝的唯一性、全能性、永恒性、圣洁性、公义性和智慧性等都作了阐述。特别是第二部分被认为是天主教会的典型祈祷词。

（三十一）《以西结书》（《厄则克耳书》，*The Book of Ezekiel*）

1. 作者与时代背景

本卷是《旧约》中的第三大先知书，传统说法认为是先知以西结的作品，故名《以西结书》。

以西结的名字意思是“上帝给予毅力”。据本卷记载，以西结出生于祭司家族。第一章第 1—2 节：“当三十年四月初五日……正是约雅斤王被掳去第五年四月初五日。”一些学者认为，“三十年”是指以西结的年龄，那么，可推知以西结生于公元前 623 年，即犹大王约西亚时代。公元前 597 年，巴比伦王尼布甲尼撒派兵攻破耶路撒冷，把犹大王约雅斤及一部分贵族、祭司、工匠等人掳往巴比伦，以西结就是被掳的一个，住在迦巴鲁河边的提勒亚毕（第三章第 15 节）。公元前 593 年，以西结蒙召在被掳的犹大人中任先知，到公元前 571 年，先后共 22 年，所以，以西结被称为“被掳的先知”。

以西结任先知期间的任务可分为两个时期：第一时期由蒙召到犹大国正式灭亡（前 593—前 586 年），这期间以西结的任务是奉上帝之命宣布“哀号、叹息、悲痛”的预言（第二章第 10 节）；他所表演的象征行为都是预示耶路撒冷将遭受灾祸、被围、绝粮以致灭亡（第四、第五、第十二、第二十四章）；他所指责的罪恶多是背离上帝、敬拜邪神的罪行（第八至第十一、第十四、第十六、第二十、第二十三章）和不遵守上帝诫命及“律法”的罪行（第十八、第二十章）；他用寓言指明犹大王的罪过，因此，上帝要用战争、饥荒、瘟疫来惩罚他们，把百姓们遣散到各国各地，耶路撒冷要变为荒凉的废墟。这一时期内的预言主要是谴责和恐吓。第二时期是犹大国灭亡以后。公元前 586 年耶路撒冷再次陷落，城墙及圣殿都被毁坏，这个不幸的消息使被掳的犹大人陷入了悲痛绝望的境地，于是以西结改变了原来的严厉斥责的态度，开始宣讲安慰性的预言（第三十三至第四十八章）预言圣城、圣殿虽然被毁，但上帝绝不抛弃自己的选民，将使他们如“枯骨复活”（第三十七章），使南北两国复归统一，被遣散的百姓复归圣地，重建圣殿。

据说，以西结最后以身殉职。

有些学者认为以西结只在犹大国内任职，没有去过巴比伦，也有人认为以西结先在耶路撒冷任职，公元前 586 年才被掳往巴比伦。有些学者认为本卷是以西结的日记摘要，因为全书有 14 次注明日期；有人主张全书中只有 16 篇神谕（原文是诗体，共 170 节）是以西结的原作；有人说本卷是由两本先知书合成的，第一、第四十至第四十八章是另一位先知的作品，第二至第三十九章才是以西结的作品；也有人主张本卷是公元前 230 年左右的作品，是一位生活在耶路撒冷的犹大人用启示文学体裁写成的，托名为以西结的作品。总之，书中有明显的重复、加插、引申、改编的迹象（特别是第三十八至第三十九章），所以，很多学者都认为本卷不是以西结本人的作品，而是后人搜集编纂而成的。

2. 内容与结构

本卷共 48 章，可分为四部分：

第一部分（第一至第三章）：是本卷的序言，作者自述蒙召的经过。

第二部分（第四至第二十四章）：被称为“警告书”，是对犹大和耶路撒冷灭亡的警告和预言。

（1）惩罚的征兆（第四至第五章）。

（2）惩罚的神谕（第六至第七章）。

（3）指责偶像崇拜（第八至第十一章）。

（4）警告（第十二至第二十四章）。

第三部分（第二十五至第三十二章）：是预言周围七国受的惩罚，因为他们曾经幸灾乐祸地嘲笑以色列人的灭亡，这也就是嘲笑耶和华上帝无能，因此，耶和华要惩罚他们，使他们灭亡，以证明耶和华乃万王之王、万主之主。

(1) 对诸邻国的判决（第二十五章）。

(2) 对推罗的判决（第二十六至第二十八章）。

(3) 对埃及的判决（第二十九至第三十二章）。

第四部分（第三十三至第四十八章）：被称为“安慰书”，是预言以色列民族的复兴、圣殿的重建和圣地的复原。

(1) 复兴的预言（第三十三至第三十九章）。

(2) 对复兴后的以色列的描述（第四十至第四十八章）。

3. 主要神学思想

书中反复申明“他们就知道我是耶和华”、“耶和华的话临到我说”、“这是主耶和华说的”等等。尽管有些学者认为这些话是后人添加进去的，不属于原作，但不能否认这几句话表示了本卷的主题思想就是昭示耶和华上帝的威严、光荣与神圣。

第一章中以西结所见的异象就显示了上帝的神圣不可侵犯的赫赫威严。宝座象征上帝的尊严，人、狮、牛、鹰四个活物分别象征上帝的智慧、威力、权能和无限（欧洲中世纪基督教艺术家用这四个形象作《四福音书》的标记：狮代表《马太福音》，因为耶稣是天国的君王；牛代表《马可福音》，因为耶稣是谦卑、服务、舍己的典范；人代表《路加福音》，强调耶稣“道成肉身”的人性，分享世人的喜怒哀乐；鹰代表《约翰福音》，强调耶稣的智慧与无限，是上帝的儿子）；可以向四方直行的轮子象征上帝的全能、自由和无所不在，“四个轮辋周围满有眼睛”象征上帝的全知；暴风、云彩、闪电、火光、光矩等象征上帝的可敬畏的临在；虹霓象征上帝的慈爱；光亮的穹苍象征上帝的超越性；活物行走翅膀发出大水的轰鸣声象征上帝的威严等等。

作者从上述观点出发，申明上帝之所以严惩以色列人，是因为他们亵渎了上帝的圣名。作者历数以色列人历代背约的罪行，但也强调上帝的审判是公义的，而且是仁慈宽厚的，犯罪的必受惩罚，悔改的必得宽宥。以色列人国破家亡，流离失所，正是他们背叛上帝应得的惩罚。只有受到严惩之后，他们才能翻然悔悟，承认耶和华是他们唯一的上帝，消除他们崇拜偶像的邪念。作者预言，以色列人悔改之后，上帝要把他们由各地领回圣地，使南北统一，并要派一位“好牧人”来照管他们，而且“我必亲自寻找我的羊”（第三十四章）。到那时就将有新圣殿、新礼仪和新圣地。

本卷后半部的中心思想在《新约》中有很明显的再现，比如耶稣就自称是“好牧人”，他曾说：“我是好牧人，好牧人为羊舍命。”他还一再强调寻找迷失的羊的比喻。《启示录》受本卷的影响也很大。

本卷第四十至第四十八章记载的圣城与圣殿等与《摩西五经》里的记载有些出入，因而曾一度被犹太经师怀疑而失去经典地位。基督教则一直接受它为“首正经”。另外，由于本卷作者把祭司思想与先知思想结合在一起，重又强调礼仪与“律法”的重要性，从而开古代中期犹太教思想的先河。

（三十二）《但以理书》（《达尼尔书》，*The Book of Daniel*）

1. 作者

“但以理”的原意是“上帝是审判者”。根据本卷记载，但以理原是犹大王室贵族的后裔。犹大王约雅敬三年（前605年），巴比伦王尼布甲尼撒攻陷耶路撒冷，掳走了一批犹大人，但以理就是被掳的一个。但以理被掳到巴比伦后，和另外三名犹大青年受到尼布甲尼撒王的优待，被选进宫廷服役，受到了高等教育。尼布甲尼撒的用意可能是想用巴比伦文化培养一批自己的巴勒斯坦的代理人，或者说是在犹大国内培养亲巴比伦派的势力，以对抗埃及在犹大国的影响。但以理和他的朋友们在巴比伦坚守摩西律法，不吃国王赐给的不符合以色列人有关饮食教规的佳肴，因而上帝赐给他们特殊的智慧，使他们有圆梦和讲解异象的才能。

他们曾为尼布甲尼撒王圆梦，为伯沙撒王讲解异象，辅佐国王大利乌治理全国，直到波斯王古列（居鲁士）三年（前536年），但以理还从事活动（第十章第1节）。可见但以理工作了大约70年之久。《圣经》中没有提到但以理去世的事。

2. 结构

本卷可按内容分为两部分：第一部分（第一至第六章）记述但以理和他的朋友们在巴比伦王宫里的生活，通过但以理等人的经历来显示上帝的智慧与能力；第二部分（第七至第十二章）记述但以理所见的异象，前两个异象（第七至第八章）象征世上万国的盛衰都是按上帝的旨意进行的，后两个异象（第十至第十二章）是用启示文学体裁预言弥赛亚在建立世上天国以前人民应经受长期磨难。

3. 主要神学思想

很多学者都认为《但以理书》的价值在于它的“历史神学”。作者用神学观点来观察世界，观察上帝如何“改变时候、日期、废王、立王、将智慧赐予智慧人、将知识赐予聪明人”（第二章第21节），万国万民都应遵循上帝的旨意以建立上帝的国，上帝把“权柄、荣耀、国度”都赐给新的国王——人子，“使各方各国各族的人都侍奉他，他的权柄是永远的，不能废去，他的国必不败坏”（第七章第13—14节）。最后，上帝的选民必然得救，死人复活受审判，上帝要赏善罚恶（第十二章第1—3节）。但在这个日子到来以前，以色列人还必须受长时间的磨难，以达到“净化”的目的。

本卷中论“人子”的降临和复活审判等的道理，不但为犹太教所接受，而且也为后来的《新约》作了重要伏笔。耶稣曾多次自称“人子”，暗示先知关于末世的预言已开始应验——“天国近了”。

4. 本卷在《圣经》中的地位

《但以理书》在《希伯来圣经》内被列入“杂集”（“圣录”）中，但有几种古希腊文译本和“通俗拉丁文译本”都把它列入先知书，排在《以西结书》之后，与《以赛亚书》、《耶利米书》、《以西结书》合称“四大先知书”。另外，古译本比希伯来原文多了几段“次经”，这种情况也反映在天主教与基督教（新教）所通用的《圣经》版本差别上。

（1）《三少年之歌》：补遗之一，天主教通用的《达尼尔书》第三章第24—90节“但以理的三个朋友被尼布甲尼撒王投入烈火中后所作的祈祷和赞美歌”，基督教（新教）否认其经典地位，未收入《圣经》之中，所以，基督教（新教）使用的《但以理书》第三章第24—30节是天主教使用的《达尼尔书》第三章第91—97节。另外，天主教《达尼尔书》第三章第98—100节是基督教（新教）《但以理书》第四章第1—3节，因而两个版本的第四章的节数也不能对应。

（2）天主教《达尼尔书》有两篇附录（第十三至第十四章），基督教（新教）认为没有希伯来原文作依据，也未收入《但以理书》中。第一篇附录（第十三章）是苏撒纳（Susanna）的故事。苏撒纳是住在巴比伦的犹大人约雅金的妻子。她美丽贤惠，敬畏上帝，很有教养。有两个犹大人长老垂涎苏撒纳的美色，想占有她。有一天，他们潜藏在苏撒纳的花园里，乘苏撒纳独自沐浴的时候企图强奸她。苏撒纳坚贞自持，大声呼救，那两个长老却反诬苏撒纳与人通奸，违犯第七条诫命，判苏撒纳死刑。在这危急关头，苏撒纳向上帝呼救。上帝垂听了苏撒纳的呼声，派但以理出面主持正义，用智慧制伏了那两个长老，按照摩西律法把他们处死，为苏撒纳平反昭雪。第二篇附录（第十四章）是记述但以理拒绝崇拜巴比伦人的最高神祇贝耳（Bel），并与巴比伦的祭司斗智获胜，得到波斯国王古列的嘉许与信任，拆毁了贝耳神庙。后来但以理又用智慧杀死了巴比伦人敬拜的大龙，巴比伦人起来胁迫古列王把但以理投入狮子圈里六天之久，上帝封住了狮子的口使但以理安然无恙。第七天，古列王释放了但以理，把陷害但以理的人投入圈内喂了狮子。

5. **作者与成书年代**

这是一个有争议的问题，教会的传统说法自然认为但以理是本卷的作者，但是很多学者认为本卷是公元前165年左右由一位不知名的编者将历来流传下来的有关但以理的资料加工整理而成的，理由如下：

（1）本卷古希腊文译本以前的版本是用希伯来文和阿拉米文混合写成的，阿拉米文是公元前2世纪玛加伯时代叙利亚一带通用的语言。

（2）公元前180年左右成书的《德训篇》未将但以理列入著名的古圣先贤之中。

（3）本卷后部使用的启示文体是公元前2世纪后才在犹太人中流行的。

（4）本卷中提到的一些历史事实不是公元前六七世纪时的人能预见到的。

从上述理由也可以明白，犹太人为什么不将《但以理书》列入“先知书”，而列入“杂集”之中。其实，从写作目的来看，本卷也和先知书不同。先知书的目的是在劝人改恶向善，而本卷是借异象的启示来安慰、鼓励犹大人耐心等待末世的救恩。

6. **异象的含义**

《但以理书》是很难理解的一卷书，因为其中记述的异象是用启示文学的隐喻手法写成的，很多隐喻的真正含义只有作者本人知道，其他人只能去领会猜测，这就会“仁者见仁，智者见智”。不过，对某些异象的解释还是能被多数人接受的。

（1）泥足巨人（第二章）是尼布甲尼撒王梦见的一尊巨大雕像，“这像的头是精金的，胸膛和膀臂是银的，肚腹和腰是铜的，腿是铁的，脚是半铁半泥的……有一块非人手凿出来的石头打在这像半铁半泥的脚上，把脚砸碎，于是金、银、铜、铁、泥都一同砸得粉碎……”（第二章第32—35节）。圣经学者们认为这是指耶稣降世以前世界上相继兴亡的几个大帝国；金头指巴比伦王国，银胸和银臂指玛代帝国和波斯帝国，铜腹铜腰指亚历山大建立的希腊帝国（亚历山大帝国），铁腿泥脚指叙利亚帝国，“非人手凿出来的石头”指弥赛亚和他建立的地上天国。只有生活在这段历史发生之后的人才能写出这种“异象”。

(2) 四巨兽（第七章）是但以理所见的异象。“我夜里见异象，看见天的四风陡起，刮在大海之上。有四个大兽从海中上来，形状各有不同：头一个像狮子，有鹰的翅膀。我正观看的时候，兽的翅膀被拔去，兽从地上立起来，用两脚站立，像人一样，又得了人心。又有一兽如熊，就是第二兽，旁跨而坐，口齿内衔着三根肋骨，有吩咐这兽的，说：‘起来，吞吃多肉！’此后，我观看又有一兽如豹，背上有鸟的四个翅膀，这兽有四个头，又得了权柄。其后我在夜间的异象中观看，见第四兽甚是可怕，极其强壮，大有力量，有大铁牙，吞吃嚼碎，所剩下的用脚践踏。这兽与前三兽大不相同，头有十角。我正观看这些角，见其中又长起一个小角，先前的角中有三角在这角前，连根被他拔出来……”（第七章第 2—8 节）学者们认为这个异象的含义和泥足巨人的含义相似。像狮子的兽象征巴比伦王国，“翅膀被拔去”暗指尼布甲尼撒王生病（第四章第 33 节），“得了人心”暗指尼布甲尼撒王悔改；像熊的兽象征玛代波斯帝国，三根肋骨和吞吃大量的肉暗指征服广大版图；像豹子的兽指亚历山大帝国，四个翅膀和四个头暗示亚历山大大帝死后，帝国分裂为四个国家；第四个巨兽象征叙利亚帝国，十只角指叙利亚的十位君王，小角指安条克四世，他曾力图消灭以色列人的宗教和礼仪，残酷迫害以色列人，被以色列人视为反对弥赛亚的代表。

(3) 人子（第七章第 13—14 节）。“我在夜间的异象中观看，见有一位像人子的，驾着天云而来，被领到亘古常在者面前，得了权柄、荣耀、国度，使各方各国各族的人都侍奉他。他的权柄是永远的，不能废去，他的国必不败坏。”据说这一段话是《旧约》神学的顶峰，是最神秘的。“人子”在《旧约》中一般指“人”或“世人”。《但以理书》在这里提出“像人子的”就给了“人子”一个新的概念，使这个词具有了“弥赛亚”的含义，并进而使弥赛亚成了“具有神性的人”。“人子”即弥赛亚，他的国就是上帝的国。所以后来耶稣就自称为“人子”。

（4）公绵羊与公山羊相争（第八章）。公绵羊指玛代波斯帝国，公山羊指亚历山大帝国，高大的角指亚历山大大帝，大角折断后生出的四角指亚历山大死后，部下四员大将分裂成四个国家。

（5）第九章第 24—27 节据说是本卷中最深奥难解的预言，有些解释也是牵强附会的，如把“七”解为七年，“七个七”解为 49 年，“六十二个七”解为 434 年，并把这些年数附会到历史时期上去等等。

（三十三）“十二小先知书”总论

据说，早在公元前 6 世纪，犹太人从巴比伦获释回国后就已经将几卷篇幅较短的《先知书》合订成一集，统称为《小先知书》。所谓《小先知书》是指这几卷书的篇幅较短而言，与先知的使命地位和时代无关，因为所有的先知都是上帝的代言人，代表上帝向人民宣告上帝的旨意，劝人民谨遵盟约，准备迎接弥赛亚来临。

十二小先知任职的时代是从公元前 8 世纪起到公元前 4 世纪止。他们先后蒙上帝选召担负先知的任务，有的在北部以色列国，有的在南部犹大国，根据当时的政治、宗教、道德等方面的需要传达上帝的声音。

（三十四）《何西阿书》（《欧瑟亚书》，*The Book of Hosea*）

1. 时代背景

何西阿是北部以色列国的先知，他蒙召做先知的时代正是北部以色列国政权最腐败、最衰弱、最混乱的时期。大约从公元前 743—前 722 年，仅仅 20 年间就有四个国王被谋杀（《列王记下》第十五章）。北部以色列国王约阿施的儿子耶罗波安死后，掌握军政大权的大将先后弑王篡位。耶罗波安的儿子撒迦利雅在位只有六个月就被大臣沙龙所杀；沙龙篡位一个月，又被米拿现所杀；米拿现在位六年，向亚述帝国纳贡称臣；米拿现死后，其子比加辖继位二年，被大将比加所杀；比加做以色列王六年，何细亚杀死比加篡夺了王位。政局的动荡反映在宗教与道德方面，就是百姓背弃盟约，敬拜偶像，道德败坏。何西阿就是在这种情况下蒙召做先知的。

2. 内容与结构

从内容来看，本卷明显的分为两部分：第一部分（第一至第三章）是讲述何西阿蒙召并奉命两次与有外遇的妇人结婚及其象征意义；第二部分（第四至第十四章）是何西阿宣布的神谕，他痛责以色列人背离上帝的道，致使道德沦丧，宗教腐败，政治混乱，预言上帝的严惩，同时又指出仁慈的上帝深愿他的选民改恶从善，答应使他们复兴。这一部分又可分为三段：第四至第六章为一段，第七至第十一章为一段，第十二至第十四章为一段。三段内容与程式大同小异，都是记述以色列人背离上帝，上帝施行惩罚，然后由于上帝的仁慈，以色列人得以复兴。

3. 主要神学思想

本卷主题在于阐明上帝对选民的爱，先知用两个比喻来说明这一点：第一个是婚姻比喻，他把上帝与选民的“盟约”比作婚约，把上帝比作丈夫，把选民比作妻子，用妻子不贞来比喻选民背约敬拜邪神，因此，选民受到上帝的惩罚是公平合理的。何西阿用自己的生活实践来体现这个比喻，预示上帝用慈爱之心怜悯不忠的选民，使他们重返故土，重新订立永久的新盟约。第二个比喻是父子感情（第十一章第1—4节），上帝是慈父，选民是逆子，儿子虽然不肖，父亲却是慈爱的，耐心地“用慈绳爱索牵引他们”。本卷的这个主题思想对后来产生的《旧约》各卷影响极大，《耶利米书》、《以赛亚书》、《以西结书》、《雅歌》都接受了这种观点，而且这种观点也成为《新约》的先导，因为“新约”就是“爱的盟约”。

本卷原文叙事用散文体，预言用诗歌体，语言简练，绝不多费笔墨。但由于文字过于简要，辗转传抄中又出现了不少笔误，致使现有经文文字残缺，意义不明，成为《旧约》中残缺最多的一卷。后世学者虽尽力校订，但因理解不同，对原文莫衷一是，疑问颇多。这也是值得注意的。

（三十五）《约珥书》（《岳厄尔书》，*The Book of Joel*）

1. 作者与年代

“约珥”的原意为“耶和华是神”。传统说法认为本卷作者是约珥，但无史料可查。一些学者根据本卷内容推断，约珥可能是公元前 400 年左右时南部犹大的先知，理由如下：

（1）本卷没有提到北部以色列国和它的敌人叙利亚、亚述、巴比伦，却提到了公元前 5—前 4 世纪时推罗、西顿、非利士、埃及、以东人对犹大国的入侵（第三章第 4—6、19 节）。

（2）用“以色列”来统称 12 支派。本卷中的“以色列”实际上是指“犹大”，这是犹大人被掳后期的习惯用法。

（3）全书描写的对象是锡安和耶路撒冷，锡安的民和耶路撒冷的子民。

（4）第一章第 9 节提到“素祭和奠祭从耶和华的殿中断绝”，可推知是在圣殿被毁之后。

（5）希伯来原文中有一些《旧约》后期经典中独有的语言结构，如第一章第 9 节，第二章第 8、17、20 节。

（6）书中只提祭司、长老，而不提君王，可推知是犹大国灭亡之后的事。

2. 内容与结构

本卷内容从描述蝗灾连年为害开始，进而预言“耶和华的日子”。有的学者认为蝗灾是历史事实，有的学者认为蝗灾只是象征，意指压迫犹大国的几个大国：亚述、巴比伦、玛代、波斯、叙利亚等，也有些学者主张既是历史事实，也是象征比喻。

从结构上说，本卷可分为两部分：第一部分（第一至第二章第17节）包括对蝗灾的描述（第一章第2—20节）和“耶和华的日子”（第二章第1—17节）；第二部分（第二章第18节至第三章）包括上帝的应许（第二章第18—27节）和弥赛亚时代的境况（第二章第28节至第三章）。

本卷希伯来原文共分四章。在七十贤士译本和通俗拉丁文译本中，本卷都按三章划分，基督教（新教）沿用这种划分。但天主教《圣经》仍按四章划分，把第二章第28—32节作为第三章，原第三章作为第四章。这也是值得注意的。

3. 主要神学思想

本卷的神学主题是“耶和华的日子临近了”。作者用先知的观点来解释蝗灾的原因，宣称这次灾祸并非偶然，乃是上帝的惩罚。那些遮天蔽日、吃光一切植物的蝗虫就是上帝惩罚的工具，是“耶和华的日子”来临的预兆。这日子来临之前将有巨大灾祸，对恶人来说，这是阴霾昏暗的日子，是浓云漆黑的日子，是施行毁灭、不可阻挡的“大而可畏”的日子；但对痛改前非、归向上帝的人来说，却是获救的日子，上帝要扭转他们的厄运，赐给他们“五谷、新酒和油”，并且“要将我的灵浇灌凡有血气的”。上帝要在约沙法谷亲自审判，以色列人的仇敌都将受到应得的报复。

应该注意，本卷中的宗教观念充满着狭隘的犹太民族主义色彩。作者认为上帝的慈爱只赐给自己的选民，风调雨顺、五谷丰登的太平日只赐给“锡安的民”，上帝的救援也只限于耶路撒冷。不过作者也指出：“到那时候，凡求告耶和华名的就必得救。”

（三十六）《阿摩司书》（《亚毛司书》，*The Book of Amos*）

1. 作者

“阿摩司”的意思是“上帝支持”。据本卷记载，阿摩司原是南部犹大国提哥亚（在耶路撒冷以南20公里处）的一位牧人，大约在公元前760—前750年间蒙召做先知到北国以色列去传达上帝的声音。他各处奔走，大声疾呼，斥责王室贵族的奢侈生活，揭露执政者的不公义，为受压迫受剥削的贫苦百姓申诉，同时指责宗教堕落，敬拜邪神，抨击北国宗教中心伯特利，遭到伯特利大祭司亚玛谢的控告，被以色列王耶罗波安二世逐回南国犹大（第七章第10—13节）。阿摩司是一个虔诚的人，生活严肃，性格坦率，不善辞令，对一切不符合上帝旨意的恶事直言不讳，敢于替被欺压的穷苦百姓喊冤。大多数学者都承认本卷基本上是阿摩司本人的作品，是他被赶回犹大老家后记录下来的，或由其弟子编辑成书，但不否认其中有后人插手的地方。由于第一章第9—10节记述的可能是推罗出卖犹大的罪过，所以有些学者推论本卷成书应在耶路撒冷被毁（前586年）以后，也有一些学者认为本卷是《旧约》中成书最早的一卷先知书。

2. 时代背景

公元前783—前743年，北部以色列国王约阿施的儿子耶罗波安（耶罗波安二世）在位41年，利用亚述帝国和大马士革衰弱的机会，励精图治，扩展领土，国势日盛，是北部以色列国在政治、经济、文化等方面的黄金时代。但是，在这一片兴旺景象的同时，政治和宗教方面就潜伏下了危机。政治方面，统治阶级的生活日趋腐化、骄奢淫逸，阶级压迫和剥削日益严重，富人们“为一双鞋卖了穷人。他们见穷人头上所蒙的灰也都垂涎”，贫苦百姓民不聊生，社会情况逐渐混乱；宗教方面，祭司们为了个人权位使宗教完全依附于政治，宗教活动随政治利益而转移，他们虽然敬拜耶和华上帝，但同时也敬拜邪神，过着混合宗教的生活，于是背离上帝，道德败坏，埋下了灭亡的种子。在这种情况下，阿摩司严词告诫以色列人准备迎接上帝的审判，上帝必将这罪恶多端的国家从世上除掉。

3. 结构

本卷可分为三部分：

第一部分（第一至第二章）：阿摩司预言亚兰、非利士、推罗、以东、亚扪、摩押、犹大等国将受上帝的审判，遭受惩罚。

第二部分（第三至第六章）：包括五段有关以色列人应受惩罚的预言，在希伯来原文中，三段以"你们应听"（第三章第 1 节，第四章第 1 节，第五章第 1 节），两段以"祸哉"（第五章第 18 节，第六章第 1 节）开头。

第三部分（第七至第九章）：包括七个异象：蝗灾、火灾、准绳、一筐夏天的果子、日食、地震、圣所被毁；最后是附加的大卫王国复兴的预言（第九章第 9—15 节）。

4. 主要神学思想

耶和华上帝是全人类的公义的审判者，绝不会宽宥犯罪的外邦人，也必不宽宥犯罪的选民，但审判和惩罚的目的仍在于救赎万民，大卫的家业必将复兴。所以犹太教历史上称阿摩司为"复兴者"和"改革者"。

近代考古学者发现了北国以色列国于公元前 760 年曾发生过地震，公元前 763 年发生过日食，可以证明本卷的历史真实性。

（三十七）《俄巴底亚书》（《亚北底亚书》，*The Book of Obadiah*）

"俄巴底亚"原意是"上帝的仆人"。本卷是《旧约》中最短的一卷，只有 21 节，不分章。内容是诅咒以东人，预言他们必将灭亡，因为在犹大国被围困的时候（前 586 年），以东曾与巴比伦军队联盟攻打耶路撒冷，并乘机占领了犹大国南部，虐待犹大人。本卷最后预言在"耶和华降罚的日子临近万国"时，以东将受审判，被掳的以色列人必将归国复兴。

由于书中记有公元前 586 年的事，所以可推断俄巴底亚是被掳以后的犹大人。书中充满了犹太民族主义，仇视以东人。因为以色列人是雅各的后裔，以东人是以扫的后裔。以色列人认为以东人一贯与自己作对，所以被掳以后的以色列人就把“以东”当作一切反对选民的代表，并用之泛指“上帝之国”的一切敌人。

（三十八）《约拿书》（《约纳书》，*The Book of Jonah*）

1. 内容与结构

“约拿”意思是“鸽子”，是北部以色列的先知，在公元前750年左右，与先知阿摩司、何西阿同时。上帝命令约拿到亚述帝国首都尼尼微去向该城的人宣布上帝要惩罚他们所犯的罪，只要悔改向善，就能得到上帝的宽恕。约拿因为亚述是以色列人的宿敌，不愿尼尼微得到宽恕，遂拒绝接受这项使命，打算逃到远在西方的他施去（有人认为他施是西班牙），就在约帕搭上了一只腓尼基人的船。船向西航行，在地中海里遇到了暴风，船小浪大，危在旦夕，水手们认为一定是船上有人犯罪得罪神明招来了这场灭顶之灾，就按惯例决定用抽签的办法来判断谁是这场灾祸的根源。结果约拿抽中了，他承认自己得罪了耶和华上帝，请求船上的人把他抛入海中以平息上帝的怒气。约拿被抛入水中后，暴风就停止了。上帝安排一条大鱼把约拿吞入腹中。约拿在鱼腹中祷告，祈求宽恕，三天之后，大鱼将约拿吐到地中海东岸的陆地上。上帝再次派遣他到尼尼微去。约拿到了尼尼微宣告了上帝的指示，尼尼微人披麻蒙灰信而悔改，得到上帝的宽恕，免遭毁灭。尼尼微获赦却使约拿很不高兴，上帝用一棵蓖麻的生死作实例开导他领会上帝是仁慈的、宽厚的。

从内容来看，本卷可分为两部分：第一部分（第一至第二章）是约拿抗命，但悔悟后得到了宽恕；第二部分（第三至第四章）是约拿受命，拯救了尼尼微并接受了上帝的开导。

2. 作者与时代

以前的学者都认为约拿不但是本卷的主人公而且是本卷的作者，但是现代的学者们已经没有人再主张本卷的作者是约拿了，理由是：

（1）亚述帝国时代称君王为“亚述王”，本卷中却称之为“尼尼微王”，而且没有提到君王的名字。

（2）本卷第三章第3节，希伯来原文是过去时态，称尼尼微曾经是一座大城。按尼尼微城毁于公元前612年，可见本书写作时代应在公元前612年以后。

（3）本卷形容尼尼微城之大，说：“有三日的路程”，“其中不能分辨左手右手的有十二万多人”（即有儿童12万多人）。考古学家们认为这在当时是不可能的。

（4）本卷原文的语言风格属于晚期经书。

（5）本卷的主题思想是反对狭隘的犹太民族主义，符合犹大人被掳以后的思想状态，但又没有受希腊文化的影响。

学者们根据这些理由推断说，《约拿书》的写作年代应在公元前5世纪中叶尼希米时代，或公元前5世纪末到公元前4世纪初，作者已无从查考了。

3. 主要神学思想

本卷内容纯属一部含有训诲意义的小说。作者的立场是反对偏激的狭隘犹太民族主义，他在本卷中批评约拿违背上帝的命令是不愿意尼尼微人悔改得以免除灭亡的灾祸。作者宣扬上帝是仁慈的、宽厚的，他不但怜悯自己的选民，而且也怜悯天下万民，他的博爱要求人们从内心里消除一切褊狭的自私，凡是悔改的人都能得到救恩。这种思想显然与《新约》思想是一致的。耶稣讲道时就曾引用过约拿的神迹和尼尼微人悔改得到赦免的例子（《路加福音》第十一章第29—32节），还用约拿三天三夜在大鱼肚子里的故事来预表自己死后三天再复活（《马太福音》第十二章第40节）。早期教会的信徒曾将这个故事刻在墓壁上作为复活的象征与希望。

（三十九）《弥迦书》（《米该亚书》，*The Book of Micah*）

1. 作者与时代背景

“弥迦”原意为“谁与上帝相似？”据本卷记载，他是南部犹大国的摩利沙人，出身似乎与阿摩司一样；从事先知活动时期是犹大王约坦、亚哈斯、希西家在位期间，与先知以赛亚同时，约为公元前738—前693年，共约40年。以赛亚在耶路撒冷和王宫里做先知，在上层社会中传达上帝的旨意；弥迦则在农村里做先知，在贫苦百姓中传达上帝的声音，他二人是上下呼应相辅相成的。这个时期正是以色列南北两国兄弟相争，祸起萧墙遭受民族危难的时期。亚述帝国乘机南侵，公元前722年攻占撒玛利亚，灭亡了北部以色列国，并进兵南国犹大围困耶路撒冷。弥迦虽然是犹大国的先知，但他并没有忘记北部以色列国的同胞兄弟。作为上帝的代言人，他大声疾呼，发出严厉警告，痛斥政治及宗教领袖的失职，特别是撒玛利亚和耶路撒冷的统治阶级欺压平民百姓的罪行，并预言两京被毁，最后将由犹大的伯利恒出生一位弥赛亚，拯救以色列的遗民脱离敌国的压迫。

2. 内容与结构

本卷共7章，以预言为主。希伯来原文是用诗体写成的，但原本残缺严重，虽经后人订正，但讹误费解之处甚多。

第一部分（第一至第三章）是先知宣告上帝将惩罚耶路撒冷，就像惩罚了撒玛利亚一样，指出导致受罚的罪恶主要应由政治和宗教领袖们负责。他直斥：“雅各的首领，以色列的首长啊，你们要听：你们不当知道公平吗？你们恶善好恶，从人身上剥皮，从人骨头上剔肉……在一切事上屈枉正道，以人血建立锡安……首领为贿赂行审判，祭司为雇价施训诲，先知为银钱行占卜。”（第三章第9—11节）他怀着忧伤的心情，“大声哀号，赤足露体而行”，向全国发出警告，指望他们悔改。第三章第12节也见于《耶利米书》第二十六章第18节，似乎可以证明《弥迦书》早于《耶利米书》。第二章第12—13节是关于复兴的许诺，有些学者认为应属于第二部分。

第二部分（第四至第五章）是先知弥迦向选民报告上帝的恩许：“耶和华殿的山”必成为天下万民敬仰的中心，“将刀打成犁头，把枪打成镰刀，这国不举刀攻击那国，他们也不再学习战事”。在犹大的伯利恒将出生一位君主，统治万民，亲自牧养自己的百姓。这段描述反映了人们对和平盛世的向往。

第三部分（第六章至第七章第 6 节）是谴责北部以色列国的诸多不义之事，如不及时悔改，撒玛利亚必被毁灭。

第四部分（第七章第 7 至第 20 节）是表示对上帝救恩的期望，祈求饶恕，祈求助佑。

3. 主要神学思想

一是论宗教生活的标准：“只要你行公义、好怜悯、存谦卑的心、与你的上帝同行。”（第六章第 8 节）二是具体指出弥赛亚的降生地——犹大的伯利恒（第五章第 2 节）。三是书中多次显示出同情穷苦人、斥责欺压者的思想感情，故弥迦有“穷人的先知”之称。

（四十）《那鸿书》（《纳鸿书》，*The Book of Nahum*）

1. 主题与内容

第一章第 1 节开头就指出本卷是“论尼尼微的默示”，可知本卷是先知关于公元前 612 年亚述帝国首都尼尼微被玛代—巴比伦联军攻陷的预言。《先知书》中有两卷是专论尼尼微的，一卷是《约拿书》，一卷是《那鸿书》，前者是向尼尼微人宣告上帝的救恩，后者是向尼尼微人宣告上帝的惩罚。

《那鸿书》全书共三章：第一章预言“耶和华是忌邪施报的上帝”，他要向敌人报复以显示自己的义怒。第二章（基督教新教通用的《那鸿书》第一章第 15 节是天主教通用的《纳鸿书》的第二章第 1 节。从内容来看，天主教使用的版本中此处章节的划分更合理一些）是向被压迫的同胞预告好消息：敌国亚述将受惩罚遭毁灭，民族解放的日子快到了。第三章申述亚述帝国受惩罚的原因是它欺压弱小民族，暴虐无道，恶贯满盈，尼尼微是一座“流人血的城”。上帝是“忌邪施报的”，作恶的都必遭报，“万不以有罪的为无罪”。

2. 作者与时代

“那鸿”意思是“上帝安慰”。第一章第1节指明那鸿是伊勒歌斯人，伊勒歌斯在什么地方并无史料可查，有人根据本卷作者的思想感情推断为南部犹大国的一个村庄，有人说这个村庄就是《马太福音》中的迦百农，因为“迦百农”的意思就是“那鸿村”。16世纪时有人提出那鸿的故乡在今伊拉克北部摩苏耳城（Mosul）附近，那里有“那鸿墓”，根据是那鸿对亚述帝国的命运作了正确的预言，熟悉当时的历史背景，可能是离尼尼微不远的人。每年都有许多基督徒、犹太人和阿拉伯人来瞻仰那鸿墓。其他关于那鸿的情况就只能根据本卷内容来推论了。

（1）作者可能是犹大人，因为他仇视亚述人，在书中只咒诅亚述人，而从未提起本民族的罪过。自北部以色列国灭亡后，犹大国遭受亚述帝国的压迫达100多年之久，犹大人绝不宽恕亚述人对耶和华上帝的亵渎罪行，因此作者热切地期望上帝惩罚这个妄想反抗他的敌国。

2. 作者指出了尼尼微面临的危机、祸在临头，时间当在尼尼微被毁（前612年）以前不久，大约在公元前614年，即犹大王约西亚进行改革后不久。有些学者认为，那鸿对尼尼微的预言正是亚述帝国最强盛的时期，大约在公元前650年。

（四十一）《哈巴谷书》（*The Book of Habakkuk*）

1. 内容与结构

本卷的写作方式与其他先知书不同，作者是用祈祷的方式向上帝提出疑问，上帝则用默示解答问题，使作者理解上帝执行的公义审判，所以被称为“与上帝对话的先知”。

本卷可分为两部分：

第一部分（第一至第二章）是作者与上帝的两次对话：在第一次对话中，作者问上帝为什么不惩罚那些违背“律法”欺压同胞的人，上帝回答：已经派迦勒底人（即巴比伦人）的军队来执行惩罚任务了；在第二次对话中，作者抱怨上帝派来执行惩罚任务的人不分好坏肆意残害选民，比被惩罚的人还要坏，上帝回答：审判一切恶人的时候必将来到，“唯义人因信得生”。因此，作者一连使用了五个“祸哉”来咒诅那些欺压选民的异族人，祈求上帝惩罚他们。

第二部分（第三章）是作者的一篇祷词，祈求上帝“在发怒的时候，以怜悯为念”，赶快惩罚恶人、拯救义人，并以称颂上帝的救恩作结束。

2. **作者与时代**

“哈巴谷”意思是“拥抱”，除在本卷开头知道他是一位先知外，其他情况只能根据本卷的内容来推测。一些学者认为本卷描述或暗示的社会情况与犹大王约雅敬在位时（前608—前597年）的情况一样，并与先知耶利米谴责约雅敬的事相同，因此可推断哈巴谷应是继那鸿之后，与耶利米同时的犹大国的先知，时间应在公元前600年左右。

3. **主要神学思想**

本卷与其他先知书显然不同。哈巴谷不像其他先知那样奉上帝的命令来谴责不遵守上帝诫命的人，向他们预告上帝的审判，而是用问答方式阐明上帝的公义。他所探讨的问题是，上帝对那些任意欺压选民的人的态度是否公正，回答是：心不正直的人必然毁灭，“唯义人因信得生”。作者用这句话为上帝的公义作了辩护。所以本卷的目的是给那些怀疑上帝公义的以色列人解答疑问，并安慰他们，劝他们坚持依赖上帝，因为上帝一定要救护信赖他的人，并预言巴比伦人将受审判。本卷提出的“唯义人因信得生”的思想是后来保罗“因信称义”的神学思想的依据。

（四十二）《西番雅书》（《索福尼亚书》，*The Book of Zephaniah*）

1. 作者与时代

本卷第一章第1节记载作者的出身及时代甚详，此外则一无所知。西番雅出身犹大王室贵族，是“希西家的元孙、亚玛利雅的曾孙、基大利的孙子、古示的儿子”。对西番雅的贵族家谱如此大书特书的用意可能是要强调他的政治影响。他从事先知活动的时代是“当犹大王亚们的儿子约西亚在位的时候”（前632—前609年），即约西亚王进行改革的前后，有的学者认为约西亚的改革曾受过西番雅的推动和影响，这不是不可能的。

2. 内容与结构

西番雅担任先知时，犹大王约西亚还没有进行改革，他的前两代君主玛拿西和亚们崇拜偶像，背离耶和华上帝的罪行在耶路撒冷继续流毒，政治界和宗教界的领袖们仍然过着醉生梦死的生活。西番雅就是向这些骄奢淫逸的人们宣布“耶和华的大日”、“耶和华发怒的日子”临近了，不但非利士、摩押、亚扪、古实、亚述人要受惩罚，而且耶路撒冷的居民也必受到严厉的惩罚，只有那些“寻求耶和华”、“寻求公义谦卑”的人和“困苦贫寒”的人才能幸存。最后是一篇颂歌，庆祝重新成为圣城的耶路撒冷。

本卷可分为三部分：第一部分（第一章至第二章第3节）是描述“耶和华的大日”的来临，劝百姓悔改以逃避上帝的义怒；第二部分（第二章第4节至第三章第8节）是预言非利士、摩押、亚扪、古实、亚述等国必受惩罚及对耶路撒冷的谴责；第三部分（第三章第9—20节）是颂歌。

3. 主要神学思想

本卷的中心思想是要求人们从内心里悔改，做“遵守耶和华典章的谦卑人”，抱着“寻求公义谦卑”的心依赖上帝。这种思想受以赛亚、耶利米的影响较大，同时又影响了《新约》中的“八福”。

（四十三）《哈该书》（《哈盖书》，*The Book of Haggai*）

1. 作者与时代

“哈该”的原意为“上帝的节日”。根据本卷第一章第 1 节和《以斯拉记》第五章的记载，可知哈该于波斯王大利乌二年（前 520 年）与撒迦利亚一同在耶路撒冷任先知。

公元前 539 年，波斯王古列（居鲁士）攻占巴比伦后，下诏把巴勒斯坦划为波斯帝国的一个省，并准许被掳往巴比伦的以色列人返回巴勒斯坦，允许他们在耶路撒冷重建圣殿。公元前 538 年，返回耶路撒冷的以色列人在省长所罗巴伯和大祭司约书亚的领导下开始修复圣殿的工程，但这项神圣的工程遭到了北部撒玛利亚人的阻挠，百姓重建圣殿的热情受到挫折冷淡下来，又加上遇到旱灾，经费匮乏，结果使建殿工程中断了 18 年之久。公元前 520 年，先知哈该与撒迦利亚挺身而出，鼓励人民继续修建圣殿。在先知的劝导下，百姓重新动工，4 年后，即公元前 516 年（相当中国春秋时代东周敬王四年），圣殿重建完毕。

2. 内容与结构

本卷是由哈该的四篇演说词组成的：

第一篇演说（第一章第 1—11 节）是在公元前 520 年 6 月 1 日，哈该劝说省长所罗巴伯和大祭司约书亚赶快领导百姓动工修建圣殿，指出当时的旱灾就是百姓只图安逸、不关心圣殿而受的惩罚。

第二篇演说（第二章第 1—9 节）是在同年 7 月 21 日，是预言修复后的圣殿所享有的尊荣将远远超过原来所罗门所建的圣殿，鼓励建殿工程加紧进行。

第三篇演说（第二章第 10—19 节）是在同年 9 月 24 日，先知解释上帝不悦纳百姓的祭品，是因为他们不建造圣殿，祭品是不洁净的，只要他们热心重建圣殿，就必然得到上帝的祝福。

第四篇演说（第二章第 20—23 节）也是在同年 9 月 24 日，先知向所罗巴伯预言上帝对他的恩宠，因为他是大卫的后裔，上帝要借他应验关于弥赛亚的许诺。

3. 主要神学思想

重建圣殿是获得上帝祝福和弥赛亚降临的必备条件。圣殿是上帝住在选民中间的象征，是维系亡国后的以色列民族的中心，使他们在没有国家、没有君王的情况下保持住了对上帝的信仰和民族的团结。

（四十四）《撒迦利亚书》（《匝加利亚书》，*The Book of Zechariah*）

1. 作者与时代

“撒迦利亚”原意为“上帝已经记忆”。据《以斯拉记》、《哈该书》及本卷记载，撒迦利亚与哈该同时，担任先知较哈该迟两个月，任期却约长两年。因为《哈该书》记载的活动只在波斯王大利乌二年（前520年），而《撒迦利亚书》记载的活动是从大利乌二年到四年（第七章第1节）。撒迦利亚的使命与哈该相同，即督促鼓励被掳归来的百姓重建圣殿。

有关历史背景可参看本书《哈该书》的介绍。

2. 内容与结构

本卷明显地分为两部分，这两部分的历史背景、内容及文体都不相同：

第一部分（第一至第八章）首先是规劝百姓改恶皈主，接着记述了八个含有象征意义的异象，这些异象是表示耶路撒冷的复兴、敌人被降服、上帝重新回到选民中住在圣殿里、祭司职位重被圣化、政教两方人士和平互助、百姓的罪恶被赦免。异象之后记述了先知为大祭司约书亚举行的加冕礼，最后是描写获恩后的百姓要享受的幸福生活。

第二部分（第九至第十四章）所记的内容似乎与第一部分无关，而且是用末世论的文体写成的，内容是上帝惩罚敌人之后，弥赛亚要“谦谦和和地骑着驴”进入耶路撒冷，建立和平的王国，被迫离散的选民都要归国团聚，选民在遭受最后的攻击并获得拯救以后，耶路撒冷必将成为普天下的敬拜中心。

由于前后两部分在所记历史背景、宗教观念及文体词句等方面区别都很大，所以学者们都认为绝非出于同一作者之手。第二部分可能是公元前3世纪时的无名先知的作品。

3. 主要神学思想

作者似乎是用神学观点来探讨历史。在人类历史上，撒旦经常干扰上帝的计划，上帝派遣使者完成自己的计划，最后完成上帝救赎计划的乃是弥赛亚。本卷预示了弥赛亚的某些经历，如弥赛亚应是大卫的苗裔，他要骑着驴驹进耶路撒冷，全以色列人要为他们所“扎”（刺伤）的救主而哀伤等。

（四十五）《玛拉基书》（《玛拉基亚书》，*The Book of Malachi*）

1. 作者与时代

“玛拉基”原意为“上帝的使者”。传统说法认为玛拉基是本卷作者，由于本卷作者激烈地攻击犹大人“娶侍奉外邦神的女子为妻”，可以推断玛拉基是和尼希米、以斯拉同时代的人（甚至有人主张《玛拉基书》的作者就是以斯拉）。这个推断有助于理解本卷的时代背景及主题思想。

公元前400年左右，耶路撒冷的重建工程早已完成，先知哈该和撒迦利亚在100多年前唤起的宗教热情已逐渐冷淡。信仰上的冷淡直接影响了选民的宗教生活和道德生活，他们置上帝的“律法”于不顾，热衷于娶外邦女子为妻，有人甚至抛弃了本族的结发妻子另与异教女子结婚。当然，影响选民背离上帝的人主要是祭司们。由于选民当时没有自己的政治领袖——君主，所以祭司既是宗教领袖也是政治领袖，祭司们生活上的腐化起了极其恶劣的影响。为了维护本民族在血统和信仰上的纯净，以斯拉、尼希米、玛拉基等人奋起大声疾呼，严厉谴责这种与异族通婚的行为，宣称“耶和华必从雅各的帐篷中剪除他”。所以，后来坚持民族血统和信仰纯净的以色列人就自称是“犹太人”。

2. 内容与结构

作者用辩论的方式，先使听众（读者）了解他们自己罪恶的严重性，然后用严厉的措辞斥责他们，预告惩罚的日子即将到来，但敬畏上帝的人必能获救，好像是一篇演讲提纲。本卷可分为六部分：

第一部分（第一章第1—5节）论述上帝对选民的慈爱，是本卷的序言。

第二部分（第一章第6节至第二章第9节）谴责祭司们渎职，预言上帝要废除他们献的祭，而悦纳万民所献的洁净的供物。

第三部分（第二章第10—16节）坚决激烈地反对选民与异族通婚。

第四部分（第二章第17节至第三章第6节）向怀疑上帝公义的人预告“立约的使者”不久将到，他要施行公义正直的审判，净化百姓。

第五部分（第三章第7节至第四章第3节）宣告：凡诚心归主的，必蒙上帝垂顾；凡敬畏上帝的，审判时必得赏赐。

第六部分（第四章第4—6节）宣布在审判之前先知以利亚将重新出现劝化选民，以免全民覆灭。

应该注意，天主教《圣经》中本卷第三章第19—24节在基督教（新教）使用的《圣经》中是本卷的第四章，这是按通俗拉丁文译本划分的。

3. 主要神学思想

玛拉基的使命是劝勉百姓准备迎接“立约的使者”（指弥赛亚），弥赛亚来临之前，先知以利亚（暗指施洗约翰）将作为先驱者到来。所以，本卷是《旧约》与《新约》之间的桥梁。上帝的默示并没有在《旧约》结束，《旧约》只是为上帝把自己启示给人类作准备。这启示将要在《新约》中完成。那时，弥赛亚要来建立他的国度，上帝与人永远同住的新天新地必将永世长存。

二、《新约圣经》

(一)《福音书》总论

1.“福音”的含义

“福音”(Gospel)一词的原意为“佳音”、“喜讯”、“好消息”等。

《新约》中使用的“福音”一词源出于《旧约·以赛亚书》，如“报好信息给锡安的”(第四十章第9节)，“我要将一位报好信息的赐给耶路撒冷”(第四十一章第27节)，“那报佳音、传平安、报好信、传救恩的对锡安说：‘你的上帝作王了。’”(第五十二章第7节)《新约》里的“喜讯”内容可以归纳为一句话，就是“天国近了，你们应当悔改、信福音”。换句话说，就是上帝派遣弥赛亚降临的许诺开始实现了，他已开始在世上建立天国，实行并完成自己的救赎计划。所以，使徒们(以及后来的基督教会)就把“福音”的内容集中在报告耶稣的言行、受难及复活的信息上，逐渐形成了教会内的专用词，不必附加解释了。

2.《福音书》

使徒时代，“福音”只指口传的关于救恩的喜讯，后来逐渐把这些喜讯记录成书，遂成为记录耶稣言行的《福音书》，并在书名上加上作者(或编者)的名字，以示区别。根据《路加福音》第一章第1节记载：“有好些人提笔作书，述说在我们中间所成就的事”，可见当时的《福音书》的版本已为数不少。事实也正是这样，各地方教会及教父们为适应当地传教的需要，各自把他们口传的“福音”加以取舍，记录成书，并冠以某某使徒的名字以提高该书的权威性。不过在这些《福音书》中只有《马太》、《马可》、《路加》、《约翰》这四卷《福音书》逐渐取得了“首正经”的地位，其他各卷都被视为“伪经”了。公元180年左右，里昂主教爱任纽用《以西结书》第一章第10节异象中的狮、牛、人、鹰分别象征《四福音书》：狮子象征至高的能力和王权，指《马太福音》，因为在《马太福音》里，耶稣是天国的君王，主宰并管理全世界；牛象征谦卑的侍奉，指《马可福音》，在《马可福音》里，耶稣是一位谦逊、忘我、勤勤恳恳地为人服务的典范；人象征智慧，指《路加福音》，在《路加福音》里，耶稣是一位分享世人的喜怒哀乐的普通人；鹰象征神圣，指《约翰福音》，在《约翰福音》里，耶稣是启示上帝真理，救赎人类的“人子”。后来，欧洲中世纪的艺术家们就把这四个形象分别作为《四福音书》的标记。不过还有另外的解说各抒己见，不强求一致。

3. 成书过程

在初期教会中，使徒们只是口头宣讲福音，所讲的内容，一部分是耶稣自己论“天国”的话，一部分则是叙述耶稣的言行。因此，“主的道理”同时也就是“关于主的福音”，使徒们宣讲耶稣为救赎世人而受难、复活、升天，劝勉听众相信耶稣是弥赛亚。他们对犹太人讲道时特别强调《旧约》诸先知的预言如何应验在耶稣身上，以增强宣传效果；对其他听众则是随机应变地适应对方的接受能力，例如，对未皈依的听众特别强调耶稣是救世主的福音，对望教者及信徒则强调耶稣的教训和他所行的神迹奇事。当时，信奉耶稣为救世主的犹太人还没有脱离犹太人的会堂，每到安息日都和其他犹太人在一起聚会祈祷，不过他们已经认为自己和一般犹太人不同而另外再举行聚会、聆听耶稣的训诲并“擘饼、祈祷”，至于非犹太人基督徒则不守犹太人的安息日，只守纪念耶稣复活的“主日”，在一起聚会“擘饼”。举行这种纪念仪式时要宣讲耶稣受难复活的事迹。因此，《耶稣受难史》可能是最早形成的比较固定的讲道词。随着传教事业的发展和需要，这些口传的材料逐渐被记录成书面材料，原因可能有三：

（1）使徒们陆续年老去世，为保存口传材料的忠实与完整，非记录成书面形式不可。

（2）为回答信徒们提出的各种问题，必须统一宣讲口径，需要权威性的书面材料作依据。

(3) 传教范围扩大，传教者人数增多，需要固定的、统一的宣讲材料。《福音书》就是这样成书的。

4. 对观福音（Gospels'Synopsis）

前三《福音书》在取材、结构、内容、文词、观点等方面大致相同，容易对照阅读，被称为“对观福音”或“同观福音”、“符类福音”。1777年，德国《圣经》考据学家约翰·格里斯巴赫（J. Griesbach）把前三《福音书》按照互相类似的段落分三栏平行排列、互相对照印成一书，得到圣经学界的重视，“对观福音”的概念因而得到了确认。

“对观福音问题”是《圣经》学的重要课题之一。前三《福音书》中为什么有许多地方文字十分相似，甚至完全相同，而又有许多地方不相同，甚至互相矛盾呢？一部分学者认为是前三《福音书》的作者都采用了当时各地口传的同类材料，但又各有不同材料，如《马太福音》是继承了耶路撒冷教会的传授，《马可福音》是继承了罗马教会的传授，《路加福音》则是继承了安提阿教会的传授；一部分学者认为前三《福音书》是互为依据，彼此参考写成的；一部分学者认为前三《福音书》都是以《原始马可福音》为蓝本而编写的。这些问题从18世纪起就有了争议，各有道理，相持不下，只能求同存异了。

5.《福音书》的历史性

教会认为，《福音书》的作者不是为写历史而写《福音》，乃是“要叫你们信耶稣是基督，是上帝的儿子，并且叫你们信了他，就可以因他的名得生命”（《约翰福音》第二十章第31节），所以不能用历史文献的标准来衡量《福音书》，只能从信仰的角度来对待《福音书》，不然就不能解释《福音书》中存在的那些矛盾。例如，有些学者主张《福音书》中的耶稣并非历史上的耶稣，只是初期教会信仰的对象。初期教会一开始就相信耶稣复活，把他理想化、神圣化，并用《旧约》经书上的预言来证明耶稣就是以色列人期望的弥赛亚，最后才创作出了耶稣诞生的神奇故事。又如，教会认为，必须承认耶稣是童贞女马利亚由圣灵怀孕而生的，不然就无法接受耶稣是上帝的儿子；教会还认为，承认耶稣复活是“福音”的基础，没有复活就没有“福音”，耶稣如果不复活，他就不是弥赛亚。这样一来，以信仰为前提来论证，就无法争论了。

（二）《马太福音》（《玛窦福音》，*The Gospel According to St. Matthew*）

1. 作者

本卷的作者历来都被认为是使徒马太。据《福音书》记载，马太又名利未，是亚勒腓的儿子，蒙召前曾在迦百农任税吏。税吏是为罗马政权直接服务的，是当时犹太人看不起的一种职业，马太在自己的著作里并不回避这一点。《马太福音》中有关银钱的记载有12处之多，而且更多地流露出对法利赛人的反感，一些学者认为这都暗示着《马太福音》的作者就是税吏马太。据说耶稣受难后，马太在巴勒斯坦一带传福音多年，后来又到外地传教，最后殉道。天主教会规定每年9月21日为马太的瞻礼日。

教会认为《马太福音》是公元70年之后在巴勒斯坦写成的，原文为当时巴勒斯坦一带通用的阿拉米文；原文已失，现在通用的是公元1世纪末的希腊文译本，约公元125年后逐渐通行于叙利亚和巴勒斯坦的各教会中。不少学者认为，《马太福音》最后定型于2世纪30年代末，在《马可福音》定型之后。

2. 写作目的

本卷中引用《旧约》的次数比其他《福音书》多，而且多次提到犹太人的风俗时都不加解释，书中强调耶稣的家谱和耶稣向犹太人传福音的使命（第十章第5—6节）。学者们据此推论，《马太福音》是针对犹太人而编写的，故又有“犹太福音”之称。可以肯定马太编写《福音》有两个目的：第一是传教，强调耶稣就是犹太人历来期望的弥赛亚，是上帝的儿子；第二是护教，用先知的预言证明耶稣是童贞女所生，不是政治领袖，他来不是废除“律法”而是完成“律法”，并按照上帝的预言而受难。

3. 内容与结构

一些学者认为《马太福音》是《四福音书》中材料最丰富、结构最系统的一卷，在教会中被引用的次数也最多。

本卷共28章，计1071节，以天国为主题，先是序言，介绍耶稣的家谱和童年史，然后是本卷主体，共23章，分成五卷，以暗合《摩西五经》，证明耶稣就是新摩西，他的言论就是新律法，最后以耶稣受难、复活作结束。

序言：耶稣的家谱（第一章第1—17节）；耶稣的童年史（第一章第18节至第二章）。

第一卷宣布天国的福音：（1）活动：传道生活的开始（第三至第四章）；（2）训诲：登山训众（第五至第七章）。

第二卷宣传天国：（1）活动：行十大神迹，选召并差遣十二门徒（第八至第十章第4节）；（2）训诲：论传道（第十章第5—42节）。“主祷文”（第六章第9—13节）的影响最为深远。

第三卷论天国的奥秘：（1）活动：在加利利传道（第十一至第十二章）；（2）训诲：天国的比喻（第十三章第1—52节）。

第四卷天国的建立：（1）活动：行神迹奇事，因遭犹太人反对而离开加利利（第十三章第53节至第十七章）；（2）训诲：论教会（第十八章）。

第五卷天国的来临：（1）活动：进耶路撒冷，洁净圣殿（第十九章至第二十一章第17节）；（2）训诲：论审判的日子（第二十一章第18节至第二十五章）。

结尾：受难与复活（第二十六至第二十八章）。

4. 主要神学思想

（1）耶稣就是《旧约》中预言的弥赛亚。本卷中37次说“这是要应验……”目的是证明耶稣的一言一行都是要应验先知的预言，他是“大卫的子孙”，是弥赛亚，是新摩西，是安息日的主人，比圣殿还要大。

（2）耶稣是上帝的儿子，具有审判万民的权柄，能使死人复活，而且自己也死而复活。

（3）耶稣建立的教会就是天国，彼得掌管天国的钥匙，是教会的有形的元首，享有管理教会的最高权力（这种说法是罗马教宗成为普世教会元首的理论根据）。

（4）天国就是永生，进入这个天国必须进窄门，需要严格自律，努力争取。

（5）卷末说：“你们要去使万民作我的门徒，奉父、子、圣灵的名给他们施洗。”（第二十八章第19节）这一提法被称为是耶稣亲口赋予全体信徒的“大使命”，也是教会作为“三位一体”教义的重要根据之一。

（三）《马可福音》（《马尔谷福音》，*The Gospel According to St. Mark*）

1. 作者

根据《使徒行传》等书的记载，学者们推断，马可又名约翰，出身于耶路撒冷利未支派的一个富有家庭，受过良好的教育，对希腊文有相当的造诣；母亲名马利亚，耶稣最后晚餐的餐厅、初期教会聚会的地方和等待圣灵降临的楼房可能就是他的家；马可是初期教会活动家巴拿巴的表弟，约公元45年时，保罗与巴拿巴旅行传教，马可曾是他们的助手，但不知什么原因马可半途返回了耶路撒冷，所以后来保罗第二次旅行传教时（约公元50—52年），不愿意带马可同行，导致与巴拿巴分手的不愉快事件。巴拿巴带马可去居比路，保罗则另选西拉为助手去叙利亚等地；约公元54年，马可随彼得到了罗马，作彼得的助手和翻译；彼得很喜欢马可，曾称他为自己的“儿子”，约公元61—63年保罗在罗马首次被囚时，马可也在罗马；保罗曾派他到歌罗西人那里去；保罗第二次在罗马被囚时（约公元 66 年）曾写信让马可与提摩太一起回罗马。约公元 67 年，彼得在罗马殉道，马可也可能是目击者。据说马可后来担任了亚历山大里亚的第一任主教。天主教会规定每年 4 月 25 日为马可的瞻礼日，并尊之为圣徒。

教会认为，《马可福音》是马可根据彼得的讲述编写而成的，书中提到“圣殿将被拆毁”，可知写作时间应在耶路撒冷被罗马人拆毁之前，即公元 70 年之前写成于罗马，原文为希腊文，是成书最早的《福音书》。一些学者则认为现在通用的《马可福音》是以《原始马可福音》为蓝本写成的，最后定型的时间约在 2 世纪 20 年代。

2. 写作目的

教会认为，《马可福音》是在罗马为所谓“外邦人基督徒”而写的，所以有下列几个特点：（1）很少引用《旧约》；（2）省略或减少使用外邦人反感的话语；（3）强调传福音给“万民”，圣殿是“万国祷告的殿”；（4）针对罗马可以离婚的法律而强调耶稣“不许离婚”的教训；（5）对犹太人的风习进行解释，对一些阿拉米语词（如“半尼其”、“别西卜”、“大利大古米”等）加注解；（6）简化或略去一些与外邦人无关的记述。

3. 内容与结构

《马可福音》主要是记录了彼得的传教资料，所以有人称之为《彼得福音》，是《四福音书》中最短的一卷。书中记载的神迹奇事较多，故又有“奇迹福音”之称。本卷共 16 章，计 678 节。

（1）序言（第一章第 1—13 节）：施洗约翰的使命。

（2）耶稣在加利利的活动（第一章第 14 节至第六章第 6 节）。

（3）耶稣在加利利以外各地的活动（第六章第 7 节至第十章）。

（4）耶稣在耶路撒冷的活动及受难（第十一至第十五章）。

（5）复活与显现（第十六章）。

4. 主要神学思想

本卷一开头就点出了自己的中心思想，即“上帝的儿子，耶稣基督福音的起头”。它强调耶稣是上帝的儿子，是大卫的后裔，是弥赛亚，他的使命是以自己的死亡来救赎万民，有“赦罪的权柄”，有战胜魔鬼的能力。本卷把耶稣描绘成一位谦逊、忍耐、勤恳的“孺子牛”式的人物，记述耶稣服侍人的篇幅大大超过了关于训诲的记录。“人子来并不是要受人的服侍，乃是要服侍人。”这句话概括了耶稣的活动，所以后人把本卷称为《仆人的福音》，把“牛”作为本卷的标记。

（四）《路加福音》（*The Gospel According to St. Luke*）

1. 作者

路加是希腊人，生于叙利亚的安提阿，受过高深的教育，曾做过医生，据说《路加福音》和《使徒行传》都是他的作品。大约在公元 40 年时，路加在安提阿受洗；公元 50—52 年保罗第二次旅行传教时，路加成为保罗的助手，曾随保罗到过马其顿的腓立比；公元 53—58 年保罗第三次传教时，路加又随他到过该撒利亚，后来又一同到了耶路撒冷；公元 61 年，保罗被捕押往罗马，路加陪他从耶路撒冷到该撒利亚，再由水路到了罗马。保罗第一次在罗马被囚期间（公元 61—63 年），路加也与彼得、马可同在罗马；保罗第二次被囚时（公元 65—67 年），路加一直和他在一起，公元 67 年亲见了彼得和保罗先后殉道后才离开罗马回希腊传教，最后殉道，据说享年 84 岁。天主教会规定每年 10 月 18 日为路加的瞻礼日。

教会认为《路加福音》成书于《马可福音》和《马太福音》之后，因为书中引用了这两卷《福音书》的材料。今传本原文为希腊文，写作时间大约在 1 世纪末，成书于 2 世纪 30 年代。

2. 写作目的

本卷开头指明是写给一位有名望的希腊人提阿非罗的，但细看全书，作者真正的目的却是写给皈依基督的希腊人和其他非犹太人信徒，使他们对基督的福音有一个正确的认识。因此（1）本卷中按希腊人的习惯用法，以“犹太”代表整个巴勒斯坦；(2) 省略或缓和引起非犹太人反感的情节；(3) 略去与非犹太人无关的事情，强调基督的救赎与非犹太人的关系；(4) 特别褒扬非犹太人的善行（如好撒玛利亚人的故事），强调耶稣给非犹太人治病；(5) 对犹太人的风俗习惯进行注释与翻译；(6) 尊重女性的社会地位等。

3. 内容与结构

本卷主要以《马可福音》为蓝本，据统计，全卷 1151 节中有 350 节取材于《马可福音》，占《马可福音》的一半以上，其次有 325 节取材于《马太福音》，另外再加上本卷独有的内容。本卷结构可作如下分析：

(1) 序言（第一章第 1—4 节）。

(2) 童年史：1) 施洗约翰的诞生（第一章第 5—80 节）；2) 耶稣的诞生（第二章第 1—40 节）；3) 耶稣的童年生活（第二章第 41—52 节）。

(3) 传教史：1) 准备阶段：写施洗约翰作前驱、耶稣的家谱、耶稣受试探（第三至第四章第 13 节）；2) 在加利利的活动（第四章第 14 节至第九章第 50 节）；3) 到耶路撒冷去（第九章第 51 节至第十九章第 28 节）；4) 在耶路撒冷的活动（第十九章第 29 节至第二十一章）。

(4) 受难史：1) 受难（第二十二至第二十三章）；2) 复活（第二十四章第 1—49 节）；3) 升天（第二十四章第 50—53 节）。

4. 主要神学思想

路加长期随保罗传教，他的记述与神学思想和保罗完全相同。所以，有人把《路加福音》称为《圣保罗福音》。本卷特别强调救赎的普世性和基督对罪人的爱，例如：把耶稣的家谱上溯至亚当，最后还加上了一句“亚当是上帝的儿子”，这就是强调整个人类不分种族都是上帝的子民，救赎不是只局限于选民，而是给予全人类，“人要奉他的名传悔改赦罪的道，从耶路撒冷起直传到万邦”（第二十四章第 47 节）。作者用浪子回头和迷途的羊等比喻来强调耶稣对罪人的爱，甚至在他被钉在十字架上的时候，同时被钉的一个犯人说了一句同情他的话，耶稣就应许他："今日你要同我在乐园里了。"此外，本卷还特别重视祈祷，因此被称为"祈祷的福音"、"罪人的福音"、"上帝慈爱的福音"、"贫苦人的福音"、"世界救主的福音"、"喜悦的福音"等。由于本卷中耶稣给人的亲切感多于神圣感，所以后人把"人"作为本卷的标记。

(五)《约翰福音》(《若望福音》，*The Gospel According to St. John*)

1. 作者

本卷的作者争议甚多，教会传统的说法认为是使徒约翰。

关于使徒约翰的情况，《福音书》里有很多记载。"约翰"的希伯来文原意是"上帝恩赐"，是犹太人常用的一个名字。约翰是加利利人，父亲名叫西庇太，打鱼为业，有雇工，家境可能较殷实。从《启示录》来看，他对《旧约》相当精通，可见受过良好的教育。约翰与哥哥雅各起先是施洗约翰的门徒，后来蒙召跟随了耶稣，成为耶稣最喜爱的门徒之一。约翰与哥哥雅各的性格可能都相当暴躁，所以耶稣给他们起名叫"雷子"(即"雷霆之子")。约翰一直追随耶稣，耶稣被钉时，十二门徒中只有约翰一人守在一旁。耶稣受难弥留时曾将母亲马利亚当面托付给约翰。耶稣升天后，约翰曾先后在耶路撒冷和撒玛利亚传教，后来又在以弗所传教，曾被捕押往罗马，又被放逐到拔摩海岛(小亚细亚以西的一个小岛)。约翰在拔摩岛上见了异象，写出了《启示录》。后来约翰获释回以弗所，写成了《约翰福音》和三封书信。天主教会规定每年12月27日为使徒约翰的瞻礼日。

根据圣经学家们考证，本卷约在公元135年出现，定型时间约在2世纪后半叶。不少学者对《约翰福音》的作者提出质疑，也曾经有人主张《约翰福音》和《约翰一书》是使徒约翰的著作，而《约翰二、三书》与《启示录》是以弗所的长老约翰的著作。

2. 写作目的

1 世纪末叶，初期的基督教会遇到了一次信仰危机，很多犹太人不承认耶稣是弥赛亚，并极力反对耶稣是上帝的儿子，本卷写作目的就是反击这些人的恶意中伤。作者在第二十章第 31 节明确指出：“记这些事，要叫你们信耶稣是基督，是上帝的儿子，并且叫你们信了他，就可以因他的名得生命。”所以，《约翰福音》就是为耶稣基督作证的福音：施洗约翰为耶稣作证（第一章第 7、33、35 节），撒玛利亚妇人为耶稣作证（第四章第 1—42 节），生来是瞎子的人为耶稣作证（第九章第 1—38 节），亲眼看见拉撒路复活的群众为耶稣作证（第十二章第 17—18 节），门徒们为耶稣作证（第十五章第 26—27 节），耶稣本人为自己作证（第五章第 37 节，第八章第 18 节），圣灵也为耶稣作证（第十五章第 26 节）。

3. 内容与结构

《约翰福音》写作时，前三《福音书》已经成书，约翰认为没有重复的必要，就把自己记忆所及的为前三《福音书》作了补充，特别是记述耶稣在耶路撒冷一带传教时的言行。

（1）序言（第一章第 1—18 节）。

（2）耶稣的传教生活及有关训诲（第一章第 19 节至第十二章），作为“光照在黑暗里，黑暗却不接受光”（第一章第 5 节）的注脚。

（3）耶稣受难前夕与门徒们的谈话（第十三至第十七章），作为“凡接待他的，就是信他名的人，他就赐他们权柄做上帝的儿女”（第一章第 12 节）的注脚。

（4）耶稣受难与复活（第十八至第二十章），作为“人子也必照样被举起来”（第三章第 14 节）的注脚。

（5）耶稣复活后在提比哩亚海边向门徒显现，并立彼得为继承人，嘱咐他：“你牧养我的羊。”这句话后来成为罗马主教自称普世教会总领袖——教宗的依据（第二十一章第 1—23 节）。

（6）结束语（第二十一章第 24—25 节）。

按照本卷记述，耶稣曾三次到耶路撒冷去过逾越节（第二章第 13 节，第七章第 14 节，第十一章第 55 节），但前三《福音书》却只记述了一次。教会史家们根据本卷推定耶稣在世传道的时间为两年以上，而且活动范围也超过了前三《福音书》的记述。

4. 主要神学思想

本卷开头就提出了富有哲理意味的神学命题“道”（亦译“圣言”或“逻各斯”）及“道成肉身”，所以本卷被称为“神学福音”。前三《福音书》的主题是“天国”，本卷的主题则是“永生”，强调救赎的普世性及博爱思想（“新命令”）。耶稣宣称：“我是世界的光”（第八章第 12 节），“我就是生命的粮”（第六章第 35 节），“复活在我，生命也在我”（第十一章第 25 节），“我与父原为一”（第十章第 30 节），“我就是道路、真理、生命。若不借着我，没有人能到父那里去”（第十四章第 6 节）。耶稣对世人的要求是“信、望、爱”。人只要全心信仰耶稣是上帝的儿子和弥赛亚，就能获得“永生”；拒绝这信仰的，必自取灭亡。所以，神学家们认为：“第四《福音》是《福音》中的福音，《新约》中的至圣所，是最重要、最有影响、最有价值的一本书。”法国宗教改革家加尔文也说过：“第四《福音》的作者比其他三《福音》更重视教义的叙述。”本卷记录的神迹只有 7 件，少于前三《福音书》（据统计，《马太福音》记有 20 件，《马可福音》记有 18 件，《路加福音》记有 20 件），但更富于神秘意义，目的就是强调耶稣的神性。

（六）《使徒行传》（《宗徒大事录》，*The Acts of the Apostles*）

1. 作者

学者们一般都认为本卷的作者与《路加福音》的作者是一个人，因为作者常用第一人称复数“我们”来叙述。按保罗的同伴与助手中，只有路加跟随他的时间最长，卷中的思想、风格、语汇（特别是医学词汇）等都和《路加福音》相似，这些都可以作为医生路加是《使徒行传》之作者的佐证。（请参看本书《路加福音》的介绍）

教会学者们认为，《使徒行传》的写作时间应在《路加福音》之后，是《路加福音》的续篇。书中记载着当时耶路撒冷圣殿、大祭司、法利赛人、撒都该人等还都正常活动，可知时间应在耶路撒冷被毁（公元 70 年）之前；书中记载保罗被囚两年，没有提到获释后重新去传教的事就中断了，可推知写作时间应在公元 63—64 年，当时保罗与路加都在罗马。但近代圣经学家们考证本卷不可能写成于公元 70 年之前，很可能写成于公元 1—2 世纪之间，或 2 世纪 30 年代，到 2 世纪末才完全定型，作者当然不可能是路加了。

2. 写作目的

本卷作为《路加福音》的续篇是向皈依基督的非犹太人叙述圣灵如何借使徒们的行动在初期教会内做的一切，用以坚定信徒们的信仰。

3. 内容与结构

《使徒行传》是基督教最初 30 多年的历史，路加写作时所用的资料，一部分是他本人的经历，用第一人称复数“我们”来作主观的叙述，另一部分是他听到的或见到的别人的资料。据历史学家们考证，本卷中记述的各地方的宗教、社会、政治等情形与其他历史资料相符，可见本卷具有较重要的历史价值。

本卷记述的是从耶稣升天到保罗在罗马第一次被囚为止，是使徒们在这 30 余年中的传教活动，可分为两大部分：

第一部分（第一至第十二章）可以说是“彼得行传”，先记述初期教会在耶路撒冷的活动，然后是在犹太、撒玛利亚、安提阿等地的活动。

第二部分（第十三至第二十八章）可以说是“保罗行传”，记述保罗三次旅行传教的活动，以及在耶路撒冷被捕押往罗马的经过。

保罗原名扫罗，出生在小亚细亚基利家省的大数城，父母是犹太人，属便雅悯支派。保罗生来就具有罗马公民的资格，自幼受过良好的教育，曾在耶路撒冷著名经师迦玛列门下受教，在犹太教的教义、神学、律法等方面有极深的造诣，并且按照当时法利赛人的习尚，学会了织帐篷的手艺，可以自食其力。

保罗原是一位热诚的正统犹太教徒，对初期的基督教成见很深，曾竭力反对基督徒，并参与过砸死初期教会活动家司提反的事件。后来（据说在公元36年）在他往大马色（大马士革）去的路上，耶稣在异光中向他显现并发出召唤，于是他就皈依了耶稣基督，在阿拉伯旷野隐居自修，为传教作准备。三年之后保罗回到了大马色，当地的犹太人把他当作叛徒，阴谋杀害他，他被追，缒城逃往耶路撒冷，受到巴拿巴的接待并会见了彼得等使徒们，取得了他们的谅解与信任。不久保罗回到了故乡大数。

据说，公元43年，保罗应巴拿巴的邀请一起到安提阿去传教，从此，保罗就以“外邦人的使徒”的身份开始了他的传教活动，曾先后三次旅行向外邦人宣传福音，在小亚细亚一带建立教会，成为基督教教会实际奠基人之一。据本卷第十一章第26节记载：“门徒称为基督徒是从安提阿起首。”在这之前门徒们彼此互称“兄弟”“姐妹”，犹太人则常称他们为“拿撒勒教党”（第二十四章第5节），“基督徒”的称号是教外人给他们起的，目的是把他们和犹太教徒区别开来。时间大约是在公元43年，到2世纪初才成为一个通用的名称。这也反映了基督教是从犹太教脱胎出来的。

保罗第一次旅行传教的时间大约是公元45—48年。他与巴拿巴、马可一道从安提阿出发，先到塞浦路斯，然后到小亚细亚，再去耶路撒冷，参加了使徒们的会议，最后又返回安提阿。第二次旅行传教的时间大约是公元50—52年，由于是否带马可同行的问题，保罗和巴拿巴分道扬镳。保罗选择西拉为助手，先到叙利亚，又到特罗亚、撒摩特喇、尼亚波利、腓立比，渡海进入马其顿，在雅典与当地著名哲学家辩论，然后到了哥林多，在哥林多住了约一年半，回耶路撒冷，再回安提阿。第三次旅行传教的时间大约是公元 53—58 年，保罗先访问了加拉太、弗吕家，然后到了以弗所，在以弗所住了三年，又经哥林多来到耶路撒冷。在耶路撒冷，保罗遭到反对他的犹太人围攻，因为他是罗马公民，罗马驻军保护了他，把他送到该撒利亚保护性监禁了两年。保罗以罗马公民的身份要求上诉于该撒（即恺撒），遂于公元 60 年被罗马巡抚由海路押送罗马。保罗到达罗马后又被囚了两年（公元 61—63 年），这就是教会史上说的保罗的“罗马首次被囚”。

据说，公元 63 年保罗在罗马获释后，曾去过西班牙，然后经意大利返回小亚细亚探望他所建立的教会。公元 64 年，罗马皇帝尼禄迫害教会时，保罗再次被押送罗马，这就是教会史上所说的保罗的“罗马第二次被囚”。约在公元 67 年，保罗在罗马与彼得同时殉道。天主教会规定每年 6 月 29 日为保罗和彼得的瞻礼日。

教会声称，保罗曾先后给他在各地建立的教会写过很多信，其中有 14 封信被收入《新约全书》，称为“保罗书信集”（学者们对《希伯来书》是否保罗所写的意见不一）。这 14 封信按时间先后可分三组：第一组是保罗被囚以前写的，约在公元 51—58 年，计有《帖撒罗尼迦前、后书》、《哥林多前、后书》、《加拉太书》和《罗马书》；第二组是在首次被囚期间写的，约在公元 61—63 年，计有《腓利门书》、《各罗西书》、《以弗所书》、《腓立比书》；第三组是首次被囚以后写的，约在公元 63—67 年，计有《希伯来书》、《提摩太前书》、《提多书》、《提摩太后书》。保罗的这些书信，一般是由他本人口述、助手代笔的，他自己只在信尾签名及问候。保罗写这些书信的目的，是为了解决当时各地教会所遇到的问题，并阐述教义，是研究初期教会历史、信仰及神学思想发展的重要资料。

4. **主要神学思想**

本卷主要是一部教会史资料，但也包含着一些重要的神学思想：(1) 教会是上帝建立的，因为耶稣是弥赛亚；(2) 圣灵一直在指引、协助初期教会的工作；(3) 把圣灵与圣父、圣子同列，具有“三位一体”的初步概念；(4) 后世教会的一些“圣事”都可以在本卷中找到依据，如圣洗圣事（第二章第38—41节），坚振圣事（第八章第15—17节，第十九章第6节），圣体圣事（第二章第42、46节），神品圣事（第六章第1—7节，第十三章第2—3节）等。

（七）《罗马人书》(*The Epistle to the Romans*)

1. **书名与作者**

本卷全名为《保罗达罗马人书》，简称《罗马人书》，可见作者是保罗，不过是由德丢代笔的（第十六章第22节），收信人是在罗马的基督徒。关于这一点，教会圣经学家们似乎不存在很大争议。值得一提的是，当时罗马的基督徒按民族而论，有犹太人，也有外邦人，而且外邦人多于犹太人，这正是保罗写这封信的内在原因。保罗曾自称：“我立了志向，不在基督的名被称过的地方传福音，免得建造在别人的根基上。”（第十五章第20节）也就是说，他不肯到已经有人传过教的地方去传福音。当时罗马已经建立了教会，而且非常兴旺。保罗之所以一反常态，写信给罗马的基督徒作自我介绍，决心到罗马去传教，其原因就是罗马的基督徒中外邦人占多数，罗马又是当时政治、经济、文化的中心，影响极大。在这位“外邦人的使徒”看来，给罗马的外邦人传福音才是自己的最高使命。

据说本卷是保罗在哥林多传教时（公元57—58年）写的，约在1—2世纪之间成书。

2. **主要内容与神学思想**

保罗在本卷中宣称：“世人都犯了罪，亏缺了上帝的荣耀。”（第三章

第 23 节）因为亚当犯了罪，全人类都成了罪人，罪又产生了死亡，人类都难逃死亡。人类只靠自己的力量绝对不能得救，唯一的办法就是信心，依赖耶稣宝血的救赎而称义得救。也就是说，人得救不是靠人自己的行为，不是凭遵守了摩西律法，更不是凭人的智慧与学问，只能是用忠诚纯洁的信心，全心全意地信奉上帝。因为上帝只有一个，他不仅是犹太人的上帝，也是外邦人的上帝；受过割礼的犹太人可以因信称义，没受割礼的外邦人同样可以因信称义。只靠亚伯拉罕的血统不能获救，血统不是只有权利而无义务；犹太人和外邦人一样，不凭信心就不能得救。在基督以前，人类是罪恶的奴隶，不能自拔，因为“亏缺了上帝的荣耀”，自从有了基督，人类才能因上帝的仁慈，借着耶稣的救赎，摆脱罪恶的桎梏，得救重生。

“因信称义”不仅是解释《圣经》（特别是《新约》）的关键，而且是基督教神学的重要组成部分，甚至可以说是基督教神学的基础，正是这项教义使基督教脱离犹太教而成为独立的宗教。

3. 结构分析

本卷按章节次序划分，大致如下：

（1）序言（第一章第 1—17 节）：自我介绍并点出主题“义人必因信得生”。

（2）因信称义（第一章第 18 节至第八章）：人类在蒙受救赎之前，不分犹太人、外邦人，都是罪人；上帝使他们称义，拯救他们，不是借律法，而是凭信心；人称义之后自然与上帝和好，摆脱了罪恶，不再受摩西律法的约束，靠圣灵的引导就能得到永生。

（3）选民权利的问题（第九至第十一章）：上帝对选民始终是公义的，他信守盟约，但选民因拒绝弥赛亚而受到惩罚，实属咎由自取，但上帝选召之恩广大无比，将来必有一天，选民们会接受弥赛亚，得到救恩。

（4）论基督徒生活的伦理（第十二至第十五章第 13 节）：论圣徒的品

德；论国民的义务，在遵守上帝诫命的原则下，信徒有义务服从政府；要帮助软弱的弟兄，“上帝的国不在乎吃喝，只在乎公义、和平并圣灵中的喜乐”。

(5) 结尾（第十五章第14节至第十六章）：预告自己的工作计划，向一些知名信徒问安、祝福。

（八）《哥林多前、后书》（《格林多前、后书》，*The Epistle I and II to the Corinthians*）

1. 书名与作者

本卷全名为《保罗达哥林多人前、后书》，是使徒保罗前后写给哥林多教会的两封信。教会圣经学家们对此争议不大，但因为《哥林多后书》中前后两部分语气截然不同，第一至第九章语气轻松愉快，而第十至第十三章却严肃讥讽。所以有些学者对此产生了怀疑，认为不是出于一人之手。

2. 写信的原因

哥林多位于希腊南部，扼地中海海上东西交通要冲，不仅是文化、经济名城，而且以奢华淫荡、道德败坏闻名于世，所谓“哥林多生活方式”就是生活淫乱、放荡之意。哥林多以敬拜女神阿佛洛狄忒（Aphrrodite，维纳斯）而闻名，有宏大的神庙和大约2000名庙妓卖淫敬神，这些庙妓大多是社会上有地位的女人，社会风气如此，可见这是罗马帝国中道德最腐败的城市之一。大约公元52年，保罗第二次旅行传教时，在这里惨淡经营了18个月，居然建立起了规模可观的哥林多教会。

哥林多教会的信徒可能以下层社会成员为主（《前书》第一章第26—29节），也有些上层人士，有犹太人，但更多的是外邦人。由于环境恶劣、成分复杂，所以哥林多教会内部发生了许多矛盾，有派别之争，有教义之争，有伦理道德之争，也有礼仪律法之争等，甚至有人对保罗进行了人身攻击。保罗知道了这种情况，很是着急，但又不能亲自前去解决这些问题，只好写信给他们。圣经学家们根据本卷内容推论说，保罗先后给哥林多教会共写过四封信：

第一封信：《哥林多前书》第五章第9节说："我先前写信给你们说……"可见在《哥林多前书》之前曾写过一封信，不过这封信失传了。

第二封信：即《哥林多前书》。

第三封信：《哥林多后书》第二章第4节和第七章第8节说："我先前心里难过痛苦，多多地流泪，写信给你们……""我先前写信叫你们忧愁……"从内容看这里提到的这封信不像是《哥林多前书》，而是在《哥林多前书》以后写的另一封信，圣经学家们称之为"血泪书"。这封信也失传了。

第四封信：即《哥林多后书》。

教会学者们认为，保罗第三次旅行传教时（约在公元53—54年），在以弗所知道了哥林多教会所发生的问题，就写了《哥林多前书》。这封信的作用似乎不太大，保罗可能曾经亲自去哥林多作过调查研究，大约在公元57年春天回以弗所后又写了那封"血泪书"，让提多送去。后来，保罗在马其顿与提多会合，知道哥林多教会的问题解决得很圆满，大约公元57年秋天，在马其顿又写了《哥林多后书》。但一些学者认为这几封信都是在1世纪末成书的。

3. 内容与结构

这两封信都是针对哥林多教会的具体情况而写的，哥林多教会遇到的问题主要是与希腊文化、思想、习尚等的矛盾，所以本卷为研究初期教会生活情况提供了宝贵资料，在教义、伦理、礼仪、律法等方面也有重要价值。

(1)《哥林多前书》可分五部分：

第一部分（第一章第1—9节）是序言。

第二部分（第一章第10节至第四章）痛斥教会内部的党派之争。

第三部分（第五至第六章）痛斥教会内部存在的淫乱之罪，甚至有人乱伦，主张把这种人赶出教会；对于教会内部的矛盾，他认为应该在内部求得和解，反对教徒到法庭上去争讼。

第四部分（第七至第十五章）回答哥林多教会提出的问题：1）论守贞与婚姻；2）论祭品；3）论聚会时的礼仪；4）论恩赐，特别是“爱”的道理（第十三章“爱的颂歌”是著名篇章，是基督教的价值观和荣辱观）；5）论复活（是保罗关于“生命不朽”的神学思想）。

第五部分（第十六章）论信徒的捐献及问候、祝福。

(2)《哥林多后书》也可以分为五部分：

第一部分（第一章第1—11节）是序言。

第二部分（第一章第12节至第七章）解释自己的言行。

第三部分（第八至第九章）为耶路撒冷教会募捐。

第四部分（第十至第十三章第10节）针对敌人的诽谤为自己辩护。

第五部分（第十三章第11—14节）是问候及祝福。第14节的祝福词是教会历来礼拜仪式结束时的祝福词。

（九）《加拉太书》（《迦拉达书》，*The Epistle to the Galatians*）

1. 书名与作者

本卷全名为《保罗达加拉太人书》，可见写信人是使徒保罗，收信人是在加拉太的基督教。一些圣经学家认为本卷成书时间约在一二世纪。

加拉太人原属古代法国南部高卢人的一支，约公元前3世纪初逐渐迁入小亚细亚中部及南部并建立了加拉太王国。公元前25年，罗马帝国皇帝奥古斯都把原加拉太王国划入罗马帝国版图，成为加拉太皇帝省(Provincia Imperatoria Galatia)。保罗第一次旅行传教时（约公元45—48年）与巴拿巴在加拉太南部建立了不少教会，并选立了长老管理教会事务；第二次旅行传教（约公元50—52年）和第三次旅行传教（约公元53—58年）时都曾访问过这些教会。这封信很可能就是写给这些教会的。

2. 写信的原因

当时加拉太各教会中有些犹太主义保守派信徒主张“人得救不能只靠信仰耶稣基督，而且必须遵守摩西律法”。他们强迫非犹太籍信徒行割礼，而且攻击保罗不在十二使徒之列，诬蔑他是假使徒，他所传的福音不是真正的福音，煽动信徒反对保罗。保罗听说这种情况后，就写了这封信驳斥这些邪说。

3. 内容与结构

本卷与《罗马人书》、《哥林多前、后书》合称为保罗的“四大书信”，在教义论战方面与《哥林多后书》相似，在神学理论方面与《罗马人书》相似。

保罗在信中首先反复强调他具有真正合法的使徒身份，他是被上帝和基督亲自选召的，并经教会权威人士所承认：“那称为教会柱石的雅各、矶发、约翰，就向我和巴拿巴用右手行相交之礼，叫我们往外邦人那里去，他们往受割礼的人那里去。”（第二章第9节），因此，他所宣讲的福音也是“从耶稣基督启示来的”真正福音；然后针对犹太主义的邪说论述人称义得救不是靠摩西律法，而是靠对基督的信仰。因为“基督释放了我们，叫我们得以自由”，不再受摩西律法的“轭挟制”（第五章第1节）。全书可作如下分析：

（1）序言（第一章第1—5节）。

（2）为自己的使徒职权辩护（第一章第6节至第二章）。

（3）关于信仰与律法的辩论，“没有一个人靠着律法在上帝面前称义”，“义若是借着律法得的，基督就是徒然死了”，《旧约》律法只是“福音的先声”，既有了福音，就不用依靠律法了（第三至第四章）。

（4）论基督使人得自由，“全律法都包在爱人如己这一句话之内了”，

“我们若是靠圣灵得生，就当靠圣灵行事”（第五章至第六章第 10 节）。

（5）结论与祝福（第六章第 11—18 节）。

（十）《以弗所书》（《厄弗所书》，*The Epistle to the Ephesians*）

1. 书名与作者

本卷全名为《保罗达以弗所人书》，圣经学家们历来主张这是使徒保罗写给以弗所教会的一封信。

以弗所位于小亚细亚西部，当时是罗马帝国亚细亚行省的省会，控陆海交通的中枢，商业发达，与叙利亚的安提阿、埃及的亚历山大里亚并称为当时地中海东岸三大城市。以弗所也盛行“卖淫敬神”，当地居民为掌管生育的女神阿耳忒弥斯（Artemis）建造的神庙 Artemision 比雅典人祭祀雅典娜女神的巍峨堂皇的巴台农神庙（Parthenon）还要大四倍，是当时世界七大奇观之一，因此，以弗所、雅典、耶路撒冷被认为是当时罗马帝国的三大宗教中心。大约在公元 50—52 年，保罗第二次旅行传教时，在以弗所建立了教会，第三次旅行传教时（约公元 53—58 年）在这里居住过三年之久。据说使徒约翰和圣母马利亚都是在以弗所去世的（另有一种传说，圣母马利亚死于耶路撒冷），所以，以弗所很早就建立了圣约翰堂及圣母堂。公元 431 年，以弗所大公会议就是在圣母堂内举行的。

有些圣经学家根据本卷的文体、修辞和系统的神学观念，认为这不是保罗的作品，而是后人伪托之作。有人主张本卷成书于公元一二世纪。

2. 写信的原因

以弗所教会的处境非常复杂，经常受到异端邪说的挑战；有人否认耶稣是圣子，说耶稣只不过是一名先知；有人坚持遵守“旧约律法”及其节庆礼仪；有人宣传造化二元论等等。据《使徒行传》第二十章记载，保罗曾在米利都与以弗所教会的长老们会晤，警告他们说：“我知道我去之后，必有凶暴的豺狼进入你们中间，不爱惜羊群。就是你们中间也必有人起来说悖谬的话，要引诱门徒跟从他们。”后来果然发生了这样的事，于是保罗就写了这封信。

3. 内容与结构

《以弗所书》、《腓立比书》、《歌罗西书》、《腓利门书》被称为是四封“狱函”（“狱中书信”），因为保罗在这四封信中明确提到自己正在坐牢，而且有获释的希望。所以，圣经学家们推断说这四封信是保罗第一次在罗马被囚时写的。

有些圣经学家认为，本卷中没有个人问候及个人心情的叙述，似乎是写给以以弗所教会为中心的几所亚细亚教会的一封公开信。

本卷的中心思想与《歌罗西书》有密切联系，主要是阐明教会是基督的化身，基督是头，信徒是肢体，信徒在基督里“同为一体”，因此，书中多次使用“在基督里”、“在基督耶稣里”、“在他爱子里”等词。

本卷除首尾外，可分两大部分：

第一部分（第一章第3节至第三章）是教义部分，讨论基督救赎的奥秘，基督用自己的宝血作代价救赎人类，信徒在基督里与上帝和好，成为“上帝家里的人”。

第二部分（第四章至第六章第20节）是伦理部分，劝勉信徒凡事效法基督，在基督里成长，不可给魔鬼留地步，不要叫圣灵担忧，要遵行父母、儿女、丈夫、妻子、主人、仆人的本分，“穿戴上帝所赐的全副军装”与“恶魔争战”。信徒们要彼此保持“心灵合一”，因为信徒“同有一个指望、一主、一信、一洗、一上帝”。

（十一）《腓立比书》（《斐理伯书》，*The Epistle to the Philippians*）

1. 书名与作者

本卷全名为《保罗达腓立比人书》，是保罗写给腓立比教会的一封信。约在公元一二世纪成书。

腓立比位于马其顿东北部，是个繁荣的商业城市。这里的教会据说是保罗第二次旅行传教时建立的，是欧洲的第一所教会。《使徒行传》第十六章第9节记载说，保罗来到特罗亚，“在夜间有异象现与保罗，有一个马其顿人站着求他说：‘求你过到马其顿来帮助我们。’”于是保罗和西拉、提摩太、路加一同来到腓立比创建了教会。保罗和腓立比教会的关系最好，那里的信徒对保罗非常敬仰、非常顺服，努力协助他传教，不断从经济等方面分担他的困难。保罗在罗马被囚时，腓立比教会募集了一笔款项派以巴弗提到罗马去照料保罗，以巴弗提到罗马后不久，患了重病，病愈后保罗打发他回腓立比去，免得腓立比教会的信徒们挂念。以巴弗提回腓立比时，保罗写了这封信让他带给腓立比的教会。

2. 内容与结构

本卷语气亲切、热情洋溢，足以显示保罗与腓立比教会的亲密感情。由于写信时感情激动，信笔而写，结构上不十分讲究，话题多次转变，因而有些学者认为这封信实际上是两封或多封信剪辑而成的。

本卷不是专论神学的书信，更像是一封家信。信中多次使用“喜乐”一词，因此被称为“喜乐的书信”。保罗自称“靠主大大的喜乐”，即使为了基督的缘故而受捆锁，仍然喜乐，因为他学会了事事知足，在各种环境中都能全心信赖基督耶稣，耶稣就成了他喜乐的源泉。保罗自己是喜乐的榜样，也希望信徒们同他一起喜乐，劝勉信徒“以基督耶稣的心为心”，团结互助，虚心待人。“他本有上帝的形象……反倒虚己，取了奴仆的形象，成为人的样式……”（第二章第6—11节）这段经文后来被教会引申为“基督具有神人二性”神学命题的依据。

（十二）《歌罗西书》（《歌罗森书》，*The Epistle to the Colossians*）

1. 书名与作者

本卷全名为《保罗达歌罗西人书》，是使徒保罗写给歌罗西教会的一封信。成书时间约在公元一二世纪之间。

歌罗西是以弗所东边的一座商业城市，保罗并未到过那里。歌罗西的教会可能是保罗的门徒以巴弗创建的，大部分信徒是外邦人，他们并未见过保罗，但非常尊敬他。当时歌罗西教会和小亚细亚的其他教会一样，在神学方面遇到了一次异端的挑战。这种异端就是后来诺斯替教派的主张，当时流行于希腊、罗马，保罗称之为“理学和虚空的妄言”（第二章第8节）。他们主张基督并未肉身降世，不过是个理想的人物，神学中称之为“幻影说”。他们花言巧语地把保罗所传的福音与希腊宗教相混淆，竭力贬低基督的尊位，把他当作众天使之一。保罗第一次在罗马被囚时，以巴弗提亲自到罗马去探望保罗，并求他帮助解决歌罗西教会遇到的难题。于是保罗给歌罗西教会写了这封信。

2. 内容与结构

本卷除开头、结尾外，可分为两部分：

第一部分（第一章第15节至第二章）是阐述教义。保罗极力证明基督有崇高的品位，远远超越一切受造的天使之上，“是那不能看见之上帝的像”，是“首生的”，是“教会全体之首”，“既然借着他在十字架上所流的血成就了和平，便借着他叫万有，无论是地上的、天上的，都与自己（指上帝。——编者）和好了”。所以，基督是神人之间的中保，是人类的生命源泉。

第二部分（第三章至第四章第6节）是训诲部分。保罗谆谆告诫歌罗西教会的信徒，基督既是教会的元首，信徒都是教会的肢体，就应该尽自己作肢体的义务，在生活上弃绝一切恶习，“治死你们在地上的肢体”，“脱去旧人和旧人的行为，穿上了新人”，“无论做什么，或说话，或行事，都要奉主耶稣的名”。

第二章第8节写道：“你们要谨慎，恐怕有人用他的理学……和世上的小学，就把你们掳去。”有些学者认为，这里说的“理学”和“小学”

是指各种东方神秘宗教、自然崇拜和占星术等对早期基督教的影响，这种影响构成的思潮就是4世纪时流行于基督教中的诺斯替派，从而主张本卷中的某些部分应当是4世纪时的作品。

（十三）《帖撒罗尼迦前、后书》（《得撒洛尼前、后书》，*The Epistles I and II to the Thessalonians*）

1. 书名与作者

本卷全名为《保罗达帖撒罗尼迦人前、后书》，是使徒保罗写给帖撒罗尼迦教会的两封信。教会认为成书于公元51—52年之间，是“保罗书信”中成书最早的两卷。因为在希腊古德勒非发现的石碑证明，公元50年左右时，迦流作亚该亚省方伯（即省长。——编者）。据《使徒行传》第十八章第12—17节记载，他曾在哥林多审问过保罗。因为保罗曾在哥林多住过一年零六个月，故而作出上述推论。

帖撒罗尼迦（今名萨洛尼卡）当时是马其顿行省省会，是个港口城市，商业、交通都很发达。保罗第二次旅行传教时到达此地，建立了教会。只过了几个月，保罗由于犹太人的迫害不得已离开帖撒罗尼迦到庇哩亚去，但保罗和这里的教会始终保持着良好的关系。

圣经学家们对《帖撒罗尼迦前书》的作者问题争议不大，但对《帖撒罗尼迦后书》的作者问题的争议很难解决。因为《帖撒罗尼迦后书》与《帖撒罗尼迦前书》差别太大，似乎不是出于一个人的手笔，不但风格、语气、用词不同，而且对末世论的讨论也不相同。所以有些学者认为《帖撒罗尼迦后书》不是保罗的作品，写作时间似在耶路撒冷城被毁（公元70年）之前不久。

2.《帖撒罗尼迦前书》写作的原因与内容

保罗被迫离开帖撒罗尼迦后，对那里的教会放心不下，就从雅典打发提摩太去探望。约公元51年提摩太在哥林多向保罗报告了帖撒罗尼迦教会的情况，消息有好有坏：好的方面是信徒们在受迫害受歧视的环境中仍能遵守保罗的教导，坚持“信、望、爱”；坏的方面是有些信徒恶习未改，而且游手好闲，不务正业，对最后审判的日子有误解。于是，保罗就写了这封信。

《帖撒罗尼迦前书》可以分为四部分：

（1）回忆在帖撒罗尼迦相聚的日子（第一章第2节至第二章第16节）。

（2）离别后的心情（第二章第17节至第三章）。

（3）劝告（第四章至第五章第11节）：要“成为圣洁、远避淫行”，要“立志作安静人”，“亲手做工”；“主的日子来到好像夜间的贼一样”，所以要“警醒”，耶稣“亲自从天降临”、死人复活的日子快到了。

（4）勉励（第五章第12—22节）。

3.《帖撒罗尼迦后书》写作的原因与内容

从内容来看，保罗的第一封信在帖撒罗尼迦教会中被一些别有用心的人曲解，特别是有关“主的日子”的论述，竟成为一帮游手好闲的人的借口，整日“什么工都不做，反倒专管闲事”。于是保罗就给他们写了第二封信，纠正他们的错误理解，并严责那些“不按规矩而行”的人，强调指出“若有人不肯做工，就不可吃饭”的著名原则，曾被马克思所欣赏。

4. 价值

有些神学家称本卷是“仰望、儆醒、等候”的书信。保罗在信中既有安慰鼓励，又对“主的日子”反复地作了解释，并劝勉信徒们要彼此相爱，行事端正，努力行善，不住地祷告，常常喜乐，圣洁自守，等候主的再来。

（十四）《提摩太前、后书》（《第茂德前、后书》，*The Epistle I and II to Timothy*）

1. 书名与作者

本卷全名为《保罗达提摩太前、后书》，是使徒保罗写给他的门徒提摩太的两封信。成书时间约在一二世纪。

“提摩太”的意思是“敬畏上帝的人”。提摩太生于小亚细亚的路司得，父亲是希腊人，母亲是犹太人。保罗第一次旅行传教时，路过路司得，提摩太和母亲、外祖母一道受洗入教，成为热心的青年信徒；保罗第二、第三次旅行传教时，就挑选他作为自己的助手。约公元 65 年，保罗把提摩太留在以弗所，并祝圣他为以弗所的主教；约公元 67 年，保罗第二次在罗马被囚时，曾写信召他去做伴。据说保罗殉道后，提摩太返回以弗所，约于公元 97 年殉道，天主教会规定每年的 1 月 24 日为其瞻礼日。

自 18 世纪以来，《提摩太前、后书》与《提多书》被称为“牧函”(Pastoral Epistles, 亦称“会牧书信”)，因为这三封信的主要内容都是讨论牧养信徒、管理教会的问题。

2.《提摩太前书》写作的原因及内容

保罗祝圣提摩太为以弗所的主教以后，走到马其顿，对提摩太很不放心，于是写信嘱咐他如何管理教会，如何处理教会内的人事、教政等问题。第一章论如何反驳各种异端，“打美好的仗”，保存“福音真道”；第二章论祈祷与妇德；第三章论监督、长老、执事应当具备什么条件；第四章是论假学士的危害，驳斥伪善的禁欲，强调自我完善，做众人的楷模；第五章论传道人如何对待教会中的各种人；第六章是各种劝勉。

3.《提摩太后书》写作的原因及内容

从内容来看，保罗写这封信的目的似乎是要提摩太赶快到罗马去和他见面。当时保罗第二次在罗马被囚，可能觉得自己已经没有获释的希望，将不久于人世，渴望和提摩太再见最后一面，所以写信召他去罗马。据说这是保罗写的最后一封信，因而又称之为“保罗的遗嘱”。保罗在信中诉说了自己内心的痛苦和所受的磨难，勉励提摩太鼓起勇气，“作基督的精兵”，为基督忍受一切。第一章论传福音要有热心和勇气；第二章论基督徒应该忍耐，避免无谓的争辩和空谈，做无愧的工人；第三章论应如何对付未来的磨难以坚持信仰，战胜异端；第四章论如何宣讲福音。

（十五）《提多书》（《第铎书》，*The Epistle to Titus*）

1. 书名与作者

本卷全名为《保罗达提多书》，是使徒保罗写给门徒提多的一封信。约成书于一二世纪。

提多的事迹不见于《使徒行传》，只散见于"保罗书信"中。提多是希腊人，没有受过割礼，可能是保罗亲自为他施洗的，所以称提多为自己的"真儿子"。公元 48 年，保罗与巴拿巴去耶路撒冷开宗教会议时，曾带提多同去。保罗第三次旅行传教时曾两次派提多到哥林多教会执行任务：第一次是去解决哥林多教会内的党派之争，第二次是为给耶路撒冷教会募捐。后来提多曾跟随保罗在革哩底岛（即克里特岛）传教。天主教会规定每年 2 月 6 日为提多的瞻礼日。

2. 写信的原因及内容

保罗要提多到尼哥波立去见他，所以才写了这封信。信的内容与《提摩太前书》差不多，主要是嘱咐他如何管理教会，所以也被称为是一封"牧函"。第三章第 4—7 节被称为保罗的神学纲要，解释圣父、圣子、圣灵在"救赎工程"中的所作所为，是暗示"三位一体"的道理。一些圣经学家认为书中所论的教会问题大多数在教会已经发展到一定阶段时才有可能提出的，因而认为本卷不是保罗写的，而是由较晚时期的人撰写的。

（十六）《腓利门书》（《费肋孟书》，*The Epistle to Philemon*）

1. 书名与作者

本卷全名为《保罗达腓利门书》，是使徒保罗写给歌罗西教会的一位信徒腓利门的信。

腓利门可能是歌罗西的一位富有的信徒，因为他拥有奴隶，而且为教会提供了房子。

2. **写信的原因及内容**

腓利门有一个奴隶名叫阿尼西母，逃亡到罗马，受保罗的感化皈依了基督。当时保罗正被囚在监中，原想留下他帮助自己，但为了尊重腓利门，就打发他回歌罗西原来的主人那里去。保罗亲笔写信给腓利门，要求他收留阿尼西母，不但不要惩罚他，还应该像"亲爱的兄弟"那样接待他，因为他是保罗在"捆锁中所生的儿子"（指在监狱中接纳的信徒），"你若以我为同伴，就收纳他，如同收纳我一样"。腓利门听从保罗的意见收留了阿尼西母。据说，阿尼西母后来当了以弗所教会的主教。

3. **价值**

本卷是保罗四封"狱函"之一，只有25节，是保罗书信中最短的一封，虽然是一封私人信件，但因信中涉及了奴隶问题而具有重要的社会价值。当时的社会制度是奴隶制，奴隶没有人权，只是会说话的工具。基督教主张上帝是全人类的圣父，在上帝面前没有奴隶与自由人的区别，初期教会主张解放逃亡奴隶，《腓利门书》就是证明，这是一项具有重要进步意义的社会改革和进步。所以有人说《腓利门书》是"教会解放奴隶的宣言书"，是研究早期基督教对待奴隶制度的态度的主要资料之一。

（十七）《希伯来书》（*The Epistle to the Hebrews*）

1. **作者**

本卷虽被列入"保罗书信集"内，但圣经学家们对作者问题争论极大。本卷是用典雅、优美的标准希腊文写成的，被称为是《新约》中的"希腊文学杰作"，远远超出了保罗的希腊文水平，书信中的语气、用词等也与保罗所写的其他书信不同，而且开头也没有保罗写信时惯用的问候语，所以一些学者认为这封信是由另外一个人代笔记录的。至于代笔人是谁，则众说纷纭，其中可能性最大的是亚历山大里亚出生的犹太人亚波罗，因为他“是有学问的，最能讲解圣经”（《使徒行传》第十八章第24节）。3—4世纪时的神学家奥利金甚至说：“《希伯来书》的作者是谁，只有上帝知道。”圣经学家们一般承认本卷成书在公元1世纪末（约公元96年），但收入《新约圣经》则较晚，到公元4世纪时，教会才承认本卷为保罗的作品。

2. 收信人

本卷中大量引用《旧约》经句、典故和礼仪，而且采用犹太经师的解经法，学者们推断这是专门写给犹太籍基督徒的一封信。至于是写给什么地方的犹太基督徒，则意见分歧，可能性最大的是巴勒斯坦。

3. 写信的原因

公元1世纪中叶巴勒斯坦的教会面临着几方面的挑战：犹太教徒反对他们，奋锐党因他们不积极反抗罗马政府也反对他们，再加上耶路撒冷教会的首脑亚勒腓的儿子雅各于公元62年殉道之后教会缺乏坚强的领导，一些犹太基督徒经受不住各方面的压力，不得已而采取调和折中的办法，企图将基督教与犹太教合而为一，认为这样既能保持对基督的信仰，又能摆脱罗马和犹太政教双方的压力。为了解决这种危机，就产生了这封信。

4. 内容

本卷是论述基督教与犹太教的关系，将上帝与人类之间的“旧约”与“新约”进行比较，指出“新约”已经取代了“旧约”；耶稣基督是“新约”的中保，亲自做大祭司，用自己的血作祭品，远远超过了“旧约”中的任何祭司与祭品；教徒们应该坚定信心，万万不可背弃他，人没有对耶稣基督的信，“就不能得上帝的喜悦”；“信、望、爱”是基督徒最美好的灵性生活。

（十八）《雅各书》（《雅各伯书》，*The Epistle of James*）

1. 作者

从4世纪起，教会圣经学家们才普遍认为本卷作者是十二使徒中的亚勒腓的儿子雅各，而不是西庇太的儿子雅各，因为西庇太的儿子雅各早在公元44年就殉道了，但也有人主张作者是耶稣的兄弟雅各。关于本卷的写作时间，学者们意见也很不一致：有人认为它是最早的一封使徒书信；有人主张写于1世纪中叶，因为亚勒腓的儿子雅各于公元62年殉道了；也有人主张写于1世纪末。本卷被收入《圣经》的时间则较晚。马丁·路德曾因为本卷主张"人称义是因着行为，不是单因着信"，认为是反对"因信称义"，从而反对把本卷列入《圣经》。

2. 收信人

第一章第1节称这封信是写给"散住十二个支派之人"，可见是写给侨居在巴勒斯坦以外的犹太基督徒的。

有些圣经学家把《雅各书》、《彼得前、后书》，《约翰一、二、三书》、《犹大书》合称为"七公函"。"公函"（Catholic Epistles，亦称"通函书信"）有"公开信"的意思，因为收信人是全教会或几个教会，而不是专给某一教会或某一个人的信。这七封"公函"在《新约》文学中自成一体，含有浓厚的训导意味，教义部分比例较小，大部分是论述伦理道德。由于这几封信反映了当时信徒的生活状况、教会遇到的异端派的挑战，以及教会领袖们为对付这些问题而采取的措施等，所以，它们具有重要的史料价值。

有些圣经学家认为，把这七封信都作为"公函"并不恰当，如《约翰二、三书》就是写给一个教会和个人的。有的圣经学家认为，把这七封信统称为"公函"是为了与保罗的其他的书信相区别等等，说法不一。

3. 写信的原因及内容

雅各听说一些信徒只注意信仰的理论而忽视了实际行动，因而行为不检，道德堕落，于是写信纠正他们对道德与信仰脱节的错误观念，并勉励他们要勇于忍受来自各方面的苦难。有人认为本卷的主要思想和耶稣的“登山宝训”很相似。

本卷有三个明显的主题：(1) 当以试炼为喜乐，真正的喜乐在于忍受患难、贫穷及试探。要行道，不要单听道（第一章第2—25节）；(2) 真正的虔诚不在于语言而在于行动，“信心没有行为就是死的”，“自己有信心，却没有行为，有什么益处呢”，“人称义是因着行为，不是单因着信”，不要重富轻贫“按外貌待人”，要制服自己的口舌（第一章第26节至第三章第12节）等等，显示了早期基督教会下层群众的感情；(3) 真正的智慧是“清洁和平、温良柔顺、满有怜悯、多结善果、没有偏见、没有假冒”，制服私欲，“人若知道行善却不去行，这就是他的罪了”。

此外，第五章第14—15节“……奉主的名用油抹他，为他祷告……”后来成为天主教和东正教关于终傅圣事的依据。

（十九）《彼得前、后书》（《伯多禄前、后书》，*The Epistles I and II of Peter*）

1.《彼得前书》

《彼得前书》中写明这是使徒彼得在巴比伦（暗指罗马）写给小亚细亚各教会的一封信。由于本卷的希腊文水平相当高，有些圣经学家认为它不是彼得的亲笔信，可能是西拉代笔的（第五章第12节）。多数圣经学家认为《彼得前书》应写成于一二世纪。

大约公元63—64年间，彼得在罗马听说小亚细亚各教会的信徒不断遭受犹太人和教外人的迫害，就写了这封信去安慰他们，鼓励他们，坚定他们的信心，教导他们如何做人，观点与保罗书信相似。

本卷除开头和结尾外，可分为四部分：

第一部分（第一章第3节至第二章第12节）劝勉信徒过真正的基督徒的无瑕疵的生活。

第二部分（第二章第13节至第三章第12节）解说信徒间应该如何相处，“你们都要同心，彼此体恤，相爱如弟兄，存慈怜谦卑的心”。

第三部分（第三章第13节至第四章）劝勉信徒以基督为榜样忍受一切苦难，“为义受苦也是有福的”，“若为基督的名受辱骂，便是有福的”；耶稣“按着肉体说他被治死，按着灵性说他复活了。他借这灵曾去传道给那些在监狱里的灵听”，这段内容后来被教会作为“炼狱”的依据；“万物的结局近了”，显示了当时教会中存在的“末世论”思想。

第四部分（第五章第1—11节）训导做长老的要尽牧者的责任，做群羊的榜样；年轻人要顺服年长的，一般信徒要以谦逊的态度彼此相待。

2.《彼得后书》

关于《彼得后书》的作者及年代，圣经学界争议甚大，因为《彼得后书》与《彼得前书》的风格完全不同，而且《彼得后书》中讨论的问题似乎是1世纪末的普遍现象，那时彼得早就殉道了。所以有人认为《彼得后书》是彼得死后的伪托之作，成书于2世纪中叶或末叶，是《新约》中出现最晚的一卷；也有人解释说：《彼得后书》与《彼得前书》风格不同是代笔人不同的缘故，但写信人仍然是彼得等等。

收信人仍然是小亚细亚的几处教会。可能是写信人知道那里信徒的处境日趋恶化，不但受政府当局的迫害，而且教会内部又有假师傅（像假先知一样）妖言惑众，制造思想混乱，所以才又写了这第二封信。

“这两封信都是提醒你们，激发你们诚实的心……”（第三章第1—2节）。第一章是劝勉信徒当在各种德行上求进步，注重实际生活；第二、第三章是驳斥假师傅的谎言谬论，包括对保罗所写“一切的信”的曲解，这表明写这封信时，“保罗书信”已经流行了。信中为解释“主的日子”（即末世审判）而提出了“主看一日如千年，千年如一日”的神学命题。

（二十）《约翰一、二、三书》（《若望书信》，*The Epistles of John*）

《约翰一、二、三书》中虽然没有写明作者的名字，但圣经学家们根据信中的思想、风格、用词等与《约翰福音》相似，推断为使徒约翰的作品（有些学者则认为《约翰二、三书》是长老约翰的作品）。成书时间约在2世纪上半叶。

1.《约翰一书》

没有一般书信的格式，即没有提及写信人、收信人及问候与祝福。有些圣经学家推测，这可能是写信者托人将这封信带给某一教会，请他们看完后交其他教会传阅，是一封“公函”。

第一、第二章论“上帝是光”：“光”代表公义、真理、信实、圣洁。第三、第四章论“上帝是爱”：“我们若彼此相爱，上帝就住在我们里面”，“没有爱心的，就不认识上帝”。第五章论“上帝是生命”：“人有了上帝的儿子就有生命，没有上帝的儿子就没有生命”，“耶稣是上帝的儿子”。

从内容来看，作者写这封信的原因是看到当时信徒受到一种邪说的迷惑，所以写信劝勉他们谨守上帝的诫命，特别是“彼此相爱”的诫命，相信耶稣是上帝的儿子就能“胜过世界”。至于信中驳斥的邪说，可能是指“敌基督”的人，他们不承认耶稣是弥赛亚、是上帝的儿子。“谁是说谎话的呢？不是那不认耶稣为基督的嘛！不认父与子的，这就是敌基督的。”也有人主张信中说的异端邪说是指当时盛行于以弗所一带的纵欲主义。

2.《约翰二书》

这是最短的一封信，只有13节，开头说“写信给蒙拣选的太太和他的儿女”，此处“太太”（天主教《圣经》汉译作“主母”）是指某一教会，“儿女”指其信徒。从内容看，作者可能打算到那个教会去访问，先写这封信通知他们。这封信的内容好像是《约翰一书》的提要，主要是劝勉信徒遵守“彼此相爱”的诫命，警惕那些“不认耶稣基督是成了肉身来的”敌基督者，不要接待他们。

3.《约翰三书》

这封信也很短，只有 15 节。信中说“写给亲爱的该犹”，可能是一封私人信件。信中表扬了该犹款待“为真理做工”的“客旅”，并谴责一个名叫丢特腓的人滥用职权，“他自己不接待弟兄，有人愿意接待，他也禁止，并且将接待弟兄的人赶出教会”，同时还表扬了一个叫底米丢的人的善行。本卷反映了早期教会有义务接待过路的基督徒的会社式习惯，是重要的教会史料之一。

(二十一) 犹大书(《犹达书》, *The Epistle of Jude*)

本卷虽然只有 25 节，但有头有尾，有写信人、收信人，有问候词和祝福，是一封完整的信件。成书时间约在 2 世纪中叶。

写信的人自称是“耶稣基督的仆人，雅各的弟兄犹大”。圣经学家们认为这位雅各可能就是曾经任耶路撒冷主教的亚勒腓的儿子雅各，而且只有十二使徒才自称是“耶稣基督的仆人”。所以这个写信人就是十二使徒之一又名达太的犹大。天主教会规定每年 10 月 28 日为他的瞻礼日。也有人认为写信人是耶稣的兄弟犹大。

收信人是“那被召在父上帝里蒙爱、为耶稣基督保守的人”，可能是泛指一切信徒。但从本卷内容来看，作者一再引证《旧约》，甚至有两次引用犹太民间传说——“伪经”，可见收信人应该是犹太籍基督徒。而且写信人自称是“雅各的弟兄”，似乎收信人对雅各很熟悉、很尊重，这一点也可以作为上述推断的佐证。

写信的原因和信的内容：犹大可能知道了信徒们受到假先知和异端邪说的蛊惑，就写信为真道竭力辩护，揭穿假先知的谎言，断言他们必受上帝的惩罚；勉励信徒坚持真正的信仰，在“信、望、爱”中求得永生。

本卷内容与《彼得后书》很相似，甚至有些地方完全雷同，可知两者一定有彼此参照的关系。一般圣经学家都认为本卷写作时间在前，《彼得后书》写作时曾参考过它。本卷是研究初期教会的重要资料，它反映了当时放纵情欲的异端已成为教会的一种威胁。

本卷有两次引用“伪经”，即“天使长米迦勒为摩西的尸首与魔鬼争辩”（第9节）可能是引自《摩西升天录》；“亚当七世孙以诺”的预言（第14—16节）可能是引自《以诺书》。有些圣经学家据此而对本卷的经典地位提出了异议。

（二十二）《启示录》（《若望默示录》，*The Revelation of John*）

1. 名称与内容

《启示录》的原文（希腊文）的意思是：“揭示直到现在人们还不知道的一种秘密。”本卷第一章第1节就指出：“耶稣基督的启示，就是上帝赐给他，叫他将必要快成的事指示他的众仆人。”也就是说，耶稣向门徒们所启示的乃是从上帝而来的真理，即耶稣是最大的君王和最后的审判者。所以，本卷内容有不少与《新约》其他经文极相似的部分，如耶路撒冷被毁，耶稣再次降临，再次降临的先兆等，不过本卷是用启示文学体裁写成的，是用象征、比喻、神秘的数字等来表现上述主题并引申、解释这些主题。本卷居于《圣经》之末，似乎是作为全部《圣经》的结尾，结束了上帝对人类的公开启示。

本卷又似乎是一封长信，收信人是小亚细亚的七个教会，这七个教会实际上是指全世界的教会，因为“七”是个圣数，具有完整的意思。公元1世纪中叶，初期教会曾面临两方面的挑战：一是顽固的极端犹太主义，一是罗马帝国的政治迫害。为了坚定教徒们的信仰，鼓励他们振作起来为信仰而战斗到最后胜利，就产生了这封公开信。有些学者因此称本卷为“战争教会的安慰书”。

2. 作者与年代

本卷作者是使徒约翰，历来对此争议不大，但对写作年代的意见相差甚远。教会圣经学家们认为本卷是公元70年耶路撒冷被毁后的作品，是使徒约翰被流放到拔摩岛上写成的，时间约在公元96年。但恩格斯对本卷作了充分研究以后指出："它大概是在67年6月和68年1月或4月之间写出的。"书中充满了犹太人对罗马帝国的强烈的民族仇恨，也证明作于"犹太战争"期间。

3. 内容结构

虽然不少圣经学家都认为本卷结构严谨、布局完整、段落分明，但在如何分析方面仍有些不同意见，大致可作如下分析：

（1）序言（第一章第1—8节）。

（2）写给七个教会的七封信（第一章第9节至第三章）。

（3）有关世界末日的异象（第四章至第十九章第10节），共分五组：七印、七号角、七异兆、七金碗、基督与大巴比伦（指罗马）的战争。

（4）基督与教会的最后胜利（第十九章第11节至第二十二章第5节）。

（5）结束语（第二十二章第6—21节）。

4. 主要神学思想

本卷被认为是《新约》中的先知书，是《新约》中最难讲解的一卷，如同《旧约》中的《雅歌》一样。书中充满了神秘的异象、比喻、数字等，如何理解、解释、宣讲这些异象，历来是教牧人员很伤脑筋的事，所以很少有人用本卷来作传教题目。

圣经学家们历来对《启示录》的研究与解释有许多不同的观点和方法，大体上可以归纳为四种：（1）往事解释法：认为本卷是初期教会与罗马帝国的斗争记录，书中叙述的灾难就是尼禄皇帝的镇压和基督徒的反抗。大部分预言已成为历史的陈迹，和未来世界关系不大。持这种观点的人实际上是否认本卷中的预言成分。（2）历史预言解释法：认为本卷是预言世界和教会历史的书，有的已经应验，有的正在应验，有的将要应验。（3）寓意解释法：认为本卷是用比喻、异象等来表现重大的属灵的真理，是一部寓言书，不具有历史意义。(4) 将来预言解释法：认为书中的大部分预言都是指未来的事，是世界末日的事。

有些圣经学家认为《启示录》是基督教神学的宝库和鼓励教会的安慰书。他们认为，本卷的重点就是基督——获得完全胜利的上帝的羔羊——最后战胜了撒旦，并使他的教会也最后战胜这个“地狱的三位一体”，基督徒是最后的“胜利者”。本卷详细描述了耶稣基督的形象，他是“上帝的羔羊”，他就是上帝。羔羊在地上被杀，但在天上享有无上尊荣、永远活着的真神。本卷深刻地描写了善恶之间的斗争，魔鬼的势力虽能猖獗一时，但最终必然灭亡，以“羔羊”为代表的善是最后的胜利者，肯定基督再来的应许必定实现，以坚定信徒的信仰。

总之，《圣经》的中心思想是基督的救赎：《旧约》是救赎的预言与许诺，《福音书》是救赎的许诺应验在耶稣基督身上，《使徒行传》与使徒书信是阐明救恩借圣灵的引导遍及普天下，《启示录》则是预言基督完成救赎大业后必将再来，使人类进入一个“新天新地”。如果承认《创世记》是人类救赎史的开端，那么，《启示录》就是救赎史的完成，尽管这还是一种预言。

第三章　圣经故事

一、苦难降临人间

《圣经》开头讲的是天地万物都是耶和华上帝创造的，上帝创造了陆地、天空、海洋、植物、动物等，最后又照着自己的形象创造了人。第一个男人名叫亚当，意思是“人”，第一个女人名叫夏娃，意思是“众生之母”。

上帝为亚当和夏娃建造了一座美丽的果园——“伊甸园”，让他们在这里生活得幸福快乐，无忧无虑。上帝嘱咐亚当：“园子里树上的果子你们都可以随便吃，但是你们千万不能吃园子中央那棵知识树上的果子。如果吃了那果子，你们就必定死。”

世界上的第一个男人和第一个女人就这样过起了幸福美满的生活。

一天，一条狡猾的蛇问夏娃：“上帝真的不许你们吃园子中央那棵树上的果子吗？”

“是啊，园子里所有树上的果子都可以吃，只有一棵树除外。上帝说过，我们不能吃园子中央那棵树上的果子，也不许摸它，不然，我们就会死。”夏娃答道。

狡猾的蛇笑了笑，低声说：“你们不一定死！”

夏娃听信了蛇的话。她走到那棵树下。果子已经熟透，十分诱人。她摘下一个吃了，觉得香甜可口，就又摘了一个给亚当。他们吃下果子以后，马上看到自己赤身露体、一丝不挂是何等的罪过和可耻。一切都变了。过去，在舒适惬意的伊甸园里，他们最幸福的时刻就是在园中漫步，同上帝交谈；而现在，他们感到羞愧和恐惧，躲避着上帝。

上帝呼叫他们："你们在哪里？"

亚当回答："我在这里。因为我赤身露体，不敢见你，就藏了起来。"

"你们是不是吃了知识树上的果子？"

"是夏娃给我吃的。"

"你知道你闯了多大的祸吗？"上帝追问夏娃。

"那条蛇骗了我！"

上帝生气地对亚当说："由于你们的罪，世界被败坏了。你必终生劳苦才能获得食物；你必艰辛耕种、汗流满面才能糊口。"

于是，亚当和夏娃被赶出了令人留恋的伊甸园。一位天使手执发出火焰的宝剑把守在那里，不准他们重返伊甸园。

亚当对上帝的背叛成为人类罪孽的根源，世代相传，全人类在上帝面前都成了罪人。这就是基督教所说的"原罪"。

离开伊甸园以后，又过了些日子，亚当和夏娃生了两个儿子：大儿子叫该隐，小儿子叫亚伯。该隐种田，亚伯牧羊。

一天，该隐用水果作祭品给上帝献祭，亚伯则敬献了一只小羊羔。上帝对亚伯的祭品很满意，却不喜欢该隐的祭品。该隐又扫兴又生气。上帝责备他说："你为什么生气呢？如果你做得好，我怎能不悦纳你的供物呢？"

该隐对亚伯的妒忌越来越深。一天，他找茬儿同亚伯打架，把他杀死在田野里。

"你弟弟亚伯呢？"上帝问该隐。

"不知道，难道我是守护他的吗？"该隐狡赖道。

"你弟弟的血从地里向我喊冤，你应该受到惩罚。"上帝揭露了该隐。

从此，该隐成了"骨肉相残"的典型，他不得不额头上带着杀人凶手的记号到处流浪。

由于亚当的背叛，罪孽和不幸就这样同时降临人间。《圣经》讲述的就是人类怎样解脱这些罪孽与不幸。

二、洪水灭世

亚当的叛逆所犯下的罪孽在世界上蔓延开来。上帝后悔不该把人造出来，要把这败坏了的世界消灭掉。但是世上还有一个义人——挪亚，上帝很喜欢他。

一天，上帝对挪亚说："挪亚，这世界太邪恶了，我必须使它重新洁净起来。我要你赶快造一只大船。等船造好了，你就带着你的妻子、三个儿子还有他们的妻子都搬进去。我要降一场洪水，把船外所有的生灵都毁灭掉。"

上帝告诉挪亚怎样造船（这船就叫"方舟"），告诉他准确的尺寸下料，教他怎样安排三层舱面、船舱、窗口和船门的结构。方舟造成后，挪亚和全家人都搬进方舟，并把足以维持好几个月生活的食物都搬了进去。上帝又从地上一切有气息的活物中每种拣选了1—7对进入方舟。

一切都准备就绪后，大雨来了。

暴雨连续下了40天，洪水越涨越高，直到把最高的山都淹没了。方舟随水漂流，里面的人和动物都安然无恙，而外面的一切生物全都淹死了。

雨停了，洪水却一直不停地打着旋儿在大地上流淌，过了150天洪水才慢慢地退了下去，高高的山顶又看见了。最后，方舟停靠在亚拉腊山顶。

又过了40天，挪亚打开了方舟的窗口，放出一只乌鸦去探看水势。乌鸦飞来飞去，直到洪水从陆地上退干为止。挪亚又放出了一只鸽子去。鸽子找不到落脚之地，就飞了回来。又过了7天，挪亚再次把鸽子放了出去。这一次，它衔着一片新拧下来的橄榄树叶回来了。又等了7天，挪亚第三次把鸽子放出去，它再也没有返回来。挪亚就知道陆地上的水退了。上帝这才吩咐挪亚带着家人和所有的活物离开了方舟。后来，鸽子和橄榄枝就成了和平、安全的象征。

在这片新的洁净的土地上，挪亚做的第一件事就是建立一座祭坛献燔祭表示对上帝的感恩，这使上帝非常高兴，答应挪亚不再发洪水来毁灭世界了，只要世界存在，播种与收割、寒冷与炎热、夏天与冬天、白天与黑夜便周而复始地永远不会停止。作为许诺的象征，上帝答应把彩虹安置在云彩里。

三、上帝的朋友——亚伯拉罕

在古城吾珥，也就是在今天伊拉克的土地上，有一个人名叫亚伯兰，就是后来叫做亚伯拉罕的人。他周围的人都信奉异教之神，只有亚伯兰敬拜唯一真神耶和华上帝。因此，他离开了这座敬拜偶像的城市，向北走了很远的路，来到哈兰。哈兰坐落在贯通东西方贸易的大道上。

在哈兰，上帝指示亚伯兰离开自己的家园和亲友，到一个指给他的地方去。亚伯兰并不知道这个地方在哪里，但是，出于对上帝的服从和信赖，他就带着妻子撒莱和侄子罗得，还有一大群奴仆、骆驼和牛羊上路了。

他们不停地走了一些日子。最后，上帝指引着他们来到迦南。蒙上帝的祝福，他们在迦南变得非常富有，拥有许多奴仆和牛羊。可是后来遇上了麻烦，牛羊找不到足够的水和草。

为争夺最好的水源和草地，亚伯兰的牧工和罗得的牧工发生了争吵。亚伯兰就对罗得说："我们不要这样相争，面前的土地辽阔得很，你愿意朝哪里走都行。你向左，我就向右，你向右，我就向左。"

罗得不让亚伯兰先选择，他早就看中了约旦河谷整片富饶的草原以及所多玛和蛾摩拉两个城邑。他非常贪婪，要把这片土地据为他和他的家族所有，因此就决定迁移到那里去。

这样，亚伯兰和罗得就分了手。上帝安慰亚伯兰说，整个迦南地总有一天会属于他的子孙后代，而且，他的子子孙孙将繁衍不息，多得会像海边的沙粒和天上的星星。天下万族都会因他们而得福。

过了很久，一天傍晚，亚伯兰正在帐篷门前闲坐，忽然看到三个陌生的过路人朝他走了过来。他跑上前去，向他们表示了东方人常见的好客的热情。他帮他们洗净沾满尘土的双脚，并把食物摆在他们面前。这些神秘的客人给他带来一个奇怪的信息。他们受上帝的差遣来告诉他，所多玛和蛾摩拉两个城邑太邪恶了，上帝很厌恶它们，决定用大火把它们烧毁。于是亚伯兰想起了罗得。

他请求上帝，为了那里可能还有好人而饶恕这两个城邑。如果那里有50个好人，上帝能饶恕吗？上帝答应了。亚伯兰又想起，由于这两个草原城邑的邪恶，那里或许找不到50个好人。如果只有45个好人，上帝会宽恕吗？上帝再次答应了。如果只有40个呢？亚伯兰请求着。30个呢？20个呢？ 10个呢？怎么样？亚伯兰请求了一次又一次，上帝每次都答应了他的祈求。

天哪！事实上竟连10个好人都找不出来。亚伯兰从他的宿营地就可以看见远处从天而降的大火落在这两个如此邪恶的城邑里。它们的名字直到今天还被当作笑柄。但是罗得怎么样了呢？

其中两个天使找到罗得，大声对他说："赶快逃命！不要回头，也不要在草原上的任何地方停留，跑到山上去，不然会被大火烧死的。"于是，罗得和他的妻子以及两个女儿一起朝山上逃去。但是罗得的妻子偏偏停了下来，回头一看，她立刻就变成了一根盐柱，因为她违背了上帝的旨意。这个过去如此贪婪和愚蠢的罗得就这样失去了他所有的一切。

亚伯兰却依然繁荣兴旺。他对上帝的忠诚是如此之深，以至于后来被人们称为"上帝的朋友"。

亚伯兰和他的妻子都老了，但还没有儿子。有一天上帝告诉他，他们将要生一个儿子，要给他起名叫以撒。上帝还告诉他，从此以后，亚伯兰的名字要改为亚伯拉罕，撒莱的名字要改为撒拉。

“以撒”的意思是“喜笑”。我们完全可以想象得出，以撒降生时，亚伯拉罕和撒拉一定是幸福地放声大笑，以撒是个可爱的孩子，一定会长成一个出众的小伙子。他们很宠爱他。一天，亚伯拉罕在心里听到上帝的声音：“带上你宠爱的以撒，到我指给你的山顶上去，把他作燔祭献给我。”

在远古时期，用活人献祭并不是稀罕的事。人们总想把自己最喜欢的东西献给上帝。但是，亚伯拉罕也许反复思量过，自己是否听错了。上帝怎么会向他索取这样一个奇迹般降临在他们晚年的孩子呢？如果以撒必须这样死去，上帝的应许将怎样来兑现呢？

然而，亚伯拉罕始终不渝地服从自己心中上帝的声音。一天凌晨，亚伯拉罕备好驴子，劈好燔祭用的木柴，带着以撒和两个年轻的男仆，朝着上帝指示的那座山走去。

走了三天，他们来到了山前。亚伯拉罕吩咐两个仆人在山下看守驴子，他把木柴交给以撒，自己手拿燃着木炭的火钵和一把刀，两人朝山上走去。

他们吃力地爬着山，以撒问亚伯拉罕：“父亲哪，火与木柴都有了，但献燔祭用的羊羔在哪里呢？”亚伯拉罕的心该是多么难受啊！他回答说：“我的孩子，上帝自己会预备一只羊羔的。”

他们终于爬到了山顶。亚伯拉罕搬石头筑起祭坛，摆好木柴，然后把以撒捆起来，放在木柴上。正当亚伯拉罕举起刀子要完成燔祭之礼的时候，突然听到天上传来上帝的声音：“亚伯拉罕，亚伯拉罕，不要对这孩子下手，也不要碰他。现在，我知道你是真心侍奉我了，因为我要你把自己的独生爱子献给我，你都心甘情愿。”亚伯拉罕喜出望外，马上给以撒松开了绳子，就在这时，亚伯拉罕看见一只公羊两角给树丛夹住了，就捉来杀了代替以撒作燔祭。亚伯拉罕就给这地方起名叫“耶和华以勒”，意思是“耶和华自有安排”。

四、愚蠢的交易

以撒长大了，和妻子利百加生了一对双胞胎。长子叫以扫，次子叫雅各。孪生兄弟通常在许多地方都很相像，而这兄弟俩却大不一样。以扫的皮肤发红，汗毛很长，爱好到田野和森林里去打猎。雅各却很平常，喜欢待在家里陪伴母亲。以扫很受父亲宠爱，因为他常常打一些父亲爱吃的野味回来，而利百加却喜欢雅各。

一天，雅各在家里熬红豆汤，这时以扫正好打猎归来。他饥渴难忍，就对雅各喊道：“快给我盛碗红豆汤，我快要渴死了。”雅各看见机会来了，马上说道：“行啊，不过你得把你的长子权卖给我。”

“我都要渴死了，”以扫回答道，“如果我死了，长子权对我还有什么用！”雅各说：“发誓吧，我给你喝的，你把长子权换给我。”就这样，一种不可思议的交易做成了，愚蠢的以扫为了一碗红豆汤，竟发誓卖掉了自己的长子权。

光阴荏苒，以撒已年老体衰，两眼昏花。他觉得自己活不多久了，就让以扫带上弓箭去打些他爱吃的野味来吃。他告诉以扫，打猎回来就为他祝福。

这些话被利百加听到了。她担心以撒给以扫祝了福，雅各就有可能分不到遗产。因此她想出了一个狡猾的计谋。她宰了一只羊羔，亲手为以撒做好了美味，让雅各冒充以扫给以撒送去。“怕不行吧，”雅各说，“以扫浑身长满了毛，而我的皮肤却是光滑的。要是父亲摸着我，必然以为我是个骗子。我就会招来诅咒而得不到他的祝福。”利百加早已胸有成竹。她给雅各穿上以扫的衣裳，又把羊羔皮套在他的手臂和脖颈上，让他端着自已做好的美味走进以撒的住室。

“父亲！”雅各走到以撒面前。“你是哪一个，我的儿子？”瞎了眼的老人问他。“我是以扫，你的大儿子。”雅各撒谎说，“我已照你的吩咐做了。请你坐起来吃我打的野味，然后好给我祝福。”

“你怎么这么快就打到了？”以撒问他。“是上帝给我的好运气。”雅各又撒了谎。“朝我走近点，”以撒说道，“让我摸摸你，看你是不是以扫。”他摸了摸雅各的手臂和脖子，然后说，“声音是雅各的声音，手却是以扫的手。”

以撒还闻到了以扫衣服上的泥土味，这样他就完全被利百加的花招蒙骗了。吃罢“野味”，他就把本应该给以扫的长子祝福给了雅各。

雅各刚离开他的父亲，以扫就打猎回来了。他做好可口的野味，送到以撒的面前。“你是谁？”以撒问道。“怎么啦？我是以扫，你的长子。”以扫回答。老人听清后，很是不安。“在你之前来我这里的那个人是谁呀？”老人叫道，“我已经为他祝了福，再也不能收回了。”

以扫明白了，是雅各背叛了他，不禁失声痛哭：“也为我祝福吧，父亲。”“你的兄弟用诡计骗走了你的福分。”“这不正应了他的名字的意思吗（‘雅各’意思是‘抓住’）？他已经两次抓走了我的东西。他骗走了我的长子权，现在又骗走了我的福分。父亲啊，你就没有留下一些可为我祝的福吗？”

于是，以撒也为以扫祝了福，但是与雅各相比，就像荒芜的沙漠和富饶的草原相比一样。为了报复，以扫决心在父亲死后杀死雅各。

利百加知道后，就劝雅各躲起来，直到以扫消了气。她找了个借口，说服以撒把雅各打发到她的遥远的老家哈兰，去投奔她的哥哥拉班。

雅各垂头丧气地一个人踏上了漫长的北去哈兰逃亡之路。他要遭遇到许多稀奇古怪的事情以后，才能重返故乡。

五、雅各的梦

雅各跋涉在尘土飞扬的路上，途中要在许多地方停下来过夜。一次，他用一块石头作枕头，拉紧身上的斗篷便睡着了。他做了一个美妙的梦。

他梦见自己躺在一架梯子旁边，梯子直插云端，矗立在那里。天使们踏着梯子上上下下。雅各在梦中听到上帝站在梯子顶上对他说："我是你祖父亚伯拉罕的上帝，也是你父以撒的上帝。你躺卧的这块地方，我要赐给你和你的后裔。你的子孙必像地上的沙尘那样多，遍及东西南北。世上的万族必因你和你的子孙而得福。我要与你同在，不管你走到哪里，我都保佑你。我还要把你领回这里来，完不成对你的许诺，我不会离开你。"

雅各醒后说道："上帝真的就在这里，而我竟然不知道。"他对这个美好的梦充满了惊奇和敬畏。"这是个多么令人敬畏的地方啊！"他大声赞叹道，"这里一定是上帝的殿，也是天的门。"

他把枕过的石头立起来作圣柱，以标记他做了这样一个好梦的地方，并给这个地方起名叫"伯特利"，意思就是"上帝的殿"。雅各向上帝许愿说，如果这个梦应验了的话，他将从上帝所赐的财物中拿出十分之一来献给上帝。

雅各确信，上帝在这个奇特的梦里真的给他许诺来鼓励他。雅各继续赶路，他感到很高兴，什么也不怕了。

六、雅各与拉结

雅各走得筋疲力尽，磨破了双脚，终于碰到一伙牧羊人。他们正站在一口井前，等着给羊饮水。井口上压着一块巨石，使水保持干净。雅各问他们这是什么地方，使他高兴的是，这里就是哈兰——他的目的地。

雅各问牧羊人是否认识拿鹤的儿子拉班。他们都说跟他很熟，还告诉他说那个赶着羊走来的就是拉班的女儿拉结。雅各跑上前去，把压井的石头转到一边，帮拉结饮羊，并告诉她，自己是她的表哥。拉结赶紧跑回家去告诉了父亲拉班。

拉班听说外甥来了，非常高兴，赶紧跑出来把雅各领进自己的家中。

雅各在拉班家里很受欢迎，他作为客人住了一个多月。之后，他就帮着舅舅干起活来。拉班有两个女儿，大女儿叫利亚，小女儿叫拉结。利亚的眼睛没有神气，不漂亮；拉结却生得美貌俊秀。雅各深深地爱上了拉结。

一天，拉班对雅各说："虽说我们是亲戚，但是让你白白地帮我干活，太不公道了。你想要多少工钱？"雅各马上回答说："舅舅，如果你把拉结给我做妻子，我愿意服侍你 7 年。"

7 年是很难熬的，白天要忍受太阳的烤晒，夜晚要忍受刺骨的寒冷，还会遇到不少意外的危险，何况拉班又是个很难伺候的主人。但是，雅各为了拉结熬过了 7 年。他对拉结的爱情使得这 7 年就像几天一样。

7 年过去了，拉班按照许诺给雅各完婚。但是他欺骗了雅各，就像雅各以前欺骗哥哥以扫那样。那时的婚礼，新娘的头被蒙得严严实实的，新郎看不清新娘的脸。婚礼过后，新娘撩开面纱，雅各才发现，他的新娘竟然是利亚，而不是拉结。

雅各很生气，他质问拉班：

"我服侍你 7 年，难道不是为了拉结吗？你为什么欺骗我？"

狡猾的舅舅早已想好了理由：

"让小女儿先出嫁是不合我们这地方的规矩的。这样吧，7 年以后，我把拉结也嫁给你，你再给我干 7 年活，怎么样？"

拉班知道雅各很爱拉结，就设好圈套让雅各为自己再出 7 年力。雅各真的又干了 7 年——共干了 14 年——因为他太爱拉结了。

七、雅各的儿子们

雅各娶了利亚和拉结以后继续和岳父拉班住在一起。

雅各爱拉结胜过爱利亚，经常与拉结同住而冷落了利亚。利亚失宠，就求告上帝。上帝使利亚怀孕生子。那时候女人生孩子，特别是生男孩子，是很光彩的事，不生育则是莫大的缺点。利亚生了个儿子，感到很自豪，她说："这是上帝怜悯我，使我生了一个儿子，如今我丈夫必然爱我了。"于是她给孩子起名叫"流便"，意思是"我生了一个儿子！"

不久，利亚又生了第二个儿子，她高兴地说："上帝听见我因失宠而祷告，又赐给我这个儿子。"于是她给孩子起名叫"西缅"，意思是"听见了"。

利亚又生了第三个儿子"利未"。"利未"的意思是"依恋"，因为利亚认为："我给丈夫生了三个儿子，他必依恋我了。"

过了不久，利亚又生了第四胎，她高兴地说："我为此而赞美上帝！"于是给第四个儿子起名叫"犹大"，意思是"赞美"。

利亚生了四个儿子，提高了在家族中的地位，很受人尊敬。拉结非常嫉妒利亚，但自己不生孩子，没有办法，可又不甘心，于是就把自己的使女辟拉给雅各做妾，让辟拉替她生孩子。

辟拉果然生了一个儿子，给拉结出了一口气。拉结高兴地说："上帝也听了我的请求，让辟拉替我生了一个儿子，出了我的气。"于是给孩子起名叫"但"，意思是"出气"。

辟拉又生了第二个儿子，拉结喜出望外地说："我与姐姐相争，这一来我得胜了。"于是给孩子起名叫"拿弗他利"，意思是"相争"。

利亚见辟拉替拉结生了儿子，自己的家族中的地位受到了挑战，便也把自己的使女悉帕给雅各做妾。不久悉帕也生了一个儿子，利亚高兴地说："好极了！"便给孩子起名叫"迦得"，意思是"万幸"。

悉帕又生了第二个儿子，利亚兴高采烈地大喊道："我太有福了，所有的女人都要称赞我有福！"于是给孩子起名叫"亚设"，意思是"有福"。

后来，利亚又生了第五个儿子，起名叫"以萨迦"，意思是"报酬"，因为她把大儿子流便在田里采来的风茄（一种草药。——编者）送给拉结，拉结把丈夫让给利亚同宿生子，从而得到了报酬。

过了不久，利亚又生了一个儿子，她感谢上帝说："这是上帝赐给我的厚赏，我已经生了 6 个儿子，丈夫必定看重我了。"于是她给孩子起名叫"西布伦"，意思"看重"。

拉结见利亚和悉帕接连给雅各生了 8 个儿子，而自己却不生育，就不断地哀求上帝。上帝顾念她，让她生了一个儿子。拉结万分高兴地说："上帝终于除去了我的羞耻！"但她还不满足，希望上帝再给她增添一个儿子，便给孩子起名叫"约瑟"，意思是"增添"。

过了几年，当雅各带领全家返回迦南地后，拉结又怀了孕，生下一个儿子，自己却因难产而死了。弥留时，她给孩子起名叫"便俄尼"，意思是"苦命的孩子"。雅各认为这个名字不吉利，便给他改名叫"便雅悯"，意思是"幸运儿"。

这样，雅各有两妻两妾，共生了 12 个儿子，他们的后裔发展成为 12 个支派，共同组成了以色列民族，雅各的这 12 个儿子后来就被称为以色列民族的 12 列祖。

八、雅各重返迦南

雅各善于放牧，同他那狡猾的舅舅拉班打交道时也很精明，这使他逐渐拥有了大批的牛羊和奴仆。

拉班和他的儿子们对雅各的财富开始嫉妒和抱怨。雅各当机立断：他该返回迦南了。

雅各带领着一大队人畜离开了哈兰，沿着熟路向迦南行进。雅各有充分的理由感到自豪与高兴，但有一件事使他高兴不起来；他害怕哥哥以扫的报复。以扫还在生他的气吗？雅各觉得在冒险回家前，最好先打听清楚。

他向以扫住地派去了信使，告诉以扫上帝是怎样使他在哈兰兴家立业的，并且希望以扫不要再生他的气。使者带回令人担忧的消息，以扫带着400人迎着雅各过来了。

雅各害怕极了，但他没有后退，他想出了一个办法。他把这一大帮人畜分成两队，一队在前，一队在后。如果以扫一怒之下杀了前队，后队还来得及跑掉。他接着祈祷，请求上帝保护女人和孩子。

他挑选出一大批牲畜作礼物，又分成若干小群。他对负责赶每群牲畜的人说："如果以扫遇到你们，问你们是什么人，朝哪里去，就告诉他，你们是雅各的人，这些牲畜是他送给他哥哥以扫的礼物。"接着，他让群与群之间都拉开长长的距离，依次出发。当然他的用意是想在他哥哥心目中逐步造成个好的印象，以平息他的怨恨。

雅各有条不紊地依次送走给以扫作为礼物的牲畜和其余的两队人畜，涉过雅博河，最后，只剩下他独自一人留在河的这边，天就黑了。

从夜幕中走来一个人同雅各摔跤，直到天亮。这个神秘的对手发现自己不能取胜，就用手撩了一下雅各的大腿窝，雅各的腿就扭了筋。可是雅各毫不退让，紧紧抓住他的对手不放。

"放开我，天要亮了。"神秘的对手大声说。

"你叫什么名字？"

"雅各。"

"从今以后不要再叫雅各了。你要改名叫以色列。因为你是与神角斗的力士，你与神角斗都胜利了。"

"你是谁？"雅各反问他。

“何必问我呢？”那个神秘的人说完便给雅各祝了福，走了。

于是，雅各给这地方取名叫“毗努伊勒”，意思是：“我面对面地见了上帝，而且还保住了我的性命。”

雅各改名叫以色列以后，他的子孙便称为以色列人，或以色列家。这就是以色列的起源。

天亮了，雅各涉过雅博河，在对岸等待他的竟然是以扫。以扫怒气全消，跑上去迎接雅各，亲热地拥抱他。兄弟两个流着眼泪，重归于好。

雅各回到迦南，第一件事就是修筑圣坛祭祀上帝，感谢上帝在伯特利对他的许诺全部应验。雅各曾经在那里梦见了天梯，而且听到上帝从天上对他说的话。当地的土著迦南人因为他们来自东方的幼发拉底河（《圣经》中称之为“大河”），所以称他们为“希伯来人”，意思是“来自大河彼岸的人”。

九、约瑟被卖

雅各最宠爱的儿子约瑟 17 岁了，而且能够帮助哥哥们放羊了。他的几个哥哥品行不太好，约瑟常把他们的不端行为报告给父亲，所以他们很恨他。雅各还特别为约瑟做了一件彩色花外衣。按当时的习惯，只有最受宠爱并被立为继承人的儿子才能穿戴这种彩衣。这样一来，哥哥们就更恨约瑟了。

约瑟做了两个梦，天真的孩子把他做的两个怪梦说给哥哥们听。在第一个梦里，他和哥哥们在田里捆庄稼，他捆的捆直直地站立着，而他哥哥们捆的捆都围拢过来，朝他捆的那个捆下拜。在第二个梦里，他梦见了太阳、月亮和 11 颗星星一齐向他下拜。

那时，梦常常被看作将来某个时候必然要应验的征兆，他的哥哥们不可能看不出这两个梦预示着什么。“难道你真的要做我们的主人来管辖我们吗？”他们生气地对他说。就连雅各也责备约瑟说：“你做的是些什么梦啊，我的儿子！难道你认为我和你的母亲还有你 11 个弟兄都真的要向你低头下拜吗？”

尽管约瑟的哥哥们非常忌恨约瑟，雅各还是纳闷，上帝是否真的在这两个梦里向他预示了什么。

几天以后，约瑟的 10 个哥哥踏上了遥远的路途去寻找牧场。他们计划最远要走到大约 50 英里之外的示剑。过了些日子，雅各对约瑟说：“我想打发你到示剑去，看看你的哥哥们和羊群是不是都平安无事，然后回来给我报信。”这可是一件危险的使命，约瑟不能指望受到哥哥们的热情款待，但他还是勇敢地说：“好的，父亲，我去！”

约瑟来到示剑，哥哥们不在那里。他找来找去，有个人问他找什么：“找我的哥哥们，你能告诉我他们在哪里吗？”那人回答说：“他们从这里向前走了。我听见他们说要到多坍去。”

约瑟又到多坍去找。哥哥们从远处看见了他，便互相嘀咕：“那个做梦的来了，动手吧！咱们杀了他，再把他扔进坑里或别的什么地方。我们就可以告诉父亲说野兽把他吃了。我们倒要看看，他的梦怎样结局。”

大哥流便不忍心下手，就说：“不能这样。我有个更好的主意：咱们不要杀他，把他扔进坑里不管他算了。”流便的主意使得约瑟保住了性命。

约瑟走到哥哥们那里后，他们就把他那件使他们非常恼火的彩衣扒掉，把他丢进一口多年不用、已经干涸的井里。然后，他们坐下来，饱餐约瑟带来的食物。

就在他们大嚼食物的时候，有一帮赶着骆驼到埃及去做买卖的以实玛利商人路过这里。四哥犹大想出了一个主意，他对弟兄们说：“把我们的兄弟弄死有什么好处呢？他毕竟是我们的同胞。咱们把他卖给路过这里去埃及的商人吧。”弟兄们都同意了——当时流便恰好不在，大概是到最远的羊群那里照料去了。

约瑟被拉了上来，以20块银币卖给了来自米甸的几个商人。不久，流便回来了，但是已经晚了，约瑟已经被带走了。他非常难过，不知该怎么办才好。他的弟弟们却知道该怎么办：他们杀了一只羊羔，用羊血把约瑟的彩衣涂染起来，然后，又撕出一道道口子。

他们回到家里，把那件撕破了的血迹斑斑的彩衣拿给雅各看。“我们捡到了这件衣服，你看看是不是约瑟的。”“这是我儿子的外衣！”雅各痛哭着说。“野兽把他吃掉了，吃掉了！”可怜的老人悲痛万分，他撕裂自己的衣服，腰间围上麻布，哭泣着说：“我不想活了，我要到阴间去找我的儿子！”

十、从“地狱”到“天堂”

埃及法老的护卫长波提乏正好从奴隶市场上走过，一个年轻英俊的以色列奴隶引起了他的注意。这奴隶昂首站在那里，四下张望着，没有一点害怕的样子。他就是约瑟。

那位以实玛利商人看到护卫长对这个奴隶产生了兴趣，就要了一个高价。波提乏竟付了钱，把约瑟领回家中，让他做了自家的仆人。

波提乏不久发现，约瑟做什么事都井井有条，既能干又老实，于是就委派他当了总管家，把全部家产都交给他管理。不久，女主人见约瑟生得英俊，对他生了邪念，但约瑟敬畏上帝，忠于主人，拒绝了女主人的勾引。女主人恼羞成怒，反诬约瑟要强奸她。波提乏听信了老婆的谎话，非常生气，就把约瑟关进了监狱。

约瑟在监狱里如同在波提乏的家中一样“幸运”，因为上帝再次与他同在。狱官很器重他，把监狱里的囚犯都交给他管理。

那时监狱里还有两名重要犯人——法老的酒政和膳长。一天早晨，约瑟走进他们的囚室，发现两人满面愁容。“你们今天为什么这么不高兴？”

他问他们。两人告诉他一件很奇怪的事。

夜里，两人各做了一个关系到他们命运的怪梦，非常害怕。“把你们的梦告诉给我吧。”约瑟劝他们，“我愿意请求上帝帮助我给你们解梦。”

酒政先讲了自己的梦，约瑟立即就给他解出来：三天之内，法老就使他官复原职。膳长也讲了自己做的梦。天哪，这可是个不祥之兆。约瑟告诉他，三天之内法老必斩他的头。

膳长垂头丧气，酒政却愁容顿消，约瑟对他说：“你回到王宫后，请不要忘掉我。求你在法老面前替我说几句公道话，让他放我出监。告诉他我是从希伯来人之地被拐来的，没有做任何应该被关进监狱的坏事。”

但是，酒政官复原职之后却把约瑟的嘱托忘记了，没作任何努力解救他。直到两年之后，出了一件事，才使他想起了狱中的约瑟。

法老，全埃及之王，一天夜里做了两个百思不得其解的梦。第二天早晨，他派人把全埃及所有自称会圆梦的人都找来，但是，没有一个人能解是吉是凶。这时酒政才想起约瑟来。

他对法老说：“我犯的罪至今还记得。两年前，陛下降罪于我，连同膳长一起投入监狱。一天晚上，我们都做了个怪梦。第二天早晨，司狱的一个年轻的希伯来男仆分别把我们的梦解了出来。果然一切都按他圆解的应验了。我官复原职，膳长上了断头台。”

于是法老召见约瑟。那天监狱里引起了多大的轰动啊！给约瑟剃头、刮脸、洗脚、换上了干净的衣服，才把他带到法老面前。

法老对约瑟说：“我做了两个梦，可没有人能讲解。我听说你会圆梦。”约瑟回答说：“我只能传达上帝的旨意。”

法老告诉约瑟：“我梦见我站在尼罗河边，忽然从河里上来七头膘肥体美的牛到岸上吃草。随后又上来七头牛，瘦骨嶙峋，一副饥饿难忍的样子。在全埃及的土地上，我从来没见过这样丑陋的牛。我看着那七头瘦牛将那七头肥牛吞了下去，可还是那么瘦。这时我就醒了。我接着又做了一个梦，这一次，我梦见一颗麦子长出七个穗子，茁壮饱满。接着又长出了七个穗子，枯萎干瘪，还被东风吹焦了。这七个枯萎的穗子把七个肥硕的穗子吞了下去。我把这些全部告诉给了埃及的术士们，但他们都没有能解出这是什么梦。”

约瑟告诉法老：“这两个梦实际上是一回事。上帝已经向你预示了在埃及将要发生的事。七头肥牛和七个饱满的穗子代表七个丰年，那七头又瘦又饿的牛和七个干枯的穗子是七个荒年。埃及将有七年的好收成，全国堆满了粮食，紧接着是七年可怕的饥荒，粮食奇缺，人们将不再记得那七个丰年。梦重复出现意味着事情必然发生而且就在眼前。”

约瑟接着告诉法老应该采取什么措施。他说，法老应任命一个聪明而又谨慎的人，让他治理全埃及。在法老的领导下，再给他一些官员来协助他收购七个丰年中剩余的粮食并储存起来。这样，到那七个荒年来临时，人们就不会饿死了。

法老觉得这个监狱里的囚犯说的话既可信又明智。他同意将约瑟提出的办法并立即付诸实施。

但是，在偌大的帝国里，到哪里去寻找能够完成如此重任的人呢？

十一、一人之下，万人之上

约瑟在给法老圆梦、告诉他该怎么对付的时候，法老感到上帝真的与约瑟同在。“我们还能到哪里去找这样一个充满上帝的圣灵的人呢？”他问他的大臣们，然后又对约瑟说：“既然上帝把在埃及即将发生的事情都指示了你，再也没有像你这样合适而又精明的人了。我要让你掌管我的国家，我所有的臣民都要听命于你，只有坐在御座上的我在你之上。”

法老从自己的手指上摘下代表权力的戒指给约瑟戴上，这是法老在法令上加印用的。他亲自给约瑟披上细麻布衣裳，把象征位极人臣的金项链戴在他的脖子上，又把自己的副车赐给他。这样，约瑟就成了埃及的宰相，他那时才 30 岁。

约瑟马上着手办公。他亲自视察全国，建立了遍及埃及的储粮系统，在七个丰年之中，把能够征集的粮食全部储藏起来。

随后，果然发生了七年可怕的饥荒，埃及与邻国都颗粒未收。别的国家到处是饿殍载道，但在埃及人人都有饭吃。只要有人向法老求粮食，法老就说："去找约瑟，照他的指示办。"约瑟就把粮食卖给百姓，并注意按人口适量分配。据说，这是历史上第一次实行分配制度。

不久，别的国家响起一片呼声："埃及有粮食！"接着，各国的饥民组成长长的骆驼队，骑着毛驴，甚至还有许多人步行，长途跋涉，穿过尘土飞扬而又炎热的土地，到埃及来求购粮食。他们都必须去找约瑟——那个初来埃及还是奴隶，可现在已是一人之下，万人之上。

十二、埃及有粮

埃及有粮的信息传遍了遭受饥荒的地方，连在迦南地的雅各也听到了。

"你们站在那里面面相觑有什么用呢？"雅各对儿子们说道，"到埃及去籴些粮食来，我们就不至于饿死了。"

于是雅各只把最小的儿子便雅悯留下，打发其余的 10 个儿子到埃及去买粮。10 兄弟踏上了南去的遥远路程。

他们到了埃及，像所有的人一样，必须先去见约瑟。他们走到约瑟的面前，伏地下拜，不敢抬头。约瑟的梦应验了。约瑟认出了他们，但他们没有认出他来。

约瑟佯装用严厉的声音同他们说话。"你们从什么地方来？"他问道。"从迦南来籴粮食。"他们回答。"你们是奸细！你们是想来窥探我国的实情。"约瑟故意恫吓他们。

“我们都是好人，不是奸细。”他们连忙分辩说，“我们有12个弟兄，最小的留在迦南我父亲那里。还有一个兄弟，不过他已经不在人世了。”

约瑟想看看他们对“死去”的兄弟是否感到内疚，就对他们说：“要我相信你们不是奸细，只有见到你们提到的那个最小的兄弟，我才会相信你们的话。你们派一个人回去领他，其余的人要关在监狱里。”

他们在监狱里等了三天，不知该怎么办。约瑟想起家里的父亲和家人还在挨饿，就对他们说：“我要留下你们中间的一个，囚在监狱里做人质。其余的人可以带着粮食回去解救家里的饥荒，然后把你们最小的兄弟给我带来，以证实你们的诚意。”

约瑟的哥哥们用希伯来语相互抱怨说：“想想我们当年怎样对待约瑟的吧，现在报应了。他那时请求我们放他走，我们都拒绝了他。我们对不起他！”流便说道：“我不是给你们说过不要伤害他嘛，而你们执意不听，现在该遭报应了。”

他们以为约瑟不懂希伯来语，哪里知道，约瑟全听明白了。约瑟退进卧室，想起他们的残忍，不由得落下眼泪。然后，他出来挑出西缅，让人当着其他人的面把他捆绑起来。约瑟打发9个哥哥返回迦南，让他们的牲畜都驮满了粮食，而且，他吩咐仆人暗暗地在每个人的粮袋里都放上了购粮的银子，又发给了他们路上吃的食物。

在第一次歇脚时，有个弟兄解开粮袋拿草料喂驴，发现买粮食的银子装在口袋里，不禁喊到：“快来看！我买粮的银子又回到口袋里了！”其他的人都跑到自己的粮袋前，发现他们的银子也都在里面，一个个目瞪口呆，惊恐万分，不知道又有什么灾难降临到他们头上了。

他们到家后，向雅各诉说了一切：他们怎样被当成奸细，那位大官怎样要见便雅悯而把西缅扣作人质，他们又怎样发现购粮的银子回到了口袋里的事。

雅各悲痛欲绝：“天啊，难道要把我的孩子都夺走吗？！约瑟失踪了，西缅回不来了，现在你们又要带走便雅悯。我做了什么孽啊！”

流便恳求父亲，让他们把便雅悯带到埃及去。“把他交给我吧，”他说道，“我担保他平平安安地回来。”“不行，便雅悯不能跟你们去，”雅各执意不肯，“他哥哥死了，就剩下他一个，万一有个好歹，我会心疼死的。”

十三、合家团圆

买来的粮食快要吃完了。“再去埃及籴些粮食来吧。”雅各吩咐他的儿子们。

“那个大官再三吩咐我们，除非把便雅悯带去，他是不会见我们的。”雅各的四子犹大提醒他的父亲。

犹大再次恳求雅各允许便雅悯和他们一块儿去，并诚恳地答应要照管好这个孩子。

最后，在饥饿的逼迫下雅各不得已同意了。他让儿子给那位大官带点礼物和双份的银子，上次可能是搞错了。

便雅悯随着哥哥们到了埃及，来到他几乎不认识的哥哥面前。约瑟吩咐先把他们都带进他的官邸等候发落。10 兄弟担心是粮袋里银子的事犯了，可约瑟的大管家告诉他们不必担心，把银子看成是上帝的恩赐就行了。他接着又把西缅带来交给他们。

约瑟办完公事回到家中，他们就把父亲的礼物送给他，伏地下拜。“你们的父亲好吗？”约瑟开口问道，“他还健在吗？”他们回答说，他们的父亲活着而且很健康。“这是你们的小兄弟吗？”约瑟问道。他又对便雅悯说：“愿上帝保佑你，我的孩子。”

约瑟见了便雅悯不禁动了手足之情，只好退进卧室，不由得哭了一场。然后他又走出来，请他的兄弟们用饭。约瑟坐的是一张单桌，因为埃及人不和希伯来人共餐。有两件事让兄弟们很诧异：他们的座次是按长幼排列的，约瑟把自己餐桌上的饭菜分给他们，给便雅悯的特别好。

约瑟又吩咐管家把他们的粮袋装得满满的，再把购粮的银子放进每一个人的粮袋里。“把我的银杯放在最小的那个人的粮袋里。”

第二天早晨，11个兄弟动身回家，但没走多远就被约瑟的管家追上了。“你们为什么偷走我主人的银杯？”他质问他们。

“天啊！”他们惊讶地喊道，“我们决没有干这种事。如果在谁的粮袋里找到银杯，就叫他死，其余的人都做你主人的奴仆。”管家先从流便开始搜查，依次查到便雅悯的粮袋，使他们惊恐万分的是，银杯就在便雅悯那里。

他们沮丧而又不解地被带回约瑟的官邸，俯伏在约瑟面前。犹大代表兄弟们说：“我们能说什么呢？怎样才能证明我们是清白的呢？无论怎样惩罚，我们只有唯命是从。”

“不”，约瑟说，“我只惩罚偷了杯子的那个人，其余的可以回家了。”约瑟大概是想看看，他们会不会舍弃便雅悯，就像他们舍弃他那样。

然而，他们已经接受了教训。犹大对约瑟说：“我们是不得不请求了父亲，才让便雅悯跟我们来的。如果不把他带回去，父亲会悲痛而死的。我答应过照管好这个孩子，就让我代他受罪吧。假如弟弟回不去，我不忍心看见父亲的哀痛。”

约瑟再也控制不住自己了。“我是约瑟！”他说出了自己的身份，“就是你们卖到埃及的那个兄弟。但你们不要为此感到难过，因为是上帝送我先来这里，以他的大慈大悲拯救你们的生命。赶快回到父亲那里去，告诉他约瑟还活着，而且是全埃及的宰相。你们将住在与我邻近的牧羊之地歌珊，我将供给你们一切度过剩下的五年饥荒。”

法老听到这个消息非常高兴，命令准备一队特别车辆给雅各运送食物和礼物，并把雅各和他的眷属都接到埃及来享受荣华富贵。

弟兄们回到迦南，立即告诉雅各这个特大喜讯：“约瑟还活着，而且是全埃及的宰相。”雅各起初不相信他们的话，但他看到接他的车队，便相信了。“这是真的！我儿约瑟还在世上。趁我还活着，我要去见他一面。”

雅各和他的家眷共70人一起动身。上帝在路上对雅各说：“你到埃及去不要害怕，因为我要使你在那里成为大家族。我要与你同行，而且必将把你领回迦南。”

约瑟乘着车到歌珊迎接父亲。这是多么激动人心的相会！雅各对约瑟说：“我又亲眼见到了你，就是死也安心了。”

这些以色列人在歌珊安了家，在埃及住了很久。这期间，他们的人口大量增长，家业兴隆，成了一个强大的家族。

十四、筐中婴儿

日子一长，埃及人把约瑟以及他拯救他们的祖先免于饥荒的功绩全忘光了。他们眼里看到的只是雅各家变成了一个庞大强盛的以色列家族。

埃及人越来越担心，一旦发生战争，以色列人有可能同他们的敌人联合起来，做他们的内应。

因此，一个“不知约瑟为何人的”新法老制定了一系列旨在全面镇压以色列人的法律。

然而，他越是镇压，以色列人却越发地多起来。最后，他下令把以色列人生的男婴一律扔到尼罗河里淹死。

当时，有一个四口人的以色列小家庭：父亲、母亲、男孩亚伦和女孩米利暗。后来这个家庭又添了一个男婴。孩子非常可爱，母亲就把他藏了起来，免得被淹死。到了没法再藏下去的时候，她就用蒲草编了个筐子，为防止进水，又涂上漆抹上油。她把婴儿放进筐中，放在岸边的芦苇丛里，让小米利暗藏在附近的芦苇丛中守候着，想看个究竟。

不多时，法老的女儿来到河边洗澡。她发现了芦苇丛中的筐子，就派一个婢女捞了上来。她们一打开筐盖，婴儿就哭了起来。“啊！”公主说道，“这是个以色列人的男孩。”不过她很喜欢这个小男孩，表示愿意把他收养起来。

聪明的米利暗见机行事。她跑到公主面前说：“我去找个以色列奶妈来给你喂养这孩子好吗？”公主同意了，米利暗就把自己的母亲领了来。“把这孩子抱去给我奶大，我会给你赏钱的。”公主对男孩的生母说。

孩子长大了，他的母亲就把他送还给公主。公主把他作为养子并取名“摩西”，意思是“从水里捞上来的”。

摩西作为公主的养子在法老的宫廷里成长起来，受到良好的教育，学习各种知识，长成一个体格健壮、大有学问、精明强干的人，并且知道了自己的身世。

摩西长大成人了。一天，他走出去看看百姓们日子过得怎么样。他看见一个埃及人正在殴打一个以色列人。他一气之下，见附近没有别人就把那埃及人打死，把尸体埋进了沙土里。

第二天，他又出去散步，看见一个以色列人正在欺侮另一个以色列人。摩西上前劝解，并责备道：“你为什么打自己的同胞呢？”

“谁让你做我们的审判官？”那人不服，“难道你要打死我，就像昨天打死那个埃及人一样吗？！”

摩西明白，他的鲁莽行为已经被人知道了，于是，就在法老捉拿他以前逃到米甸去。

一天，摩西正在井旁闲坐，看见七个女孩子来替父亲饮羊。一伙牧羊人欺侮她们把她们赶开。摩西起身帮助她们，又帮她们饮了羊。

她们回到家中，父亲叶忒罗问道：“你们今天怎么这么快就回来了？”

“一个埃及人救我们摆脱了那伙牧羊人，还帮我们给羊饮了水。”

“快把他请到家里来吃饭。”叶忒罗吩咐道。从此摩西跟着叶忒罗住了下来，并同他的女儿西坡拉结了婚。摩西帮着岳父牧羊，觉得心满意足，并不想回到法老的王宫去。

但是，摩西从来没有忘记他远在埃及的同胞遭受的苦难。每次外出牧羊时，他常常郁郁沉思，想起她们受到的残酷折磨，思考着怎样才能把他们从如此可怖的奴役中解救出来。

十五、燃烧着的荆棘丛

一天，摩西出来放羊，到了傍晚，在荒凉的沙漠里看见一个奇怪的景象。从一丛荆棘里突然喷出火焰，这在干旱、长满荆棘的沙漠里是罕见的。然而更奇怪的是，虽然荆棘丛中的火越烧越旺，但荆棘并没有被烧毁。

摩西自言自语地说："我要过去看看这个异象，荆棘怎么没有被烧毁呢？"

当他向前走去的时候，一个声音从荆棘丛中传出来："不要往前走，脱下你的鞋，因为你正站在圣地上。"那声音继续说道，"我是亚伯拉罕、以撒和雅各的上帝。"摩西赶快捂住了脸，他害怕在燃烧着的荆棘火焰里看见上帝。

上帝告诉摩西，他已看见自己的百姓在埃及所受的苦难，以及在压迫者的统治下所蒙受的极大不幸，他要前来解救他们，把他们带领到一个流出奶和蜜的富裕之地去。需要通过一个人来完成这一切，这个人就是摩西。"我要打发你去见法老，把我的子民以色列的后裔领出埃及。"上帝从燃烧的荆棘丛中对他说道。

然而，摩西觉得自己不能当此重任，就推托说："我是什么人，竟能去见法老，把以色列人领出来呢？""我将与你同在。"上帝回答他。

摩西顾虑会有许多困难，就推托说："我找到以色列人，告诉他们上帝让我来接他们。他们若问我，你的上帝叫什么名字，我怎么对他们说呢？”上帝回答说：“我是你们祖宗的上帝，我是自有永有的，耶和华是我的名。你就对他们说，那个自有的派我来接你们。”

“我说受上帝派遣，他们不相信怎么办呢？”摩西问。上帝让摩西把手杖丢到地上。他一丢下去，手杖就变作一条蠕动的蛇。上帝又让他抓住蛇的尾巴，他一抓到手，蛇又变成了手杖。

摩西又推托说：“我是个不善言辞、拙嘴笨舌的人，完不成这项使命，你打发别人去吧。”“谁造的人的嘴呢？难道不是我——你的上帝吗？既然如此，你就去吧，我会教你如何说话。”

尽管如此，摩西还是想回避这个他认为是非常困难的使命。上帝生气了。“你不是有个哥哥亚伦嘛，”上帝对他说，“他很善辞令。你把要说的话想好，让他做你的代言人，我会帮助你们的。我已差他来见你，而且他已经动身了。见到你他会很高兴。你手里要拿着这根手杖，好行神迹。”

听到这里，摩西接受了上帝的使命。他回家去见叶忒罗，告诉他自己必须回到以色列同胞那里去。叶忒罗是个深谙天意的人，他明白了，就对摩西说：“祝你平安！”

这样，作为逃犯出走的摩西，现在又作为他的同胞的救星和领袖重返埃及。

十六、埃及的天灾

亚伦遵照上帝的吩咐在大道上遇见了摩西，把这个多年不见的弟弟领回自己的家中。他们一块儿祈祷，制订行动计划。

然而，他们去求见法老，对他说：“以色列人的上帝这样说，让我的百姓离开这里，他们要走三天的路程进入旷野，去祭祀他们的上帝耶和华。”

法老傲慢地说：“耶和华是谁，竟然要我听他的话放以色列人走！我不认识耶和华，也不准你们走。”他命令他的督工迫使以色列人更加辛苦地干活，给他们规定难以完成的任务。

当以色列人向法老诉苦时，法老嘲笑他们说：“你们懒惰又想旷工，所以就要求去祭祀你们的上帝。回去干活吧！”

以色列人的首领们抱怨摩西和亚伦给他们带来新的折磨和苦难。“你们为什么去找法老？”他们叫道，“你们使我们受的罪更大了。这等于把刀递在他们手里杀我们呀！”

摩西为这事求告上帝。“上帝呀，”他祷告说，“我的同胞为什么照样遭罪？为什么你非要我去见法老？结果只是让大家遭受更大的痛苦与不幸。”

上帝让摩西放心：“现在你就会看到我怎么对付法老了。我不但要迫使他放走我的子民，还要让他高兴而又感激地尽快把你们送出埃及。”

上帝说：“告诉我的子民，我没有忘记对亚伯拉罕、以撒和雅各的许诺。我要使他们脱离埃及人的重压。我要用强大的手臂和万能的神迹拯救他们。我要把他们领到我许诺给亚伯拉罕、以撒和雅各的地方去。”

但是，由于法老更加残忍，以色列人深深陷入绝望之中，他们拒绝听摩西的话。

上帝于是指示摩西和亚伦再去见法老，警告他如果拒不放以色列人走，巨大的惩罚就要降临到埃及。

法老召集起一批埃及占星家和术士，要摩西和亚伦做点奇迹以证明耶和华比埃及的众神的力量更大。

亚伦拿着一根上帝嘱咐他带去的手杖。他把它扔到地上，手杖就变成了一条蛇。术士们也把自己的手杖丢到地上，也都变成了蛇，但是亚伦的蛇把他们的蛇都吞了下去。

法老仍然不放以色列人离开埃及，于是就开始了“埃及的十大天灾”：水变血之灾、蛙灾、虱灾、蝇灾、畜疫灾、疮灾、雹灾、蝗灾、黑暗灾、杀长子之灾。上帝连续把一个个惩罚降临到倒霉的埃及人头上。九次天灾期间，法老被迫答应让以色列人离开埃及，可是灾难一过，他又铁了心。

十七、第一个逾越节之夜

上帝晓谕摩西，以色列人在正月初十那天每家都要准备一只羊羔。若是一家人口少，吃不完一只整羊，相邻的两家可以共用，要按人数和饭量计算，人人都要够吃的。羊羔要仔细挑选，不能有半点残疾。到十四日黄昏时分，同时将羊羔全部宰杀，把羊血盛在碗里。每户的家长拿一把草浸到碗里，将羊血涂在门框和门楣上。这一夜人人都要待在家里，不要外出。羊肉用火烤熟后，要就着无酵饼一块吃。不可吃生的，也不可用水煮熟吃，剩下的要用火烧掉。都必须站着吃，束紧腰带，穿好鞋子，手中拿杖，作好出发的准备。

那天夜里，上帝派天使巡行埃及各地，击杀埃及人的长子，而那些门框门楣上涂有羊血的以色列人家都幸免于难，因为上帝吩咐天使说："看到涂有羊血的门，你们就越过去。"

从简陋的草屋到法老的王宫，那天夜里，埃及遍地一片凄凉，家家有死人，户户有哭声。

法老彻底屈服了。当天夜里，他请来了摩西和亚伦，对他们说："照你们的意思去做吧。把以色列人带走吧，赶着你们的羊群和牛群走吧，还要请求你们的上帝宽恕我，为我祝福。"

现在，埃及人全都盼望以色列人快些离开。上帝对埃及人的最后惩罚使他们相信，以色列人的上帝是一位真神。他们给以色列人装满了金银礼物和大量路途用品，恨不得马上打发他们上路。他们顾不上考虑，他们的奴隶走后，所有的重活由谁来干。

以色列人匆匆捆好行李，装好财物，赶着牛羊，逃出埃及。这是一支男女老幼混杂的庞大队伍。摩西和亚伦走在前面，带领着他们走上通往那个遍地“流奶和蜜”的自由之乡的道路。

从此以色列人就把这个奇迹般的夜晚就定为“逾越节”，因为上帝曾说：“我一看见羊血，就越过你们去。”从那时起，每年的这天晚上，所有以色列人家庭都要围拢着一只“逾越节羔羊”欢聚一堂。他们仍然吃烤羊肉来纪念3000多年前的那个晚上，祭祀上帝用万能的手把他们的民族从埃及人的奴役之下解救出来。后来，以色列人并把这个伟大的时刻定为他们民族的诞生之夜。

十八、红海让路

从埃及到迦南的唯一通道，是从地中海与红海之间的狭长沙漠地带穿过去。但是，上帝并没有带领以色列人走这一条路，而是绕道走到红海北端的密夺地方，在海边安营。

以色列人离开埃及不久，法老及其臣仆就后悔了，他们认为根本不该把以色列人放走。于是，法老连忙组织起一支庞大的快速战车部队去追赶以色列人，要把以色列人截回来重做他们的奴隶。

以色列人看到背后远处烟尘滚滚，追兵将至，不禁惊恐失措，叫喊着对摩西说：“你为什么不把我们留下服侍埃及人呢？我们宁愿在埃及做奴隶，也不愿死在这旷野里。难道埃及没有坟地吗？”

他们的处境的确很困难。法老以为他们已陷入困境，三面是沙漠，一面是红海。

摩西对他们说：“不要害怕，只管等待，看上帝今天怎样施恩解救你们。你们现在看到的埃及人，以后再也看不见了。上帝将为你们迎战。只要你们保持平静，不要喧嚷。”

上帝对摩西说：“告诉以色列人继续前进。将你的手杖伸向红海，把海水分开，好让以色列人从干地上走过海去。”

接着，上帝的天使站在以色列人和埃及追兵之间，成为一根云柱把他们隔开，前面是一片光明，后面则是一片黑暗，阻住了埃及的追兵。

摩西将杖伸向红海，上帝就刮起强劲的东风把海水分开，为以色列人让开了一条通道，两旁海水壁立，脚下却是平坦的干道。以色列人直接从海底走了过去。

不久，法老和他的战车追到海边，也跟着追下海去，但是，沉重的车轮陷进泥沙中，使他们陷入进退两难的困境。

以色列人全部平安地抵达对岸后，上帝指示摩西再将杖伸向大海，两堵高高的水墙立刻倒塌在埃及人的身上，汹涌的波涛把法老的军队全部淹没了。

在遥远的红海东岸，以色列人在晨曦中目睹了上帝怎样又一次，而且是永远地把他们从残忍的埃及人手中拯救出来。他们感激地唱起了胜利的赞歌：

我们要歌唱耶和华，
他已赢得辉煌的胜利，
法老的战马与骑士，
都被投进了海里。
耶和华是我们的力量，
我们的歌，
也是我们的拯救者。
法老的战车与兵士，
被他抛进了海里，
法老精选的军长，
都葬身海底。

深水淹没了他们，
他们如同顽石，
坠入海底。

十九、甜水、鹌鹑、吗哪

以色列人穿过红海以后，上帝引领他们沿西乃半岛西岸向南，进入旷野。白天，上帝在云柱中给他们带路，夜间，上帝在火柱中为他们照亮。以色列人日夜兼程在书珥旷野里走了三天，找不到水喝，干渴严重地威胁着他们。一直走到玛拉，他们才看见了水，可是那水却太苦，不能喝。以色列人怨声四起，纷纷抱怨摩西。摩西向上帝求救，上帝让摩西把一棵树丢进水里，苦水就变成了甜水，解救了以色列人的干渴。

以色列人在旷野走了1个月又15天，带的粮食吃完了，他们又向摩西大发牢骚："我们为什么从埃及逃出来呢！在埃及我们可以坐在肉锅旁边，吃得饱，喝得足。现在什么也没有了，你把我们领到旷野里来，要我们都活活地饿死啊！"

上帝见以色列人发怨言，就对摩西说："我晚上将给你们肉吃，让你们吃个够，明天早上我要给你们足够的食物，为的是让你们知道我是你们的上帝。"

到了晚上，果然飞来一大群鹌鹑，落在以色列人的宿营地。以色列人一齐动手捉住很多鹌鹑，美美地饱餐了一顿。

第二天早上起来，以色列人走出帐篷，看见遍地都是些洁白如霜的圆形东西，有人拿起来尝了尝，滋味就像掺蜜的薄饼。于是彼此问道："吗哪？"（意思是"这是什么？"）后来他们干脆就把这种东西叫做"吗哪"。

摩西告诉他们，这就是上帝赐给他们的食物，让他们每天早晨按帐篷依次出来收取，每人每天一俄梅珥（1俄梅珥约等于4.5升），刚够一天吃的，不准多收。第六天要收双份，因为第七天是安息日，没有吗哪。以色列人就按摩西的吩咐做了，每天早上，按定量把吗哪收齐以后，余下的就化了。有人偷偷地多收取了一些，第二天全都生虫变臭。于是不再有人敢违犯摩西的命令了。

从此以后，以色列人每天都能吃到吗哪，一直到他们走出旷野到达迦南边境。以色列人在西乃旷野吃吗哪共 40 年之久。

二十、“西乃盟约”——“十诫”

以色列人出埃及三个月之后，进入旷野腹地，来到西乃山前。

上帝通过他的仆人摩西晓谕以色列人说：“我向埃及人所行的神迹，你们都看见了。我像老鹰背负其幼雏那样，将你们领到这里。现在，如果你们愿意听从我的声音，遵守我和你们立的约，你们就可做我特别宠爱、高于万民之上的子民。你们就要成为祭司的国度，圣洁的国民。”

摩西将上帝的话传达给以色列人。他们同声回答：“凡上帝所说的，我们都愿意遵行。”

于是上帝指示摩西，以色列人都要洁体净衣，因为上帝就要降临在山上。角声响后，谁都不得靠近西乃山，否则就要被处死。

接着，西乃山上烟雾四起，火焰升腾，大地颤动，以色列人吓得直发抖，伏地拜倒在上帝的面前。

摩西、亚伦和被选出的 70 名长老一起向山前走去，他们看见了以色列的上帝：他脚下仿佛有平铺的蓝宝石，像天空那样晶莹剔透。

摩西把其他人留在山脚下，一个人走上山顶，消失在笼罩着山顶的祥云里。他站在了荣耀的上帝面前。

摩西在这团祥云里住了 40 昼夜。上帝向摩西面授了以色列人必须遵守的戒律，并亲自用手指把戒律写在两块石板上，这就是我们现在所知道的“十诫”：

△除上帝外不可敬拜别的神

△不可敬拜偶像

△不可妄称上帝的名

△当守安息圣日

△当孝敬父母

△不可杀人

△不可奸淫

△不可偷盗

△不可做假证陷害人

△不可贪婪别人的财物

除了这10条诫命外，摩西还口头规定了律例及刑罚细则。据说这些律例典章及细则就是以色列民族的第一部法律，既包括刑法，也包括民法，“十诫”则是这部法律的导言与总纲。

40天后，摩西带着写有“十诫”的两块石板（又称“法版”）下了山，却看到了一片意想不到的景象。

摩西在山上40昼夜，毫无消息。以色列人全部惊慌起来，以为上帝和摩西抛弃了他们。他们聚集起来，围住亚伦，呼叫说：“摩西迟迟不下山，我们不知道他遇到了什么事，以后谁给我们引路呢。你给我们造个神像吧！”

亚伦顶不住百姓的压力，就让他们把随身带着的金首饰交出来，铸了一只金牛犊，作为以色列人的神。以色列人又有了自己的神，欣喜若狂。他们在金牛犊面前筑坛献祭，跳舞狂欢。

这时，摩西从山上下来了。他远远听见宿营地一片喧嚷之声，起先还以为是战争的声音，走近一看，原来是以色列人围着金牛犊唱歌跳舞，不禁大发雷霆，用力把两块法版摔得粉碎，又把金牛犊扔进火里熔化了，并严厉地惩罚了一些坚决反对他的人。

平息了这场动乱以后，摩西恳求上帝宽恕以色列人，然后上山照原来的样子另凿了两块法版，交给以色列人。摩西命令以色列人按照上帝的吩咐建造“会幕”，会幕中央是至圣所，至圣所中央是法柜（又称“约柜”），里面放着刻有“十诫”的两块法版；至圣所外面是圣所；圣所外围是用帐篷搭成的院子。上帝拣选利未支派做专职祭司，在会幕内外侍奉他，又委任亚伦做第一任大祭司，总管一切献祭事宜。于是，一个独立的宗教（即后来的犹太教）就初步形成了。

二十一、会说话的驴子

以色列人走出了西乃旷野，离“应许之地”不远了，摩押的边界挡住了他们的去路。摩押王巴勒看到这样一支流民队伍来到他的边境，非常担心。

他知道靠打仗是不能战胜以色列人的，因此想出了另一种办法。那时，有些人被认为有魔力附体，口念符咒就可以轻易地置人于死地。

巴勒想起了这么一个人，他的名字叫巴兰。他派人去告诉巴兰：“有一大帮人从埃及铺天盖地而来，而且安营扎寨与我作对。他们太强大，我无法战胜他们。求你速来替我咒诅他们，因为我知道你为谁祝福，谁就得福，你咒诅谁，谁就受咒诅。”

使臣们给巴兰带去了重金，巴兰答应第二天早晨回答他们。夜里，上帝晓谕巴兰不要跟这些人去。

巴勒又派去了第二批使臣。这一次，他们的身份更高，聘金更重。上帝当夜命令巴兰说：“这些人如果再来请你，你就动身和他们同去，不过你只能按我说的话去做。”

于是巴兰接受了巴勒的聘请，随使臣动身了。

巴兰骑着驴去摩押的时候，驴子突然从路上跨进田间。巴兰用鞭子抽打着驴子回到路上。

接着他们来到两个葡萄园之间的小路上，两边都是石墙。驴子紧靠着一面墙上，挤伤了巴兰的脚。巴兰又举鞭打驴。

又走了一段路，驴子索性趴在地上再也不肯多走了。巴兰气极了，恨不得把驴子打死。

于是上帝叫驴子开口对巴兰说：“我做了什么事，你竟打了我三次呢？我从小不就一直是你的温顺奴仆吗？你说我究竟做了什么错事？”

巴兰抬起头来，看见一个天使拔刀在手，站在路中央。巴兰便伏地下拜。

“你为何三次打驴呢？”天使问他，“是我站在路上阻挡你，驴子看见了我，就三次躲开绕行。若不是它绕过去，我早就把你杀死了。”

巴兰对天使说，他现在对自己的愚蠢感到很惭愧，并打算返回家去。但是天使告诉他必须继续前去，不过要小心行事，只照上帝的吩咐去做。

巴兰到了摩押，巴勒就领他来到一处高地上，从那里他可以看到以色列人的宿营地。

巴兰看到了以色列人以会幕为中心、片片帐篷相连的壮观景象后，说道：“摩押王引我从东山来到这里，让我咒诅雅各，怒骂以色列。上帝没有咒诅的，我焉能咒诅！耶和华没有怒骂的，我焉能怒骂！……谁能数清雅各的大军？谁能计算他的臣民？我愿如义人之死而死，我愿如义人之终而终。”

巴勒听后很是生气，引巴兰来到另一高地。在这里，他看不到使他感慨万千的以色列营地的全貌。但是，巴兰还是不敢咒诅以色列人。

他说：“我是奉命来祝福的，上帝曾经赐福，我不能改变这事。毫无疑问，任何魔法都不能对雅各家奏效。”

巴勒大怒，把巴兰带到第三个高地，但是，当巴兰举目又望见那壮观的景象时，不禁随口吟出一首赞歌：

你的帐篷何其华美，
啊，雅各，
你的圣幕何其壮丽，
啊，以色列。
凡给你祝福的，
愿他蒙福；
凡咒诅你的，
愿他受咒诅！

巴勒简直气疯了。他对巴兰说："我召你来咒诅我的仇敌，你竟三次为他们祝福。我本想给你荣华富贵，但你竟如此听命于耶和华。你赶快回老家去吧！"

巴兰回答他说："难道我没有对你的使臣说过吗？就是你将满屋的金银给我，我也不敢违背耶和华的圣训，凭自己的心意说好说歹。我说的，都是上帝说的话。"

巴兰接着又告诫巴勒，任何企图阻挡以色列人前往"应许之地"的民族，都将自取灭亡。

二十二、红线绳

摩西带领以色列人来到约旦河东岸，没等进入迦南地就死了。

摩西死后，他的助手约书亚继任做以色列人的领袖。约书亚是名勇敢机智的战士，也是以色列人最需要的优秀将领。

约书亚还要拔掉两个大障碍，才能带领以色列人进入上帝赐给他们的迦南地，一是约旦河，二是河对岸有高墙防护的耶利哥城。

上帝晓谕约书亚说：“在你以后的日子里，任何人都阻挡不住你，因为我怎样与摩西同在，就怎样与你同在。我绝不舍弃你，也不会置你于不顾。只要你刚强胆壮。”

于是约书亚准备横渡约旦河，他首先想摸清耶利哥城到底有多么坚固，就派了两个青年人混进城去打探虚实。

两个探子住在一个名叫喇合的妓女家里。耶利哥王听到这个消息，就派兵前来捉拿。喇合将两个人藏在屋顶上的亚麻秆中，并把前来搜查的士兵蒙骗了过去。

搜查的人走后，喇合对这两个探子说，她之所以为他们承担风险，是因为她听说了上帝对以色列人所行的奇妙神迹。她完全信服以色列人的上帝是唯一的真神，以色列人是上帝的选民，并将占据迦南地。

喇合又说：“因此，现在就得求你们指着耶和华发誓，我恩待了你们，你们也要恩待我父亲一家，并给我留下一个证据，你们要保全我的父母、弟兄、姐妹的性命。”

两个探子许诺说，只要她不把这件事泄露出去，以色列人攻打耶利哥的时候，她和她的全家人都将平安无事。

喇合的房子紧靠城墙而建，因此她就用一根结实的朱红色亚麻线绳将二人从窗户里缒出城去。她告诉他们赶快跑到山上去，等搜查他们的人过去了再赶路。

两个探子临走时告诉喇合，攻城开始后，她要把全家和所有的亲戚都聚集在她的家中，不许任何人走出家门。然后，她还要把那条红线绳系在窗户上作标记。这样，他们都会安然无恙。

两个探子返回军营，向约书亚报告了他们刺探的全部情报。于是，约书亚决定进攻耶利哥城。

二十三、耶利哥城的陷落

约书亚研究了两个探子给他带回的情报后，随即下令攻城。他攻打耶利哥的作战计划不是由哪个人制订的，而是上帝晓谕给约书亚的。

约书亚吩咐祭司们把珍藏在至圣所里的约柜抬出来。

约柜的四角上各有一个金环，金环里都穿着一根金杠，即使约柜在至圣所里放着不动的时候，也是如此。这样，当圣所上面的云彩升起，作为以色列人继续前进的信号时，约柜随时都可以抬走。

祭司们用金杠抬起约柜，走在以色列人的前面，并保持着一定的距离，以便后面的人看得清楚。

祭司们的脚一迈进约旦河，河水随即断开了。祭司们肩抬约柜在河中站定，直到后面的人全都过了河。这情形同他们的祖先过红海时一模一样。

以色列人在约旦河西岸安下营来，开始了对耶利哥城的围攻。这时，约柜再次大显神威。

上帝晓谕约书亚怎样夺取该城，才能使以色列人在战斗中无一伤亡。

七个祭司各拿一个羊角在前开路，抬着约柜的祭司们尾随其后。在吹角的祭司前面，有一支卫队保护；在抬约柜的祭司后面，又跟着一队士兵作为后卫。这队伍每天要绕城一次，连续六天。拿羊角的祭司要边走边吹，其他人则不可发出一点声音。第七天，他们要以同样的方式连续绕城七次，不但祭司要大吹号角，所有的人都要放声呼喊。

以色列人执行了这些奇怪的命令。到第七天的第七次绕城之后，随着号角高奏，众人齐声呐喊，耶利哥城墙轰隆一声向外倒塌下来，打开了一个缺口。

以色列人冲进城去，进行了一场屠杀。全城人皆被杀尽，耶利哥城被火烧毁，金银铜铁器皿，被送入圣所保存。

约书亚没有忘记喇合。他命令那两个在她家住过的探子把她和她的所有亲眷安全地接出城外，安置在以色列人的营中。

二十四、日月停止

以色列人烧毁耶利哥城以后，又攻陷了艾城，杀死了艾城的王和众百姓，焚毁了艾城，军威大振。约书亚率领以色列人稍事休整后，就准备进攻其他城邑。

基遍城的居民听到了这一消息，非常害怕。他们想和以色列人订立和约来保全自己的城邑和居民，但又害怕以色列人不肯，于是想出了一个办法。

他们挑选几个头面人物，作为使者去同约书亚谈判。他们知道上帝禁止以色列人同任何迦南地方的人立约，就伪装成是来自远在迦南以外的地方。

他们给使者穿上破旧肮脏的衣服和磨破了的旧鞋，挑出几头疲惫不堪的驴子让他们骑，并给驴子装上破旧的鞍子。这些人还带着破裂缝补过的空皮酒袋和发了霉的干饼，装出长途跋涉、筋疲力尽的样子。

他们步履蹒跚地来到约书亚的面前，表演得很成功。"我们来自遥远的地方，"他们对约书亚说，"愿与你们立约。因为我们听见上帝为你们所行的一切，甘愿做你们的盟友。"

约书亚问他们来自何方，他们就把事先编造的谎言重复了一遍，说他们赶了好远好远的路程，从他们筋疲力尽的样子就可以看出来，并把他们随身带来的食物拿给约书亚看。"这些食物是我们出发来这里时从家里做好带出来的，现在你看，都发了霉，干巴了。"

约书亚和以色列众人完全相信了基遍人的谎话，没有求问上帝就与他们立了约，起誓保全基遍城和它的全体居民的性命。

立约之后，过了三天，以色列人发现基遍城离他们仅有三天路程，非常气愤。然而，由于已经起了誓，以色列人饶恕了基遍人的性命，只是要他们世世代代做耶和华圣所劈柴担水的奴仆。

耶路撒冷王和其他四名迦南王（相当部落酋长）获悉基遍人背弃了与他们结的盟，而与以色列人另立新约，就联合起来派大军攻打基遍城。

基遍人向约书亚求援。由于已同他们立了约，约书亚就派出一支强大的援兵迎击迦南王联军。以色列军队日夜兼程对敌军进行突袭，打得他们抱头鼠窜、溃不成军。

约书亚意识到，决定性的时刻来到了，这一仗如获全胜，整个迦南就到手了。因此，他在五王联军后面穷追不舍。

上帝乘机降下一场特大的冰雹援助约书亚。冰雹砸死的敌兵比以色列士兵杀死的还要多。这时暮色渐浓，敌人寄希望于在黑暗中逃遁。约书亚于是在以色列众军民面前向上帝祷告："日头啊，你要停在基遍；月亮啊，你要止在亚雅仑谷。"这一天的白昼果然奇迹般地延长了。以色列人大获全胜。

迦南五王在溃逃的过程中藏进了一个山洞里。约书亚一边命令继续追击敌军，一边命令用巨石将洞口封死，这样，山洞就变成了牢笼。

战斗结束后，约书亚派人把五王从洞里拖了出来，命令他们跪倒在以色列众军民面前。他吩咐自己的军长们，轮流把脚踩在五王的脖子上，以示彻底的胜利。

他对军长们说："不要惧怕，也不必惊慌，要勇敢刚强，因为耶和华要让同你们作对的一切敌人都落个如此下场。"

这一仗不仅使以色列人占有了迦南地，而且也决定了历史的全部进程。

二十五、避难城

摩西一直坚信，上帝对以色列人的许诺必将全部应验。因此，他在死前就把迦南全地划分给了以色列的 12 个支派。以色列人进入迦南地以后，上帝晓谕约书亚，他现在需要对这种分划重新予以确认，以避免在各支派之间引起混乱或争吵。

利未支派专司全民族的祭司职分，不参加领地的划分。约瑟的两个儿子玛拿西和以法莲作为两个支派参加划分，所以，以色列人仍然是按 12 个支派来划分领地。利未支派分到 48 座城邑，分散在其他 12 支派领地之内。

在利未人的 48 座城邑中，有 6 座是避难城，又叫"逃城"。

当时以色列人的律例中有一条很古老的规定是"以眼还眼，以牙还牙，以命抵命"。一个人无论由于什么原因伤害了另一个人，受害者的亲人有权采取同样的报复行动。如果一个人杀死了另一个人，死者的亲属可以将凶手处死，以报血仇，称为"报复律"。

当然，一个人有时是无意中误伤人命。例如，两个人正在伐树，一个人手中的斧头脱落，砍死了另一个人，这就完全是偶然误伤人命。

在这种情况下，误杀人者就可躲到距他最近的避难城里去，逃避死者亲属的报复。一旦到了那里，在当众审判以前，他是绝对安全的。如果证实他没有杀人的动机，他就可以在那里住下来。等到现任的大祭司死了，新的继承人任命之后，他才可以回到自己的城邑或乡村，平安无事地过日子。

然而，如果审判确认他不是误伤人命，就应把罪犯交给死者亲属直接处死。

约书亚在示剑召开了一次有以色列各支派的长老、族长、审判官、官长等人参加的盛大集会。他告诫以色列人不要忘记上帝对他们以及对他们的列祖所做的一切：上帝是怎样把亚伯拉罕召出荒凉的吾珥城，领他来到迦南，上帝怎样保佑雅各，怎样差摩西把以色列人从埃及的奴役下解救出来，以及怎样在他们从埃及到迦南的旷野里施行数不清的奇妙神迹，亲自为他们争战；现在，上帝又把应许赐给以色列人的土地全部交给了他们，让他们耕种自己未曾开垦过的土地，居住自己未曾建造过的城邑，饱尝自己未曾栽种过的葡萄和橄榄。

在他们面对新的未来的时候，约书亚号召他们："现在，你们要敬畏耶和华，真心实意地侍奉他，把你们的列祖在大河边和埃及所侍奉的邪神统统抛弃掉。"

约书亚又激励他们："今天就要作出选择，你们愿意侍奉谁。"他接着宣布自己早已作出的选择，"至于我和我的全家，我们必定侍奉耶和华。"

众人同声回答，他们愿抛弃所有的邪神，唯独信奉耶和华——他们的上帝。

于是，约书亚在示剑立起一块石碑，作为对这一伟大决议的见证，并将这些话记载在上帝的律法书上。随后，以色列各支派就各自返回自己的分封之地去了。

约书亚完成了自己的全部使命后就死了，享年 110 岁。以色列人把他埋葬在他的世袭之地的以法莲山上。

二十六、耶弗他的女儿

以色列人占领迦南地以后，按 12 支派划分领地，各支派没有统一的组织领导，各自为政，但在外患严重时，就临时组成一个松散的联盟，在一个领袖领导下共同抵御外侮。这个领袖叫做"士师"，他既是政治领袖，也是宗教领袖。这段时期被称为"士师时期"。

以色列士师中有一个基列人，名叫耶弗他，他原是一位绿林英雄。当时以色列人受亚扪人的欺压，长老们就去请耶弗他来做士师，带领他们与亚扪人作战。

耶弗他先派人去与亚扪人讲理，希望双方不要发生战争："我没有得罪你，你却攻打我、恶待我。愿审判人的耶和华今日在以色列人和亚扪人中间判断是非。"

但亚扪人执意不听。

于是，耶弗他积极准备战争。他祷告，向耶和华上帝许愿说："你若将亚扪人交在我手中，我胜利回来的时候，无论是谁，第一个从我家门出来迎接我，我就将他献给你作燔祭。"

耶和华答应了耶弗他的祈求，保佑以色列人大获全胜，制伏了亚扪人，攻取了他们的20座城池。

耶弗他凯旋，以色列人男女老幼都出来欢迎他。耶弗他到了自己的家，不料，他的独生爱女拿着鼓、跳着舞第一个从家里出来迎接他。

耶弗他一见，顿时呆住了。他撕裂衣服，泪流满面，万分痛苦地说："孩子，我已经向耶和华许了愿，要把第一个从家里出来迎接我的人献给他作燔祭。现在可叫我怎么办啊？！"

耶弗他的女儿起先十分吃惊，等她平静下来后，就对耶弗他说："父亲，你既然向耶和华许了愿，就不要反悔，以免耶和华降祸给我们全族。照你许的愿去做吧，因为耶和华已在亚扪人身上为我们报了仇。但是求你答应我一件事，允许我和我的同伴到山上去住两个月来哀哭我终身为处女。"

耶弗他答应了女儿的请求。两个月后，耶弗他的女儿和同伴们从山上下来，从容地走向祭坛，她嘱咐同伴说："请不要忘记我是含笑而死的！"

二十七、力士参孙

过了许多年，以色列人又做耶和华看来是恶的事。耶和华就让非利士人欺压他们 40 年。

以色列人求告耶和华，耶和华怜悯他们，为他们兴起了一位士师，名叫参孙。

参孙是但族人，一生下来就被献给上帝做拿细耳人，不剃发，不喝酒，不吃不洁之物，毕生服侍耶和华。参孙长大以后，力大无穷，曾经徒手撕裂了一只狮子。他做士师与非利士人斗争的方式很特别，他不是率领以色列人去作战，而是单人独马地去惩治非利士人。他曾捉了 300 只狐狸，把火把捆在狐狸尾巴上，点着火，把它们放到非利士人地区去，烧尽了非利士人的庄稼和田园。他也曾用一块驴腮骨打死了 100 个非利士人。

非利士人对参孙又恨又怕，想尽一切办法要捉住他把他杀死。

有一次，参孙到非利士人居住的梭烈谷去，爱上了一个名叫大利拉的女人，就和她同居。

非利士人的首领来见大利拉，让她探听参孙力气的来源以及制伏他的办法，答应事成之后 给她 1100 舍客勒银子。

大利拉贪图钱财，答应了非利士人。

一天，趁参孙高兴，大利拉问参孙说："告诉我，你从哪里来的这么大力气，用什么办法才能捆住你？"

参孙说："用七根没有干的青麻绳就能捆住我。"

于是非利士人暗中交给大利拉七根没有干的青麻绳。大利拉把参孙捆了起来。但是参孙轻轻一挣，绳子就断了，就像挣断麻线一般。

大利拉对参孙撒娇，说："你骗我！对我讲真话嘛！"

参孙说："如果用没有使用过的新绳捆起我来，我就挣不脱了。"

大利拉用新绳把参孙捆起来，说："参孙，非利士人藏在我屋里，抓你来了。”

参孙两膀一晃就将臂上的绳子挣断，像挣断一根线一样。

大利拉说：“你为什么又骗我呢？原来你没有对我说过实话。”

参孙说：“如果把我头上的七条发绺和织布的纬线织在一起，就能制伏我。”

于是，大利拉趁参孙睡熟，把他的发绺与纬线织在一起，又用橛子钉在地上，叫道：“参孙，非利士人捉你来了。”

参孙从梦中醒来，猛一甩头，就将橛子、纬线一齐拔了出来。

大利拉假装生气了，对参孙说：“你既然不相信我，不对我说真话，怎能说是爱我呢？你已经骗了我三次，我知道你不是真心爱我。”

大利拉天天用这话来磨参孙，最后，参孙被她磨得没有办法了，就把秘密告诉了她：

“我生下来就做献身给耶和华上帝的拿细耳人，从没剃过头发。头发是我力量的源泉。如果把我的头发剃掉，力气就离开我，我便和普通人一样了。”

大利拉把参孙的话转告给了非利士人的首领。他们就带着银子暗暗地来到梭烈谷买通了大利拉。大利拉趁参孙枕着她的膝睡觉时，叫人来剃掉他头上的七条发绺。非利士人进来捉拿参孙，参孙还想抵抗，但力气已经离开了他。

非利士人拿住了参孙，剜掉他的眼睛，把他押到迦萨，用铜链子把他锁在磨房里，强迫他推磨。

日子一天天过去，参孙的头发不知不觉地又渐渐长起来了。

一天，非利士人的神——大衮的节日到了，非利士人的首领们聚在神庙里为大衮献祭，感谢他把仇敌参孙交在他们手里。

宴乐进行的时候，有人提议把参孙牵来供他们戏耍。于是他们把参孙从磨房牵到神庙里，让他站在当中。这时大厅里挤满了人，非利士人的众首领都在这里，看热闹的人约有3000个。

参孙对牵他的人说："我太累了，求你领我到柱子旁靠一靠。"那人就把参孙领到柱子旁。

参孙暗暗祷告说："耶和华啊，饶恕我吧！求你眷念我，再赐给我一次力量，使我在非利士人身上报那剜我双眼的仇。我情愿与他们同归于尽。"

参孙觉得力气又回到他身上。他用手抱住两根房柱，左手抱一根，右手抱一根，大吼一声，尽力屈伸。只听一声巨响，柱子断了，整个神庙倒塌下来，把所有在场的非利士人全都压死了。

二十八、以色列人立王

约书亚死后的很长时间，以色列人没有一个像摩西或约书亚那样出色的民族领袖来带领他们抗击四面包围着他们的敌人。虽然兴起了士师，但以色列人仍然是一群乌合之众。

每个敌国都有国王统领，因而，以色列人也都急切地要立自己的国王。第一个被膏为全以色列之王的人，是便雅悯支派的扫罗。

扫罗开始干得不错。他逐步打败了以色列人所有的仇敌，特别是给以色列人造成极大危害而又好战的非利士人。但是，扫罗常常固执己见，不听上帝的吩咐，上帝就后悔立他为全以色列人的王。

当时，以色列人的最高政教领袖是先知撒母耳。人人都知道他还在襁褓中的时候就被他母亲献给了耶和华。他现在年老体衰，为他的民族作出了巨大的贡献。

正是撒母耳亲手膏扫罗为以色列王的，因此，当他看到扫罗变得越来越刚愎自用、辜负了全体百姓对他的厚望时，感到很是伤心。

一天，上帝对撒母耳说："不要再为扫罗悲伤了，因为我已厌弃他，不再让他治理以色列。你用羊角盛满膏油，到住在伯利恒的耶西家去一趟。我已选定他的一个儿子做以色列王。”

撒母耳对小城伯利恒的访问，引起了巨大轰动。城里的长老们都出来迎接，战战兢兢地问他：“你是为平安而来的吗？”他回答说：“为平安而来，我来是给耶和华献祭的。你们当去洁体净衣，再来与我一块儿献祭。”

人到齐以后，撒母耳仔细打量耶西的儿子们。长子以利押给他的印象最深，他心想：“耶和华的受膏者，必定是他了。”

上帝却对撒母耳说：“不要看他的外貌和身材，我选的不是他。”因为耶和华不像凡人那样看人。凡人看的是外表，而耶和华看的是内心。

耶西又叫过他的次子亚比拿达，然后又叫三子沙玛，但是上帝一个也没选中。

另外四个儿子，按照长幼，都被带到撒母耳面前。但是，他没有看出哪一个是耶和华已经选定的。

这位年迈的先知很是纳闷。“你的儿子都在这里吗？”他问耶西。

“哦，不，”耶西回答说，“还有个最小的儿子大卫，到外面放羊去了。”

“快派人把他找来，”撒母耳说道，“他不来我们就不能坐席。”

大卫匆匆忙忙地赶来了，跑得满脸红扑扑的。他长着一头金色的鬈发，眉清目秀，容貌英俊。

他站到这位年迈的先知面前，不知道这是怎么一回事。上帝对撒母耳说：“给他涂油吧，就是他。”

撒母耳取出羊角，在大卫的弟兄们和众人面前，为他行了涂油礼。当撒母耳的双手放在大卫头上的时候，大卫感到上帝的灵渗透了他的身心。

别的人似乎都不明白撒母耳是在干什么。仪式一结束，大卫又回去牧羊了。但是，在他继续放牧羊群的时候，他再也忘记不了那一伟大的时刻。他等待着上帝的召唤，他知道那召唤一定会到来。

二十九、大卫战胜歌利亚

以色列人最凶猛的仇敌是好战的非利士人。又一场战斗在他们之间爆发了，两军摆好阵势，隔着以拉山谷对峙。

一天上午，以色列人看见从对面山谷走过来两个人。走在前面的人拿着一块很大的盾牌，但是，最使他们惊慌的是后面那个人。他几乎比前面那个人高出一半，比他们的扫罗王也高出许多，而扫罗王比其余的以色列人都要高得多。那人不但身材高大，而且身披很重的铠甲，手持长枪，身背大刀。他就是巨人歌利亚。

歌利亚令人惧怕地吼道："干吗非要打仗杀死好多人呢？我是非利士人，你们是以色列人。你们挑选一个人下来与我单独较量。如果他杀了我，我们都愿做你们的奴仆；我若杀了他，你们就要做我们的奴仆。"然后，他提高嗓门喊道："我向以色列军队挑战！"

这样的骂阵每天都有两次，但是，以色列人个个惊慌失措，没有一个人敢向歌利亚应战。

大卫的三个哥哥当时正跟随扫罗出征。一天，耶西对大卫说："我要打发你到军营去一趟，给你的三个哥哥送些好吃的，顺便也给他们的官长捎些奶酪去。看看那里的情况如何，赶快给我送回消息来。"

大卫到达前线后，发现以色列人已摆开作战的阵势。他立刻把包裹交给看守人，跑到战场去寻找他的三个哥哥。

就在这时，山谷里传来歌利亚震耳的骂阵声。大卫听清楚了巨人的挑战，然后等着出来应战的人。

使他感到惊诧而又气愤的是，以色列人吓得直往后退，他真替自己的同胞感到羞辱。

他大声喊道："这个人竟敢向永生上帝的军队骂阵！杀死这个非利士人为以色列雪耻！杀死这个该死的家伙！"

以色列的士兵告诉他，扫罗已经许愿，对杀死歌利亚的人，不但要赏给他大批财富，把自己的女儿给他为妻，还要免他全家纳粮当差。但大卫对这些全不关心，他想到的只是为保护以色列上帝的尊严而战的光荣。

大卫的长兄以利押，听见了大卫与士兵们说的这番话后，十分生气，暗想，这孩子太鲁莽无知了。

“你来这里做什么？”他大声地斥责大卫，“你为什么撇开家里的羊群不管呢？你只是为了来看打仗的吗？快滚回家去！”

可是，大卫的举动把一些士兵感动了，他们带着大卫去见扫罗王。大卫朗声说道：“大王不必担忧，我愿去迎战歌利亚。”

扫罗慈祥地打量着这个勇敢的少年，说道：“你不能去与那非利士人交战。你年纪太轻，而他却久经沙场了。”

大卫抬头看着扫罗王说：“我一直为我父亲牧羊，碰到狮子或熊来叼羊时，我就揪住它的下颌，把它打死。我能打死熊或狮子，难道还怕这个非利士人吗？！”

大卫在牧羊的时候，练就了三套本领：首先，他学会了弹奏牧羊琴，常常编出小曲，并配上歌词来弹唱。（《诗篇》里就有许多他谱写的诗歌。）第二，他学会了使用牧羊人的甩石机，练就了一手娴熟的本领，就是远距离的小目标，也能百发百中。第三，他练就了一身胆识，牧羊人的生涯充满了危险，他必须保护羊群不受盗匪、野兽和猛禽的袭击。所以他信心十足。

扫罗王看到这位少年的勇敢心情，很受感动，就对大卫说：“去吧，愿上帝保佑你！”

他又命令侍卫把他自己的盔甲给大卫披戴上，可是盔甲又大又重，大卫穿戴不起来。

“我不用盔甲就行。”大卫对扫罗说，“我没有穿惯。”他说着就脱了下来。

大卫拿起他的牧羊杖，从附近的小溪里捡来几块光滑的石子，放在口袋里，就走下山谷去迎战歌利亚。那个非利士大汉，简直不相信自己的眼睛。莫非这就是以色列全军所能挑出来与他交战的人——一个手拿棍棒的孩子！他感到这是对他的莫大的羞辱。

歌利亚暴跳如雷地对大卫吼叫："你把我看成什么了？——一条你用棍子就能赶走的狗吗？来吧，我要把你剁成肉泥送给天上的飞鸟、地下的走兽做美餐。"

大卫的回答镇静而又自信："你来攻击我们，是靠刀枪和盾牌；而我来还击，靠的是万军之耶和华的名，就是你公然蔑视的以色列军队的上帝。我要杀死你，割下你的头，让所有的人都知道上帝使人得胜不是用刀和枪。这次战斗的胜负不在于我们，而在于耶和华。"

歌利亚气得浑身发抖，举枪直奔大卫而来。大卫从口袋里摸出一块石子，搭上甩石机，用力甩出去，正中歌利亚的前额。

歌利亚扑倒在地，大卫迅即跑上前去，从他身上拔出刀来，割下他的头，高举起来。非利士人看得明白，全都抱头鼠窜。以色列人随后追杀，大获全胜。

三十、莫逆之交

杀死了巨人歌利亚，接着又大胜非利士人之后，大卫被带去见扫罗王。

站在扫罗王一侧的是他的长子约拿单。约拿单一见大卫，就觉得他与大卫的心连在一起了。他爱大卫如同爱自己。

扫罗不让大卫回家，把他留在宫中，并封他为军队的战士长。大卫很快就受到士兵与百姓的爱戴，屡立战功。每当军队凯旋，百姓们就翩翩起舞，雀跃欢呼："扫罗杀死千千，大卫杀死万万。"扫罗听到后，就不禁嫉妒起大卫来。

有一段时间，约拿单尽力从中和解，以免他父亲和大卫之间的关系弄得太僵。但是，扫罗动不动就嫉妒之心大发，好像有恶魔附体似的。

一次，在大胜非利士人以后，扫罗与大卫在一块友好地交谈起来。突然，扫罗抓起标枪向大卫掷去，要把他钉在墙上。

大卫从扫罗那里逃了出来，去找约拿单问他说："我做了什么错事，使得你父亲一心要杀我呢？"约拿单不相信他的父亲真的要杀大卫，就回答说："我父亲做事情没有不事先告诉我的。"大卫提醒他，扫罗王知道他俩是好朋友，因而不可能把杀大卫的事告诉给他。

两个好朋友决定要把事情弄明白。第二天是新月节宴，大卫被赐宝座与扫罗同席。他俩商定大卫不去赴宴，如果扫罗问起来，就由约拿单告诉他，大卫已经回到伯利恒参加家祭去了。如果扫罗王听后露出高兴的样子，他们就会知道一切正常。假若他十分生气，约拿单就会确信他的父亲设宴是假，杀大卫是真。

扫罗在宴席上果然十分注意大卫，问他的座位为什么空着。当他听说大卫回家去献年祭了，不禁勃然大怒。他气得大骂约拿单，问他是否知道，他与大卫的友谊是对自己和家庭的背叛，因为大卫不死，约拿单就别想继承王位。

扫罗命令约拿单去把大卫抓回来判他死罪。约拿单拒不从命，扫罗狂怒之下，举枪向约拿单刺去。

约拿单不再怀疑他的父亲决意要杀大卫。他为父亲的邪恶刻毒既感到气愤，又觉得可耻。他一心想着要救自己的好友。但是，怎样才能送信给大卫，让他早作准备呢？他明白父亲已经派人把自己严密地监视起来了。幸亏这两个好友早已商量好了巧妙的送信暗号。

大卫藏在一个秘密的接头地点，等候约拿单。按照约定的时间，约拿单走出城来，向约好的地点走去。他随身带着一个侍童，帮他拿着弓箭。

他们来到大卫藏身的地方，约拿单便吩咐侍童朝前跑去，去拾他射出的箭。侍童奔跑起来后，约拿单将一枚箭射到他的前面，叫道："箭在前面！"

趁着侍童找箭的当儿，他又大叫："快跑，快跑，不要迟疑！"这是让大卫马上逃跑的暗号，因为已经证实扫罗决意要杀他。

约拿单打发侍童拿着弓箭回城后，大卫走了出来，向约拿单连拜了三拜，他相信自己的朋友是个忠实的王子。

两个朋友依依不舍地互相告别。约拿单说："你平平安安地去吧。我们两人指着耶和华的名字起誓，愿上帝在你我之间为证，在我们的子孙后代之间为证，直到永远。"

大卫与约拿单之间的友谊是高尚真挚的，他们彼此以性命相托，为对方而赴汤蹈火在所不辞。他们的友谊后来成为人人皆知的典范。

过了几年，扫罗和约拿单在对非利士人的一次战斗中一同阵亡。大卫做了国王后，想起了他与约拿单之间的友谊，也记起了他们如何许愿，要相互照管好他们的后裔。一天，大卫问他的几位大臣："扫罗家还有剩下的人没有？我想因约拿单的缘故向他们施恩。"

一位大臣听人说过，扫罗家还有个叫洗巴的老仆人。于是大卫召见洗巴，问他扫罗王室是否还有人活在世上。

洗巴开始不敢说。大卫对他说："我要照上帝对我那样，施恩垂爱于他。"洗巴这才告诉大卫说约拿单有一个儿子叫米非波设，还活在世上，他是扫罗家唯一的后代了。大卫马上命令去把米非波设召来。

大卫对米非波设说："你不要怕，我必因你父亲约拿单施恩于你。我要把你祖父扫罗的全部土地归还给你，而且，你今后将与我同席吃饭。"

大卫得知，米非波设由于腿瘸，不能劳动，就命洗巴帮助他总管全部土地和家产。

洗巴将得到的收入，除养活自己一家外，剩下的全部由他的主人享用，使他过上与王子的高贵尊严相称的生活。

大卫以这种慷慨的与他的国王身份相称的风度，纪念他亲爱的朋友，实践了他们共立的庄严誓约。

三十一、大卫变了，扫罗也变了

大卫在约拿单的帮助下逃脱扫罗的迫害后，来到了当时以色列人的圣城挪伯。那时，圣幕就设在这里，大祭司名叫亚希米勒。

亚希米勒看见大卫来了，以为是出了什么事。他战战兢兢地问大卫："你为什么一个人到这里来，没有人随从呢？"

大卫撒了第一次谎："扫罗王差我来执行秘密任务，不让我告诉任何人。"

亚希米勒不再问了，他表示愿意帮助大卫。大卫向他要东西吃，可是他告诉大卫，由于是安息日，他只有刚从圣所祭坛上更换下来的圣饼。

大卫谎称他是为了一个神圣的使命而来，吃圣饼算不上是犯罪。于是，大祭司给了他五个圣饼吃。

接着大卫又撒了第三次谎。他问亚希米勒："你手中有武器给我吗？因王命甚急，我什么兵器都没有来得及带。"

亚希米勒说："你杀死的那个非利士人歌利亚的刀在这里，裹在布中，放在祭服的后面。你要就可以拿去。除此以外，再也没有别的。"大卫说："再没有比这更好的了。拿给我吧。"

大卫第一次将这把刀夺到手的时候，是笃信上帝的。他曾劝歌利亚说："我来还击你，靠的是万军之耶和华的名，就是你公然蔑视的以色列军队的上帝。"但是，现在再拿着这同一把刀的，竟是一个变了样的大卫！他成了一个耍弄诡计欺骗上帝的人！

然而，无巧不成书。以色列人这天要守安息日，没有人敢超越一定的活动范围，以免冒犯戒律。因此，有一个扫罗的臣仆，司牧长多益恰巧留在这个圣城里。

多益亲眼看见大卫去找大祭司以及亚希米勒给他圣饼吃，还把歌利亚的战刀送给他。多益回到王宫后，就向扫罗报告了这一切。扫罗大怒，派人去召大祭司。“你为什么与大卫共同谋害我，将食物和刀送给他呢？又为什么怂恿他起来反对我呢？”他大声呵斥亚希米勒。

亚希米勒惊呆了：“王的臣仆中，有谁比得上大卫对王的忠心呢？他是王的女婿，又是为王执行秘密使命。请王不要怀疑我对您的忠诚。我不知道大卫是从王的面前逃走的。”

扫罗不相信亚希米勒的话，他命令士兵处死亚希米勒和所有的祭司。但是，士兵们不忍心杀死上帝的祭司。

扫罗越发生气，就对多益说：“你去把祭司们杀死吧。”

多益不是以色列人，是个以东人，以色列上帝的祭司对他没有什么用处。借着扫罗的命令，多益和他的同伴不但杀了亚希米勒，又赶到挪伯去杀了所有的祭司和他们的家眷，就连家畜也都杀戮殆尽。这是一桩骇人听闻的惨案，正是这一恐怖的屠杀使得百姓背离了扫罗。大祭司的家眷中只有一人幸免于难，他就是亚希米勒的儿子亚比亚他。他逃到大卫的营地，向他诉说了扫罗的暴行。

大卫后悔极了！他对亚希米勒的欺骗竟导致了这一连串的灾难。他对亚比亚他说：“那天我见到以东人多益在场，就知道他一定去给扫罗报信。你父亲全家族丧命，都是因为我的缘故。你住在我这儿吧。不要怕，索你命的人就是索我的命。和我在一起，你就平安无事了。”

后来，扫罗战死，大卫做了国王，他就让亚比亚他继承了亚希米勒的大祭司职务。但是，为救自己的命而撒谎给别人带来的灾难，他是永远无法弥补的。

三十二、大卫与扫罗

扫罗对大卫越来越嫉妒，把他赶得四处乱跑。大卫曾一度躲藏在一个山洞里，就是今天著名的亚杜兰洞。

在这个山洞里，许多人聚集到大卫的旗帜下，有他自己的父亲和弟兄，有生计窘迫的，有欠债的，有困苦的，还有许多像他一样的逃亡者，共计 400 余人，大卫做了他们的首领。

大卫成了迦南一带的罗宾汉式的人物，他的这帮绿林好汉的事迹也广为传扬。

扫罗得到消息说，大卫一伙人正在隐基底附近的旷野活动。他就率领 3000 精兵，前去捕捉大卫和他的追随者。大卫故意在高峻的岩石和荒僻的山间羊肠小道上与扫罗周旋，把扫罗累得筋疲力尽。

一天，大卫和一伙手下人正在一个山洞的深处躲藏着。突然，他们惊奇地发现扫罗只身一人走进洞里来便溺。大卫的部下劝他趁这一天赐良机，除掉这个使他们遭苦受难的祸害。可是，大卫不愿意这样做。扫罗是他亲密朋友约拿单的父亲；而更重要的是，大卫永远不会忘记，扫罗是耶和华的受膏者。因此，大卫放过了扫罗的性命。不过，他趁扫罗不注意，悄悄地爬过去，用刀割下了一块扫罗的外袍。

扫罗便溺后，从洞里出来朝山下走去。大卫在身后喊他："是我主扫罗王吗？"扫罗回过头来，看见大卫正在伏地向他叩拜。

大卫对扫罗说："你为何听信谗言，说我要害你呢？现在你可以明白了，如果我要杀你，是不费吹灰之力的。有人劝我杀你，我却不忍下手，因为你是耶和华的受膏者。"

大卫举起他从扫罗身上割下的那块外袍说："愿耶和华为我们判断是非，但是，我决不亲手加害于你。"

扫罗深受感动。他对大卫说："你比我更公义。一个人看见他的仇敌，岂有放过之理？你今天善待于我，上帝也会使你得到善报的。”

但是，过了不久扫罗就忘了大卫的恩义，再次出兵围剿大卫，要置他于死地。

一天，扫罗的军队安营过夜，他睡在军营里。周围的人，包括他的贴身护卫都睡熟了。大卫带着他的将领亚比筛钻进兵营向扫罗睡卧之处爬去。

扫罗的枪插在他头边的地上，他的水瓶也在离他枕头不远的地方放着。亚比筛对大卫说："让我用扫罗自己的枪把他刺死吧，我要把他钉在地上，一枪就可以结果他。"

大卫制止了亚比筛："不要杀他。有谁能加害耶和华的受膏者而无罪呢？不过我们可以把他的枪和水瓶拿走。"他们又从熟睡如泥的士兵中爬出，回到山谷对面的山上。

扫罗的元帅叫押尼珥。大卫站在对面的山顶上向他大喊："押尼珥，你真是一个名不虚传的勇士！你的王都要被人害死了，你还一点也不知道呢。现在请你看看，你王的枪和水瓶在这里。"大卫双手高举给押尼珥看。

"我儿大卫，这是你的声音吗？"晨雾中传来扫罗的声音。

"是我的声音，我的主。啊，王啊。"大卫的回声又传过山谷，"我的主，你为什么还要追赶你的仆人呢？为什么把我当成山中的鹧鸪一样来猎取呢？"

扫罗王坦白道："我错了。回来吧，我儿大卫。因你今天视我的性命为神圣，我决不再加害于你。我做了蠢事，大错特错了！"

大卫说道："王的枪在这里。你吩咐一个仆人来拿去吧。上帝必照每个人的行为给予报应。我今天本来能够杀死你，但是，我不肯伸出我的手去伤害耶和华的受膏者。我今天重看你的性命，愿耶和华也重看我的性命，并拯救我脱离一切灾难。"

扫罗对大卫说："我儿大卫，愿你得福。你必做大事，也必能成功。"

三十三、以色列的开国君王

扫罗再也没有迫害大卫，但是，不可思议的狂妄在他身上滋长着。他虽然还不乏勇敢，但偏离了作为一位统帅的用兵之道。在基利波山，他同非利士人展开了一场大战，结果，以色列人伤亡惨重，扫罗和他的三个儿子以及许多将士都在这次战争中阵亡。

大卫听说后，为扫罗和约拿单写下了一首千古传诵的著名挽歌，名为《弓歌》：

以色列啊，
你的精英倒在你的高山之上，
英雄何竟死亡！
……
约拿单的弓总不后转，
扫罗的剑绝不空还，
……
扫罗和约拿单，
生在一起，死不分离，
神速过于雄鹰，勇敢胜于猛狮。
……
英雄怎会倒在战场，
啊，约拿单，
你竟阵亡在以色列的高山上！
我兄约拿单啊，
我为你悲伤，
你对我的爱，终生难忘，

胜似美女对情郎。

英雄何竟倒下，

战刀何竟埋葬！

扫罗和约拿单阵亡以后，大卫带领着部下来到犹大支派领地内的希伯仑。犹大是以色列人的主要支派，他们在希伯仑拥立大卫做王，因为大卫是犹大族的人。

扫罗还有个儿子活着，名叫伊施波设，扫罗的元帅押尼珥拥立他继扫罗做了全以色列的王。从此，扫罗家与大卫家不断争战。大卫家越战越强，扫罗家日见衰弱。伊施波设的统治不得人心，七年半以后，他就被两个叛徒刺杀了。这两个叛徒想以此讨好大卫，但是，大卫不能容忍他们的叛变行为，就把他们处死了。

以色列各个支派的长老们都来到了希伯仑拥立大卫做全以色列的王。

希伯仑对以色列人来说是个圣城，因为亚伯拉罕在这里居住过，但是它不宜做以色列的都城。大卫要找一个更合适的城邑做都城，就选中了耶布斯城。耶布斯城建造在高丘之上，最高处有座坚固的城堡叫做“锡安”，被耶布斯人看成是坚不可摧的堡垒。他们狂妄地对大卫说：“瞎子和瘸子就能挡住你。”意思是说，城堡非常坚固，瞎子和瘸子就足以守得住。

但是，大卫出奇制胜，他带着部下爬上陡峭的岩石，攻陷了锡安，并给它起名为“大卫城”。这就是耶路撒冷，几千年来，它一直是犹太人心目中的圣城。

大卫以锡安为中心南征北战，完成了统一全迦南的伟业，成为一个伟大的国王。他所做的一切，都得到上帝的祝福。在他英明勇敢的领导下，以色列 12 支派最后融为一个民族，以色列兴旺昌盛起来，成为繁荣富强的以色列王国。上帝对亚伯拉罕、以撒和雅各的许诺，即以色列的子孙后代将成为迦南地的主人，最终通过大卫全部应验了。

三十四、约柜

无论是在旷野里艰难跋涉，还是在迦南地征战异族，神圣的约柜一直引导着以色列人前进。在他们看来，约柜是人眼无法看到的上帝与他们同在的见证。

士师时代，以色列人与非利士人在以便以谢打仗。以色列人战败，约柜被非利士人夺走了，那些真心爱上帝的人悲痛地说："荣耀离开了以色列，因为耶和华的约柜被掠走了。"

约柜在非利士人手中没有放多久，因为它给非利士人带来的是接连不断的灾难。他们只好把约柜放在一辆新造的由两头健美的乳牛拉着的牛车上，让他们朝以色列最近的一个村庄随意拉去。

两头乳牛径直走到了伯示麦。那里的以色列人看见约柜又回来了，欣喜若狂，就打发人把约柜继续送往基列耶琳。

基列耶琳人把约柜恭恭敬敬地接上山去，安放在一个名叫亚比拿达的人的家中，并指派他儿子以利亚撒看守。约柜在那里度过了漫长的岁月。

大卫在他的新城耶路撒冷做以色列王以后，觉得约柜应当安放在都城，随即下令将约柜从基列耶琳请到耶路撒冷来。于是约柜又被放在一辆新车上，亚比拿达的两个儿子乌撒和亚希约奉命赶车，并由大卫派来的三万精兵护送。

路上发生了一件十分不幸的事。由于道路不平，牛失前蹄，牛车颠了一下，乌撒怕约柜颠下车来，就伸手去把约柜扶稳，谁知他竟立刻倒在地上死了。人们认为这是因为他触犯了上帝，因为除利未族的人外，谁都没有资格接触约柜。

这件事发生在一个叫俄别以东的人家附近。大卫吩咐将约柜抬进他的家中，因为他怕再惹上帝发怒，不敢将约柜迎往耶路撒冷了。

上帝赐福给俄别以东一家。大卫就不再担心，三个月后，大卫亲自率领仪仗队，兴高采烈地将约柜迎到耶路撒冷。

大卫在耶路撒冷为王初期仍然住在帐篷里，因为没有王宫，推罗国王希兰赠送给大卫一大宗上好的香柏木，还派来了泥瓦匠和木匠，为大卫建造宫殿。

不久，一座宏伟壮丽的王宫就建造起来了，可是大卫不愿意住进去。他说："看哪，我住在香柏木的宫中，上帝的约柜却还住在帐篷里！"

那时，先知撒母耳已经去世了，继他做先知的是拿单。大卫告诉拿单，他想为上帝建造一座殿宇，要比世间所有的王宫都更加宏伟辉煌，使它成为臣民祭祀上帝的永久之地。

起初，拿单很赞赏大卫的这一宏伟计划，但是，当天夜里上帝就晓谕拿单，这件事不应由大卫来做。

上帝命令大卫说："你不可为我建造宫宇……你的儿子可承担此任。"

大卫尽管没有得到上帝的恩准修建圣殿，但他获得了安排规划、准备所需物料的殊荣。这样，当他的儿子所罗门继承了以色列的王位以后，他就可以立即着手施工了。

大卫献出了大量珍宝，百姓也都欢欢喜喜、甘心情愿地捐献了自己的财物，因为他们是向上帝奉献。

这件事称得上是历史的重演，因为摩西在旷野建造圣幕的场景又重现了。由大卫设计、所罗门完成的这座圣殿，完全是按照圣幕的式样建造的。

圣幕的结构也就是圣殿的布局：圣所、至圣所，最中间是约柜，扬着翅膀的天使基路伯护卫着纯金雕就的施恩座。

三十五、大卫犯罪

一天傍晚，大卫在王宫的屋顶上乘凉，看见一个非常漂亮的女人在附近的院子里洗澡，就问身边的人这个女人是谁。有人告诉他这女人名叫拔示巴，是大将乌利亚的妻子。大卫深深地爱上了拔示巴，就差人把她接进宫来留她过了一夜。一个月后，拔示巴打发人告诉大卫说她怀了孕，孩子是大卫的。

当时，以色列人正与亚扪人作战，大将乌利亚在前线攻打拉巴城。大卫令元帅约押让乌利亚回来报告战况。大卫原想，乌利亚回来后一定回家住宿并与拔示巴同房，这样就可以把他与拔示巴有的孩子推到乌利亚身上。没想到，乌利亚是一个忠诚的军人，他回到耶路撒冷向大卫报告了前线的战况以后，接连两天都没有回家住宿。他认为，同伴们都在前线浴血苦战，作为一个真正的军人，不应该单独回家去享福。

大卫的阴谋落了空，只好打发乌利亚回前线去。但他策划了另一个更狠毒的阴谋。

大卫给约押下了一道密令，要他对拉巴城发动一次强攻，并把乌利亚派到最危险的地方去。约押执行了这项残酷的命令，结果，乌利亚当场阵亡了。

大卫用借刀杀人之计把乌利亚害死以后，过了不久，就把拔示巴接进王宫，收为自己的妻子。

先知拿单对这件事非常不满，他受上帝差遣来见大卫，对他讲了一个故事：

有个穷人只有一只小母羊羔，他和孩子们都非常喜欢它，小羊羔成了全家人的宝贝。他家附近住着一个富人，家里牛羊成群。一天，富人家来了客人，这个富人竟舍不得从自己的羊群中取一只来招待客人，却硬把那个穷人仅有的那只羊羔杀了给客人吃。

大卫听完这个故事大为震怒，马上要惩罚那个富人，他要拿单告诉他那个富人是谁。拿单指着大卫说：“那个人就是你！”

上帝借先知拿单的口斥责大卫“借亚扪人的刀杀害乌利亚，又占有了他的妻子”，犯下了不可饶恕的大罪，必将自食其果，他的家族也要遭受巨大的不幸。果然，拔示巴给大卫生下的儿子只活了七天就死了，这便是上帝对大卫的第一个惩罚。

大卫对自己的罪过追悔莫及，就作了一首忏悔的诗：

上帝啊，
求你按你的慈爱怜恤我，
按你丰盛的慈悲涂抹我的过犯。
求你将我的罪孽洗除净尽，
并洁除我的罪。
……
求你用牛膝草洁净我，
我就干净；
求你洗涤我，
我就比雪更白。
……
上帝啊，
求你为我造清洁的心，
使我里面重新有
正直的灵。
……
上帝啊，
你是拯救我的上帝，

求你救我脱离流人血的罪，
我的舌头就高声歌唱你的公义。
……

（《旧约圣经·诗篇》第五十一篇）

三十六、夺权政变

大卫所犯的罪很快就给他的家族内部带来了不幸。首先是在他的两个儿子暗嫩和押沙龙之间出现了严重的不和。押沙龙嫉恨暗嫩，因为暗嫩是长子，是王位的当然继承人，还因为暗嫩对持宠骄傲的押沙龙在家中的傲慢无礼经常大加指责。

后来，暗嫩强奸了押沙龙的同母胞妹他玛，于是押沙龙决心杀掉暗嫩。他耐心地等了整整两年的时间，直到暗嫩觉得他们两人之间的事都早已忘却了。到了剪羊毛的季节，押沙龙借口庆贺大摆宴席，把所有的王子都请到离耶路撒冷 10 英里以外他自己的庄园里去。

押沙龙在酒席宴前设下伏兵，等到暗嫩开怀畅饮时，伏兵突出，将暗嫩刺死。

大卫听到这个罪恶的阴谋，悲痛欲绝，因为暗嫩是他的长子，而押沙龙则是他的宠儿。

押沙龙是个有名的美男子，他不但继承了大卫年轻时的英俊相貌，而且他的一头长发，浓浓地直垂双肩，特别引人注目。

大卫特别喜爱押沙龙。但是，暗嫩的死给大卫带来了极度的悲痛，他拒绝再见押沙龙。押沙龙便逃往基述去了。

三年后，大卫时常想念押沙龙，元帅约押就为他们安排了一次会面，父子重归于好。然而，押沙龙受宠不久就又策划起阴谋来。这一次，他的矛头竟对准了自己的父亲大卫。

押沙龙处心积虑地扩大自己的影响，培植自己的党羽，利用各种机会在百姓面前显示自己。他甚至亲率一支由战车和士兵组成的王室仪仗队，到处巡视，招摇过市，解决民间的争讼纠纷，摆出一副体察民间疾苦的样子，并吹嘘说他能够比在位的国王干得更为出色。他用这种手段渐渐地“窃取了以色列人的心”。

当他认为时机成熟后，就跑到犹大族的古都希伯仑，召集起一支强大的军队，自立为王。

大卫虽然年迈，却表现出了卓越的政治才能。他不愿以色列人自相残杀，决定离开耶路撒冷，免得与押沙龙兵戎相见，血染京城。

许多臣民仍然忠于大卫，愿随他出城，其中有抬着约柜的祭司们。

但是，大卫把他们劝了回去。他对祭司们说：“你们把约柜送回城去吧。我若在耶和华眼前蒙恩，他必使我回来，再见约柜和他的圣所。愿他凭自己的旨意待我吧。”

大卫带着随从上了橄榄山。他蒙头赤脚，边走边哭，痛悔自己的过失。到了山顶，大卫遇见了一个朋友，名叫户筛，就派他回耶路撒冷去诈降押沙龙，作为自己的内应。所以，后来押沙龙的一切军事行动，大卫都了如指掌。

三十七、押沙龙之死

押沙龙决计要和他的父亲开战，大卫再次显示了自己的军事才能。他将忠于自己的士兵分成三队，分别由以色列最杰出的三位大将——约押、亚必筛和以太统率。

大卫想亲随三军出战，但他的部下竭力劝阻。他们说，大卫留在大本营指挥，抵得上战场上的 1 万大军。

三支军队在大卫面前列队出征。当三位将领分别在大卫面前走过的时候，大卫依次命令他们说："看在我的分儿上，你们切不可伤害押沙龙。"全军很快都知道了大卫的这个愿望。

两军在原野上展开了一场惊心动魄的激战，有两万多人在厮杀中阵亡。一片茂密的树林构成了战场的一部分。押沙龙骑着骡子在树林中指挥作战，他的浓密长发随风飘展。

押沙龙的军队逐渐败下阵来，押沙龙见大势已去，便骑着骡子逃走。当他从一棵橡树下驰过的时候，树枝缠住了他的头发，把他悬挂在半空中，胯下的骡子箭一般地飞驰而去。

这种情况恰巧被大卫的一个士兵看到了，他赶忙去向约押报信："我看见押沙龙挂在橡树上了。"约押叫道："你既然看见了，为什么不趁机在那里杀死他呢？赶快去杀死他，我会给你重赏。"

那人回答说："就是把天下的财富都归我，我也不敢做出这样的事来。因为，我听见王嘱咐你、亚必筛和以太，不要伤害押沙龙。"

但是，约押不愿放过这个机会，他要除掉这个给以色列造成灾难的人。他手持三杆短枪赶到橡树前，连连刺透押沙龙的心。

大卫一直坐在大本营驻地的小城门前等候战场的消息。一个哨兵站在城门楼上，瞭望着通向小城的道路。突然，他看见一个人向城门跑来，在他身后很远的地方，还有一人跟随而来。

第一个送信的人跑到大卫面前，报告说："大获全胜，王的敌人全都溃散了。"

大卫却问他："押沙龙怎样了？"那人不敢讲出真情，因此就谎称他不清楚。

后面的报信人也赶到了，大卫又问他，押沙龙是否平安。这个人回答说："愿我主我王的敌人和一切要害我王的人，都落个与押沙龙一样的下场。"

大卫马上明白发生了什么事，他的心都要碎了。他向自己的住处走去，边走边放声痛哭："我儿押沙龙啊！我儿，我儿，我恨不得替你死，押沙龙啊，我儿，我儿！"

三十八、大卫的勇士们

大卫表现出的一种超人的力量和他享有的威望，使得以色列人乐意为他献身。早年就有30个这样的人，他们的英勇事迹，长期为以色列人所铭记。

在这30个人中，又有3个被誉为"三勇士"的人最负盛名。他们是约设巴设、以利亚撒和沙玛。每个人都有一件惊人之举，从而确立了自己在"三勇士"中的地位。在这三勇士之外，还有以亚比筛为首的三勇士。

当大卫的大本营设在亚杜兰山洞里时，他们被非利士人四面包围着，大卫的故乡伯利恒还在非利士人手中。

一天夜里，大卫思念自己的故乡，他带着甜蜜的回忆，说起伯利恒城门旁的那口水井：多少回，他曾在那里汲水饮羊；又有多少次，他在那里痛饮清凉甘甜的井水。

他大声叹息着说："啊，要是有人能将伯利恒城门旁井里的水打点来给我喝，该有多好！"

亚必筛和他的伙伴听见自己所爱戴的首领的叹息，决心不管付出多大的代价，也要让大卫如愿以偿。

一天夜里，他们神不知鬼不觉地悄悄溜出军营，向伯利恒摸去。他们杀开一条血路冲到井前，打上一壶水来，又冲破重重包围返回营地。

他们把水献给大卫，大卫却不肯喝，他把水倒在地上，奠在耶和华的面前。这是以色列人祭奠上帝的一种仪式，把他们认为最珍贵的东西奉献给上帝。

大卫说："我断断不敢喝这水。这是勇士们冒死打来的水，就如同他们的鲜血一般。”

大卫觉得，用如此巨大的代价换来的水是无比珍贵的，自己不能享用，只有上帝才配接受这无价的献礼。

三十九、所罗门的荣耀

经过多年征战，大卫大大开拓了以色列王国的疆域，使它成为地中海东岸的一个强盛的大国。到这时就需要一段和平时期来巩固已取得的胜利。大卫为此立下诫命，嘱咐儿子所罗门要永远尊崇并侍奉耶和华上帝，不可变心。为明心志，第一件要做的事，就是为上帝建造圣殿。为把圣殿建成名扬天下、最辉煌壮观的殿宇，大卫进行了长期的设计和大规模的准备工作。

大卫对所罗门说：“我儿，愿耶和华与你同在，使你得以富强。你要按我主上帝耶和华的嘱咐建造圣殿。你为以色列国王之时，愿耶和华赐给你智慧与明辨，使你善守你的上帝耶和华的戒律。”

“你要谨守上帝命摩西为以色列人立下的律例诫命、典章制度，就可事事亨通。你当刚强勇敢，遇事不可惊慌失措。”

所罗门做上帝选民的国王的时候，还很年轻，但他记住了父亲的忠告。作为国王他只向上帝祈求最为有用的东西。一天夜里，他做了一个梦，听到上帝对他说：“你愿我赐你什么，尽可求我。”

所罗门说：“求上帝赐给你的仆人聪明智慧，以明辨你的选民的是非，不然，有谁能够判断这众多的百姓呢？”

所罗门不求己利，单求智慧，很蒙上帝喜悦。上帝对他说：“你既然不为自己求寿、求富，也不求灭绝你的仇敌，而单求智慧，以辨人是非、明断事理，我就应允你的祈求，赐给你聪明智慧，使你成为一代明君。你没有求的，我也赐给你，就是富足和尊荣，使你在世的时候，列王中没有一个能与你相比。”

示巴女王就是许多亲自来朝见所罗门并一睹所罗门宫廷之壮丽的列王之一。她对所罗门说：“我在本国听到陛下的政绩和智慧，先是不相信那些话，现在我亲眼都看见了，才知道人们所告诉我的，还不及我亲眼见到的一半。陛下的智慧，贵国的兴旺，远远超过流传的名声。”

所罗门一直被誉为有史以来最聪明的人。一天，有两个女人厮打着来到所罗门王面前请求公断。一个女人说：“我主啊，我和这女人同住在一间屋子里，我们每人有一个小男孩，差不多大小。昨天夜里她睡觉时把自己的孩子压死了，趁我睡熟，把她的死孩子放在我怀里，把我的孩子抱去放在她自己的怀里。等天亮了，我发现我怀里的孩子是死的，而且不是我的孩子，她抱着的孩子才是我的。”另一个女人说：“不对，这个活的孩子是我的，那个死的孩子才是你的。”

两个人又在所罗门面前争吵起来。所罗门想了一下，说：“你们都说活着的孩子是自己的，可是有什么凭证呢?！干脆把这孩子用刀劈成两半，你们平分吧！”

一个女人听说要把活孩子劈成两半，马上急了，她恳求说：“求我主把这孩子给她吧，我情愿不要了，千万不要杀他。”另一个女人却淡漠地说：“这孩子不归我，也不归你，还是按王的意思把他劈成两半平分吧。”

所罗门王说：“好了，我知道了。这个要求不要杀死孩子的女人才是他真正的母亲。”

就这样，所罗门凭自己的智慧赢得了百姓们的信服与尊敬，并巩固了自己的统治地位。

四十、先知以利亚

所罗门时代的繁荣只是当时社会的一个侧面；另一方面，所罗门大兴土木所造成的经济重担沉重地压在人民、特别是那些穷苦百姓的头上。那些无力缴纳重税的人，都被迫去做苦役，弄得怨声载道，埋下了政局动荡的种子。

所罗门死后，北方10个支派的首领一起来见新国王罗波安，对他说："你父亲苦待我们，我们没法活下去了。求你减轻我们的苦工和加在我们身上的重轭，我们就拥护你。"

遗憾的是，罗波安并没有把他父亲所罗门的智慧继承下来。他被一伙像他一样狂妄无知的青年人包围，听从他们的主意。他对北方的代表们说："我父亲使你们负重轭，我要叫你们负得重上加重；我父亲用鞭子责打你们，我要用更厉害的蝎尾鞭责打你们。"

北方10支派的代表回答说："大卫和我们有什么相干？他的继承人、他的国家关我们什么事？以色列人哪，我们各回各家去吧。"

于是，统一的以色列王国分裂了：犹大和便雅悯这两个支派占据南方建立了犹大王国，由大卫的家族继续统治；其他10个支派在北方独立，仍然称为以色列王国。

曾经反对过所罗门、后来逃到埃及去的耶罗波安，被请回来做了北部以色列国的国王。他是个聪明的国王，但干了一件很愚蠢的事：为了和犹大国争夺宗教领导地位，他下令铸造了一对金牛犊作为崇拜对象，这就违犯了上帝的诫命，使以色列人陷在罪里。

数年之后，另一个以色列王亚哈也犯了同样的罪，而且犯的罪更重。他娶了一个外邦女人为妻，她的名字叫耶洗别。

耶洗别是西顿王的女儿，她给以色列人带来了异教偶像巴力，还有450个侍奉巴力的祭司。他们向以色列人传播这种异教，使他们忘记了敬拜唯一的真神上帝耶和华。

就在这时，上帝派来了一位先知，也是以色列人的伟大先知之一，他就是以利亚。

以利亚是来自基列的提斯比人。他奉上帝之命去见以色列王亚哈。以利亚警告亚哈，由于他迎合了耶洗别的罪过偶像崇拜，将遭受旱灾的惩罚。以利亚说："我站在永生的以色列的上帝耶和华面前起誓，这几年我若不祷告，就必不降露，也不下雨。"

缺水果然在以色列各地成为严重的问题，特别是在炎热的天气里，所有的东西几乎马上都干瘪了。饥荒和灾害接踵而来，这是亚哈所犯的罪孽而使百姓遭受的巨大不幸。

亚哈不思悔改反而怒气大发，把这场可怕的灾难归罪于以利亚，以利亚只好躲藏起来。上帝吩咐他藏到约旦河东边僻静的基立溪旁去。

以利亚有小溪的水可喝，可是没有食物。上帝对他说："我已经吩咐乌鸦给你送吃的。"于是，有一只乌鸦就在早上和晚上给他叼来饼和肉吃。

以利亚在那里躲避亚哈，平安地度过了好多日子，上帝忠诚的小天使天天都给他叼东西来吃。

四十一、撒勒法城的寡妇

严重的干旱持续着，基立溪最后也干涸了。上帝晓谕以利亚到西顿的撒勒法城去，住在那里的一个寡妇家里，由她提供食宿。

以利亚来到撒勒法城，看见一个妇人在城门附近拾柴，就向她要水喝。当她要取水的时候，他又在后面喊道："求你也给我拿点吃的来。"这两样东西当时都是罕有之物。

"天哪，"那妇人叫道，"我没有可吃的东西，家里只剩下一把面和一点油了。我现在拾几根柴回家，给我和我的儿子做个烤饼，吃完了，就只有等死了，因为再也没有什么可吃的东西了。"

以利亚对她说："不用担心，只管烤你的饼去吧。不过，你要先给我烤一个小饼送来，然后再为你和你的儿子去烤。上帝已经允诺，坛子里的面必不减少，瓶子里的油也必不短缺，直到耶和华再降雨在地上。”

那妇人相信了上帝借以利亚所说的话。她先给以利亚烤了个小饼，从这以后，坛子里的面果然不再减少，瓶子里的油也不再短缺，整个旱灾期间都是如此。

以利亚在这个寡妇和她的儿子家里住了许多日子。一天，那孩子患重病死了，孩子的母亲在极度悲痛之中对先知说，他到她家来毕竟不是件好事。上帝因他的缘故而记起她是个有罪的女人，使她受到惩罚。

以利亚接过孩子，抱到楼上自己的房间里，把孩子放在床上，然后就向上帝祷告。他请求上帝收回这场灾祸，使这个不幸的女人没有理由认为她是因为善待了上帝的先知而受到惩罚。

以利亚接着把他的心贴在孩子的心上，再次祷告：“耶和华我的上帝啊，我求告你，让这孩子的灵魂重返他的肉体。”上帝应允了他的祈求，孩子慢慢醒过来了。以利亚抱起孩子走下楼来，他的母亲正焦躁不安地等在那里。他把孩子递给她说：“看哪，你的儿子活了！”

妇人对以利亚说：“现在我算知道你是上帝的使者了，你所说的话确实是上帝的声音。”

四十二、迦密山上的较量

旱灾和饥荒持续了三年。最后，上帝对以利亚说：“你可以去见亚哈了，我要降雨在地上。”

亚哈看见以利亚便说：“使以色列遭殃的就是你吗？”以利亚回答说：“使以色列遭殃的不是我，而是你，因为你们离弃了耶和华的诫命，去随从巴力。”

以利亚告诉亚哈审判的日子到了，命亚哈以上帝的名义将以色列人以及耶洗别带进以色列的那450个侍奉巴力的假先知都召集到迦密山上去。

待以色列众民和先知们聚齐后，以利亚大声宣告说："你们心持两意要到几时呢？若耶和华是上帝，就当顺从耶和华，若巴力是上帝，就当顺从巴力。"众民一言不发。

以利亚接着说："作耶和华先知的，只剩下我一个人，而巴力的'先知'却有 450 个。"他提出当场试验，看看谁是上帝的真先知。

以利亚要巴力的"先知"选一头献祭用的牛犊，他也选一头。牛要宰好洗净，切成块放在木柴上，木柴下面不要点火。

巴力的"先知"求告巴力，以利亚则求告耶和华。以利亚说，就以此为证，"那降火显圣的神，就是上帝。"众人齐声回答："这个办法很好！"

以利亚告诉巴力的"先知"们，既然他们人多，就应该他们先试。巴力的"先知"们将祭牲备好，然后就开始求告巴力，从早晨一直到午间，口中不断地念叨着："巴力啊，答应我们吧！巴力啊，答应我们吧！"但是没有一点反应。巴力的"先知"们围着祭坛跳舞、唱歌，转了一圈又一圈。以利亚嘲笑他们说："再大点声音喊吧！你们不是说巴力是神吗？或许他正同别人交谈，没有听见；或许他正在狩猎，或是出了远门，或是正在睡觉，你们应当叫醒他。大声求告吧！"

巴力的"先知"们越来越兴奋。他们边求边跳，狂呼乱叫，还拿起刀来自砍自割，进入了狂乱状态。但是，仍然一点动静也没有。天快黑了，他们的祭品依然如故。

这时，以利亚招呼以色列众人走近祭牲。他取了 12 块石头，每块石头代表以色列的一个支派，摆成一座祭坛。围着祭坛，他又挖了一条水沟，将祭牲切成肉块，放在祭坛的木柴上，然后，他吩咐众人将四桶圣水倒在木柴和祭牲上。他又让他们倒第二次水，接着又倒第三次，直到祭坛浸透、四周沟里也都灌满了水。

以利亚随即祷告说："亚伯拉罕、以撒、以色列的上帝耶和华啊，求你今天使人们知道你是以色列的上帝，也知道我是你的仆人，又是奉你的命行这一切事的。”

于是，耶和华降下火来，烧尽燔祭、木柴、石头、尘土，又烧干了沟里的水。众人看到这令人惊奇的异象，就伏在地上叫道：“耶和华是上帝！耶和华是上帝！”

以利亚抓住这一良机根除人们对偶像巴力的崇拜，他吩咐众人捉住巴力的“先知”们，把他们带到基顺河边，全部斩杀在那里。

以利亚又对亚哈说：“上祭坛去吃喝吧，有大雨的声响了。”

亚哈上去后，以利亚就登上迦密山顶，躬身下拜，祷告上帝现在可以降雨在这焦枯的土地上了。他边祷告，边吩咐他的仆人向远处的地中海观看，并告诉他看到什么。仆人说：“什么也没有。”

以利亚接连让仆人看了七次，到第七次的时候，仆人叫道：“看啊，有一片云彩从海上升起来了，像人的巴掌那么大。”

以利亚知道他的祷告奏效了。他对仆人说：“去告诉亚哈，让他套车下山，免得被雨阻挡。”

霎时间，乌云密布，一场大雨倾泻在干渴了三年的土地上。

在暴雨中，亚哈坐着马车向耶斯列城急驶。但是，以利亚比亚哈的马车跑得还要快，当亚哈赶到耶斯列城的时候，以利亚已等在那里迎接他了。

四十三、平静而微小的声音

亚哈的王后耶洗别听到她的“先知”们被杀的消息，勃然大怒。她差人去威胁以利亚说：“我若不在一日之内像你对待巴力的先知那样报复你，就让神明加重惩罚我。”

对于耶洗别这样的女人来说，这话里暗藏的杀机已经昭然若揭了，以利亚觉得，在这种情况下，三十六计走为上计。他先躲到犹大的别是巴。在那里，他还是感到不安全，就又赶了一天的路程，来到旷野里，坐在一棵罗腾树下，再也走不动了。迦密山上一幕幕令人震惊的紧张场面一直压得他透不过气来，他已经有好几天没有进食了，而且，他为自己没能很好地完成使命而深感内疚，他还觉得他是剩下的唯一坚信上帝的人。如果他死了，一切就都完结了。他感到悲哀，绝望。（从那以后，罗腾树就被当作忧愁的象征。）

以利亚躺在罗腾树下睡着了。他做了个怪梦，梦见一个天使拍着他说："起来吃吧。"他睁眼一看，头边有一瓶水和炭火烤的饼。他吃喝完毕，就倒下再睡，但没睡多久，他又做了一个同样的梦，天使对他说："起来吃吧，因为你要走的路太远了。"于是，以利亚又吃了喝了，借着这食物的力量，走了"四十昼夜"——这在《圣经》中通常表示"很长很长的时间"。

以利亚一直走到何烈山——也称西乃山。这是上帝的圣山。摩西在这里看见了燃烧着的荆棘丛，后来又接受了上帝的"十诫"。毫无疑问，以利亚认为他在这里一定会知道上帝给他什么使命。

以利亚来到何烈山后，住进了一个山洞里。在这里，他听到了上帝对他说话的声音："以利亚，你在这里做什么？"

以利亚回答说："我为万军之上帝耶和华大发热心。以色列人背弃了你的圣约，毁坏了你的祭坛，用刀杀了你的先知，如今只剩下我一个人，他们还要追索我的命。"

"走出洞来吧，站在我目前。"上帝的声音对他说。以利亚走出洞来，一阵烈风大作，飞沙走石。以利亚想从风中寻觅上帝的声音，但什么也没有听到。

大风过后是一场特大的地震，何烈山地动山摇，仍然没有上帝的声音。接着又是一场大火，遍山燃烧，还是没有上帝的声音。

大火过后，以利亚才听见一个平静而微小的声音，他急忙用斗篷蒙住了脸，就像摩西当年在燃烧着的荆棘丛前那样，因为他知道这是上帝在同他说话。

“以利亚，你在这里做什么？”上帝的声音再次问他。于是以利亚又重复了一遍他的绝望和担忧。

那平静的声音却对他说：“你回去吧，我已在以色列人中留下了7000人，他们未曾向巴力屈膝，也未曾对它下拜。”

以利亚奉上帝之命又返回了以色列，他感到莫大的欣慰，因为他不是孤立的，还有许许多多的同胞不顾耶洗别的威胁，依然忠于上帝。更为高兴的是，他得到了那个平静而微小的声音的承诺：上帝仍和他同在。

四十四、以利亚升天

在7000个勇敢地拒不崇拜耶洗别的偶像巴力的以色列人当中，有一位年轻的农夫，名叫以利沙。

一天，以利沙赶着12对牛正在他父亲的田里耕地。以利亚越过对对耕牛，走到以利沙跟前，脱下自己的外衣，搭在以利沙身上。以利沙马上明白了他的意思，他接过外衣，领受了以利亚的暗示和召唤。

以利沙对以利亚说：“求你先容我去向双亲告别，然后就跟你走。”以利亚打量了一下这个青年人，亲切地说：“你回去吧，我向你做了什么呢？”以利亚明白，先知的生涯是多么艰难困苦。

以利沙决心听从这一召唤，他的父母也都很乐意。他们宰了一对牛招待所有的乡亲，来庆祝这一伟大的时刻。之后，以利沙就告别了父老乡亲，跟从了以利亚。

我们不知道以利沙服侍了以利亚多长时间，但是《圣经》上清楚地告诉我们，他非常爱戴这位勇敢的老先知，把他当作自己的父亲。我们还知道，以利亚确信，以利沙就是继他之后来完成在以色列人中恢复对上帝的真诚信仰这一伟大使命的人。

以利亚认识到自己的使命业已完成，上帝接他升天的时候到了。以利亚对以利沙说："在我离开你之前，你要我为你做什么，只管告诉我。"以利沙说："只求感动你的灵加倍地感动我。"

以利亚说："你所求的不容易得到，不过，我离开你升天的时候，你若看见我，就能得着；若看不见我，就得不着了。"

当这位先知被接上天的时候，以利沙果真和他在一起。他们正在谈话的时候，忽然有几匹火马拉着一辆火战车，像一阵旋风把他们隔开了。当这幻象消失时，以利亚也消失了。

以利沙的眼睛跟随着火马火车直到它们消失在天空中。他呼叫着："我父啊！我父啊！以色列的战车马兵啊。"以利沙感到，随着以利亚的离去，以色列失去了最强大的保护力量——胜过全部军队和战车的力量。

以利沙举目遥望的时候，看见以利亚的外衣飘了下来。他捡起外衣，就回到附近的耶利哥城去。那里的先知们看见他都说："感到以利亚的灵感动以利沙了。"从此以后，以利沙就被全以色列人看成是继以利亚之后的先知。

四十五、小女奴

那时，叙利亚经常侵略以色列，劫掠他的边境。一次，以色列的一个小姑娘被掳到了叙利亚，给元帅乃缦的妻子做了女奴。乃缦勇敢善战，为他的国家赢得了多次胜利，叙利亚国王对他十分敬重。

乃缦的家是一座大型官邸，有许多豪华昂贵的摆设。但小女奴注意到，这座富丽堂皇的官邸里却充满着一种令人悲伤的气氛。不久她就发现了乃缦竟是个麻风病患者。

病情或许还未恶化，但无人知道怎样治疗。乃缦尽管有万贯家产和种种荣耀，却迟早要被可怕地隔离起来，死于那吓人的麻风病。

一天，小女奴对女主人说："主人若能去见撒玛利亚的先知就好了。他一定能治好他的病。"

任何人患了麻风病，都会抱一线治愈的希望，乃缦就向国王提出了这件事。国王说："准备好，马上动身吧。我再给以色列国王写一封信带去。"

于是，乃缦带着一班随从和一些金银丝绸，前往撒玛利亚。到了那里，他先去见以色列国王，把带来的信交给他，以色列王打开信，只见上面写着："我派臣仆乃缦去见你。见信后，望你为他治好麻风病。"

以色列王大发脾气，他冲着大臣们叫道："他把我当成什么人了！我又不是上帝，能使人死使人活！我怎么能治好他的麻风病呢，这岂不是找借口制造争端吗？"

以利沙知道了这件事，就送口信给他："你何必举止失措呢？叫乃缦马上到我这里来，他就知道以色列中有先知了。"

于是，乃缦带着他的随从来到以利沙的门前，停下车来。以利沙的仆人出来对乃缦说："先知让你到约旦河中去沐浴七次，你身上的肉就会复原而得洁净。"

乃缦听后十分生气。"我在来的路上就想，他必出来迎接我，站着求告他的上帝耶和华的名，在我的患处来回摇手，治好我的麻风病。大马色的河水岂不比约旦河里的水更好吗？"他怒气冲冲地转身离去。

他的几个仆人却走上前来对他说："主人，先知吩咐你做一件大事，难道你会拒绝吗？那么，为什么不可以按照他的嘱咐去洗一洗呢？"

乃缦想，到约旦河去洗个澡，即使治不好病，也没坏处，于是就下到约旦河里，连着沐浴了七次。当他第七次走上岸来时，他的全身果然如童体一般，肌肤洁净，麻风病治愈了。

乃缦和他的随从回到以利沙的住所，对以利沙说："如今我知道除了以色列之外，普天之下没有上帝。现在求你收下仆人的礼物吧。"

以利沙说："我站在永生的耶和华面前起誓，我概不收礼。"乃缦再三求他收下礼物，先知坚决不收。

最后，乃缦提出一件非常特别的请求。他说："那么，请赐给仆人两骡驮子土吧。从今以后，我必不再将燔祭献给别神，只献给耶和华。"

那时候，人们相信每个国家都有自己的神，每一位神的权能仅限于自己居住的国土之内。因此，乃缦要求带回一点以色列的土，这样，他回到叙利亚后，就可站在上面祭拜以色列的上帝了。

乃缦还请求说："有一件事愿耶和华饶恕仆人。我的主人敬拜雷神进临门庙叩拜的时候，我要用手搀扶他，而且我也要躬身下拜。这件事，愿耶和华饶恕我。"

以利沙只是对他说："愿你一路平安。"于是，乃缦一行人就回国去了。

四十六、但以理和他的三个朋友

巴勒斯坦由于地理位置的原因，一直是世界政治舞台上最重要的地区之一。它是联结非洲、亚洲和欧洲的枢纽。世界上所有梦想成为征服者的人，都企图占领这个地区。

第一个派兵去征服这个地区的是亚述，它的首都叫尼尼微。先知以利亚去世以后很久，叙利亚人占领北部以色列王国，掳走了大部分以色列人。同时，亚述人还企图征服南部的犹大王国，就在他们围攻耶路撒冷的时候，上帝降下了灾难，击杀了大部分亚述军兵，他们惊恐万状地逃回亚述。这段故事记载在《列王记下》第十九章中。

继亚述之后崛起的大帝国是巴比伦王国。巴比伦人对巴勒斯坦用兵，攻破了耶路撒冷，并将大部分犹大国上层人物掳往巴比伦做奴隶。

被掳的以色列人中有四个少年人，他们是但以理、沙得拉、米煞和亚伯尼歌，被挑选出来接受训导，准备做巴比伦王尼布甲尼撒的宫廷侍臣，

“王派定将自己所用的膳和所饮的酒每日赐给他们一份，养他们三年，满了三年，好叫他们在王面前侍立”。

但是，但以理“立志不以王的膳和王所饮的酒玷污自己”。因为上帝命令摩西禁止以色列人吃这类食物。但以理就去见总管太监亚施比拿，请求允许他们不吃巴比伦王所赐的酒肉。

亚施比拿非常喜欢但以理，但他不能答应他的请求。他说：“假若你们不吃王赐给的酒肉，他见你们比其他少年人瘦弱——天哪！说不定我要掉脑袋的！”

但以理只好另想办法。他找来负责膳食的委办说：“求你让我们试验10天，让我们四人只吃素菜，喝白水。10天以后，你再亲自看看我们比别人的身体强不强。”

委办准许试试看，10天以后，但以理等四人看上去果然远比其他少年人丰满健壮，而且在学识上也远比其他人聪明伶俐得多。委办便同意了他们继续吃这种简单的饮食。

三年期满后，他们站在王的面前接受考问时，巴比伦王发现，他们的聪明才智“胜过通国的术士和巫师十倍”。

但以理“发誓立志”证明他对上帝的信仰矢志不渝，正如我们将会看到的那样，这种信仰使他赢得了一次又一次的成功。

四十七、遗忘了的梦

一天早晨，巴比伦王尼布甲尼撒带着一种莫名的恐惧醒来。夜里，他做了一个梦，使他心烦意乱，难以入睡。但是他无论如何也想不起梦到了些什么。

他觉得好像是得到了某种灾难即将发生的警告，可就是记不起是什么灾难，因而也就不知道如何预防。于是他吩咐，将所有占星的、观兆的、术士、巫师都召来。这样的人有好多好多，因为巴比伦人非常迷信预兆和巫术。他们当中许多人确实很聪明。

当这一帮稀奇古怪的人在尼布甲尼撒面前站定时，他说道："我做了一个梦，心中烦乱，想知道是吉是凶。"术士们自信地答道："愿王万岁，万万岁。请将那梦告诉仆人，仆人就可占卜其意。"

王说："那个梦我已记不得了。你们若说不出这是什么梦并将梦圆解出来，我就把你们剁成肉泥。你们若将梦和梦的讲解告诉我，我必赐给你们重赏。"

占星相的和其他的术士们一个劲地求告："请王把梦告诉仆人，仆人就可占卜吉凶。"

尼布甲尼撒大声呵斥他们说："你们这是故意拖延。你们若不能把我的这个梦圆解给我听，就只有死路一条。现在就把我的梦说出来，然后我才相信你们能够解说梦的吉凶。"

这些可怜的术士们抱怨道："普天下没有人能够回答王的问题。任何君王，不管他多么伟大和万能，都没有问过这样的事，王简直是在难为我们，只有天上的神明才能说出王的梦来。"

尼布甲尼撒大怒，吩咐以骗子的罪名处死巴比伦所有的哲士。按照巴比伦的法律和惯例，但以理和他的同伴也都被认为是哲士，尽管王召集占星相的、术士和巫师时，他们都不在场。

当王的护卫长前去逮捕但以理和他的同伴时，但以理对他说："王的命令为何这样紧急而又严厉呢？"护卫长就将全部实情告诉了他。但以理随即请求见王一面，他求告说，若王给他宽限，他就能将王的梦圆解出来。

尼布甲尼撒同意了但以理的请求。但以理回到住所去见沙得拉、米煞和亚伯尼歌。这四个青年人一起祷告上帝施怜悯向他们指明尼布甲尼撒王梦的奥秘，免得他们随同巴比伦其余的哲士一起丧命。

夜间，上帝就将奥秘给但以理显明了。但以理便称谢上帝说："愿上帝的名永受赞扬，因为智慧和能力都属于他。"

但以理急忙去见护卫长，求他不要执行灭绝巴比伦哲士的命令。他说："请你把我领到王的面前，我要把他的梦讲解给王听。"

护卫长立即领着但以理去见王，他说："我从被掳的犹太人中发现了一个人，他能将王的梦圆解出来。"

尼布甲尼撒——这位当时世界上最大帝国之一的强有力的君主——打量着这个年轻的以色列人，一个沦落异邦的俘虏，说道："你能将我做的梦和梦的讲解告诉我吗？"

但以理回答道："王所查问的那个奥秘，占星的、术士和巫师都不能给王指明。只有一位在天上的上帝能显明它。至于那奥秘显明给我，并非我的智慧胜过任何其他的人，而是上帝想让你知道你梦见了什么，你担心什么。"

但以理使尼布甲尼撒追忆起来的，确实是个怪梦。他在梦里看见一座巨像，闪闪发光，形状可怕。这像的头部是纯金的，胸膛和臂膀是银的，肚腹和腰是铜的，腿是铁的，脚是半铁半泥的。当尼布甲尼撒观看这座怪像的时候，又看见一块不是用人手凿出的巨石。那巨石向那座巨像飞速地滚来，猛击在像的半铁半泥的脚上，随着一声震天动地的巨响，把脚撞个粉碎。于是，整个巨像倒塌下来，金、银、铜、铁、泥一同化为粉末，犹如禾场上的糠秕被风吹个精光，不见了踪影。那块将巨像击碎的石头却越来越大，充满了天下。

这就是使尼布甲尼撒心烦意乱、被他遗忘、又经但以理重新复原的那个梦。但以理接着给王讲解梦的预兆。

"王啊，你是王中之王，天上的上帝已经将国度、权柄、能力和尊荣都赐给了你。上帝又将世间万物交付你手，使你掌管这一切。你就是那像的金头。在你之后，必有另一王国兴起，但不如你强大。是那银的胸膛和臂膀。又有第三国兴起，就是铜的，也必掌管天下。第四个王国必坚固如铁，能克制百物，打破一切，但它必将四分五裂，正像你看到的那半铁半泥的脚一样，它既有铁的力量，又有泥的软弱，因此不能相和在一起。”

但以理接着又讲解那块不是用人手凿出的巨石：“当列王在位的时候，天上的上帝必另立一国，它坚不可摧，必将打碎灭绝其他所有的列国，而永世长存。”

尼布甲尼撒领会了他的梦。他明白借他的梦给他显示预兆的上帝是至大的真神，他主宰着所有列国的兴亡。他从开天辟地起，经万世而不替。他是以自己的伟大的意志决定着全世界全部时代、全部历史变迁的神。所有其他的列国都将消亡，而唯独上帝建立的天国必永存于世。

尼布甲尼撒对但以理的圆解心服口服，他躬身下拜在但以理面前，把他看成是真神上帝的使者，对但以理说：“你们的上帝的确是万神之神，万王之王。”

于是，王封但以理为总理，赏赐他许多上等礼物，派他管理巴比伦全国，并统管巴比伦的一切哲士。

但以理在位尊身荣时没有忘记自己的伙伴，在他的请求之下，王就派沙得拉、米煞和亚伯尼歌管理巴比伦各省的事务，而但以理常在朝中侍立。

四十八、在烈火中行走

过了些日子，尼布甲尼撒不但很快忘记了他的怪梦，而且也忘记了梦中显示的严厉警告。他变得狂妄自大起来，甚至觉得比上帝还要强大。

他造了一尊巨大的金像，立在巴比伦杜拉平原上。他定下一个日子为金像举行盛大的开光典礼，并命令所有的总督、巡抚、臬司、藩司、法官和各省的官员都来参加。

到了那一天，所有的人都在这尊巨大的金像前聚齐，一个传令官跨前几步，大声喊道：

“各省、各族、各方的人哪，国王有令，你们一听见各种乐器的声音，就当俯伏敬拜尼布甲尼撒王所立的金像。凡不躬身下拜者，立时扔进烈火窑中。”

当鼓乐齐鸣时，金像前黑压压的人群全都伏地跪拜——只有三个青年人站立不拜。他们是但以理的好友沙得拉，米煞和亚伯尼歌。

王知道这件事后，勃然大怒，就派人将这三个从耶路撒冷掳来的青年人带过来，责问他们说：“沙得拉、米煞，亚伯尼歌，你们是故意不愿侍奉我的神，也不敬拜我所立的金像吗？你们若再听见乐器的声音，就立时俯伏敬拜我制造的金像，就算罢了；如若不然，就即刻把你们扔进烈火窑中，看有什么神能救你们脱离我的手？”

这三个青年人沉着地回答说：“尼布甲尼撒王啊，这件事我们用不着花费工夫回答你。若你真的把我们扔进烈火窑中，我们侍奉的上帝必能把我们救出来。王啊，他也必救我们脱离你的手。即或不然，王啊，你当知道我们决不侍奉你的神，也不敬拜你所立的金像。”

这种公开蔑视他至高无上的王权、胆敢对抗他的意志的行为，使尼布甲尼撒怒火中烧。这三个青年人从容不迫的态度使他达到狂怒的地步。

他命令将火窑再加热七倍，又吩咐几个士兵将这三个人捆绑起来，扔进烈火窑中。当士兵们把这三个阶下之囚抛进窑中的时候，从窑中喷出的火焰却把他们烧死了。

尼布甲尼撒站在一个安全的地方，能清楚地看到窑中的情况，他被惊呆了。“难道我们捆起来扔进火里的不是三个人吗？”他问身旁的官员们。

“王啊，是三个人。”他们回答道。

“看哪，我看见四个人在火中行走，并没有被捆绑。”这位惊恐万状的暴君喊道，“而且他们没伤着半根毫毛。那第四个人的相貌好似神的儿子。”

于是尼布甲尼撒走到窑门前喊道：“侍奉至高上帝的沙得拉、米煞、亚伯尼歌，你们从火中出来，到我近前来吧。”

这三个青年人就从火窑中走了出来。所有的人把他们围在中间，观看这几个不怕火烧的人。他们的头发一根也没有烧焦，衣服也没有火燎的气味或痕迹。

尼布甲尼撒大声说道：“沙得拉、米煞和亚伯尼歌的上帝是应当称颂的，他差遣使者解救信奉他的仆人。他们宁愿舍身于烈火，也不侍奉或敬拜他们上帝以外别的神。因此，我现在降旨，无论何方、何国、何族的人，凡毁谤亵渎沙得拉、米煞和亚伯尼歌之上帝者，必斩尽杀绝，因为没有别的神能施行这样的拯救。”

接着，他将三个英勇的青年人提升到管理巴比伦的更高的职位上。

四十九、狮子坑中的但以理

但以理的三个伙伴由于拒绝敬拜金像而被扔进烈火窑中的时候，但以理本人似乎没有在场。然而，他受难的日子也为期不远了。

这时，巴比伦王国已被玛代人取代了，新国王是玛代人大利乌，他带来了玛代和波斯人的律法和惯例。

大利乌将全国划分为 120 个行政区域，每个区域由一名总督管辖，这些总督对三名总长负责，而但以理又位居总长之上，因为他有“超人的灵性”。

但以理受到重用，使其他高级官员非常忌妒，他们处心积虑地要抓住他的把柄，以便向国王告发他。但他们无从下手，因为但以理忠于职守，毫无过失。

这些人便商议说，只有在他的上帝的法律中瞅准时机，寻找控告他的把柄，才能告倒他。他们知道，但以理每天都要按时向上帝做三次祈祷，于是他们想出了一个陷害但以理的阴谋。

他们一起来见国王说："愿大利乌王万岁。陛下所有的总长、总督、钦差、谋士和巡抚彼此商议，为了显示王的尊荣，我们一致认为应该发布一道严格的禁令，30天内不论是谁，若在王以外向神向人求告什么，就把他扔进狮子坑中。王啊，现在求你发布禁令，加盖玉玺，决不更改。"

这是从古至今向独裁者献媚的惯用伎俩，大利乌同所有的独裁者一样，被蒙骗了。他在禁令上盖了玉玺，而没有考虑其后果。

但以理知道这条禁令已正式颁布，就回到自己的住处，像往常一样，打开面向耶路撒冷方向的窗户，一天三次跪拜上帝，祷告谢恩。

当然，这正是他的政敌们求之不得的事。他们赶忙去见国王说："陛下，30天内不论是谁，若在王以外向神或人求告什么，必受到扔进狮子坑中的惩罚，王不是在这禁令上加盖了玉玺了吗？"

大利乌回答确有其事，这条禁令继续有效。按照玛代和波斯人的惯例，一条律例一旦确立，就永不更动。

他们得意洋洋地叫道："那好，那被掳的犹太人中的但以理，对王及王的禁令置若罔闻，竟照旧每天三次祈求他的上帝。"

大利乌明白自己中了圈套，被人利用了。他想尽办法解救但以理，但总遭到那伙人的反对。最后，大利乌不得不作出让步，同意把但以理抓来扔进狮子坑中。王对但以理说："你所虔诚侍奉的上帝必定解救你。"

接着，狮子坑用盖有王的玉玺和大臣们的印的封条封死，这样，王就不会改变主意，设法在夜间解救但以理了。

大利乌彻夜未眠，天刚破晓，他就急忙赶到狮子坑前，哀声呼叫但以理说："永生上帝的仆人但以理啊，你所忠心侍奉的上帝能救你脱离狮子的口吗？"

但以理以坚定、毫无恐惧的声音回答："愿王万岁。我的上帝派遣使者封住了狮子的口，不叫狮子伤害我，因为我在上帝面前坚守了我的信仰。王啊，我对你并没做亏心事。”

大利乌王喜出望外，连忙命令将但以理从坑中拉上来。人人都看得明白，由于但以理矢志不渝地敬拜上帝，饥饿的狮子一点也没有伤着他。

大利乌又传下命令，晓谕举国上下都要敬畏但以理的上帝，因为他是永生的上帝，万世长存；他的天国永世不灭，他的威力永存无极；他济世救民，行神迹奇事于天上地下，他从狮子口中救出了但以理。

接着，大利乌又下令把那些控告但以理的人扔进狮子坑中。他们还没有掉到坑底，就被狮子抓住，撕裂吞吃了。

五十、躲避上帝的先知

《旧约》中的《约拿书》只有四章，用一句简明扼要的话来开篇：上帝吩咐亚米太的儿子约拿说，你动身到尼尼微大城去，警告它的居民，因为他们的恶行太大了。

尼尼微是征服了以色列的亚述帝国的都城，位于遥远的东北地区。但是，约拿不但不骑骆驼从陆地向远东进发，反而要乘船朝相反的西方去，以躲避耶和华上帝。他赶到约帕港，遇到一只驶往他施的船，他就付了船钱，上了船。

船驶离约帕港不久，海面上突然狂风大作，连船带人随时都可能倾覆。水手们倾其所有来保住船只，人人祈求自己崇拜的神前来救命。这时约拿却正在底舱酣睡。船主把他叫醒说：“你怎么还有心睡觉呢？起来，求告你的上帝来拯救我们。”

风浪越来越大，船只随时都有倾覆的可能，船上人人自危，最后，水手们决定按老规矩抽签，看看船上的人是谁给他们带来了这场灾难。中签的竟是约拿！

水手们问他："你是什么人？在这里做什么？你是什么职业？从哪里来？是哪国哪族人？到哪里去？"

约拿答道："我是希伯来人。我崇拜耶和华那创造海洋陆地的上帝。我乘船是为了躲避他。"

水手们叫道："你为什么连累我们呢？我们怎样处置你才能使大海平静呢？"这时，海水一浪高过一浪地向客船扑来。

约拿说："你们把我抬起来，抛进海里，海水就平静了。我知道你们遭这场大风，都是我的缘故。"

水手们不愿这样做，他们奋力荡桨，要使船靠岸，但终因风大浪急，只好作罢。他们遂将约拿抬起，抛入海中，果然风浪顿消。

水手们祈祷上帝不要因此而惩罚他们，因为他们之所以把约拿抛入海中，只是觉得这好像是上帝的旨意。

这确实是上帝的旨意，约拿本人也领悟到了。要想到任何一个地方去躲避上帝都是愚蠢可笑的。约拿被抛进大海以后，上帝安排一条大鱼吞下了他，他在鱼肚子里待了三天三夜。

约拿在大鱼肚子里向上帝祷告："我遭遇患难，求告耶和华，你就应允我。我从阴间的深处向你呼求，你就俯听我的声音。在我的灵魂就要消失之时，我想念耶和华。愿我的祷告进入你的圣殿，到达你的面前。我必用感谢的声音献祭于你。我所许的愿，我必偿还。救恩出于耶和华。"

上帝于是命令大鱼将约拿吐到岸上，他再次吩咐约拿说："你起来往尼尼微大城去，到那里宣告我所吩咐你的话。"

这次约拿不敢怠慢了。他来到尼尼微，用一整天的时间奔走呼告："尼尼微人如不悔改，再过 40 天，尼尼微城必将覆灭。"

先知的预言震动了全城。尼尼微的居民相信了上帝授命约拿传来的旨意。尼尼微王立即传令，所有居民，不分老幼，都要披上麻布，以表哀求，宣告禁食，以表忏悔。

尼尼微王自己也披上麻布，坐在灰中，通令全城人人都要改邪归正，恳求求告上帝。他说："说不定上帝会大发慈悲，收回烈怒，饶恕我们的罪过。"

上帝看到尼尼微的居民真心听从约拿的警告，放弃了恶行，诚心悔过，便宽恕了他们，并许诺不再按他派遣约拿时的本意来惩罚他们了。

五十一、第一个圣诞节

马利亚是个恬静、温柔、虔诚的少女，家住犹太的拿撒勒城。她已许配给本地一个名叫约瑟的木匠。约瑟是个心地善良的人，也虔信上帝，很喜欢马利亚。

一天，天使加百列突然来到马利亚的面前，向她宣布了一个惊人的消息：上帝的儿子就要降生到人世，马利亚就要做他的母亲。于是，马利亚就怀了孕。

天使又到约瑟家对他说：

"大卫的子孙约瑟，不要怕，马利亚是从圣灵怀的孕，那将称为你的儿子的婴孩实际上是上帝的儿子。婴孩出生后，你要给他起名叫耶稣，因为他将把自己的百姓从罪恶中救出来。"婴孩的名字——耶稣——在降生之前就已给他起好了。

那时，犹太是罗马帝国的属地。当约瑟和马利亚正要在拿撒勒城的木匠铺里安家时，罗马皇帝下了命令：全帝国的百姓都要报名注册。这是一次全国性的人口普查。

报名注册的方法是人们必须各归原籍。这就意味着那些离乡外出的人，无论在什么地方，都必须赶回原籍去登记。约瑟是大卫的后裔，所以，必须赶回大卫的城——伯利恒去。他年轻的妻子马利亚也得和他同行。

他们到达伯利恒后，发现这里挤满了来报名注册的人，客店里已经没有空房间了。这时马利亚的产期到了，可怜的约瑟，在为温柔可爱的妻子找房子时，该是多么焦急啊！大概客店老板可怜他们，就答应让他们在客栈马棚里的一个角落里过夜。这里起码比外面暖和些。就在那天晚上，婴儿降生了。马利亚用布把他包起来，放在马槽里。

五十二、天使报信

东方的星似乎比西方的星更明亮。在深蓝色的夜空中，它们像宝石一样在天上闪闪发光。在这晴朗寒冷的夜晚，伯利恒郊外的牧羊人都躺在他们的篝火周围，由于寒冷，将斗篷紧紧裹在身上，只露着双眼。

他们在地上躺着，凝视着天上的星星，并警惕地注意着羊群的动静，预防野兽的袭击。

突然，他们看到天空中出现了比任何星星都明亮的亮光，这亮光越来越大，越来越近，直到把他们周围都照得如同白昼。一个天使出现在这神奇的亮光中。他们都十分恐惧，趴在地上不敢动弹。

“不要害怕，”天使说，“我给你们带来了大喜的信息，是关乎万民的。今天，在大卫的城里为你们生了一位救世主。你们要看见一个婴孩包着布卧在马槽里，那就是记号了。”

天使说完了，又有一大队天使来到他们身边，齐声唱起世界上第一首圣诞颂歌：

> 在至高之处，荣耀归于上帝。
> 在地上，平安归于他所喜悦的人！

然后，天使们走了，亮光也渐渐逝去，只有夜空中的星星仍在黑暗中闪烁。

牧羊人惊奇地对视着。“我们到伯利恒去吧，”他们说，“去看看上帝指示我们的这件奇事。”于是，他们就匆匆忙忙地进城去。果然在客店的马棚里找到一个刚刚出生的婴孩，包着布躺在马槽里。

牧羊人十分激动，便把见到的事告诉了店内的人们，说这个孩子不是一般的婴孩，因为他们在野地里牧羊时，天使给他们讲了有关弥赛亚（救世主）降生的事。这事便传开了。

五十三、明星引路

一天早晨，有三个东方博士骑着骆驼来到耶路撒冷。这对耶路撒冷的人来说并不是什么稀奇的事，因为他们对各种各样、稀奇古怪的参观者已经习以为常了。使他们感到惊奇的是这伙人所问的问题：“那生下来作犹太人之王的婴孩在哪里？我们在东方观察到他的星，特来拜见他。”

当时，犹太是罗马帝国的附属国，国王名叫希律，此人十分凶残，他恭顺地服从罗马政府，对本国人民却残酷地镇压。希律听说东方博士来寻找新生的犹太王，就非常不安，因为他的王位将受到威胁。于是他就把祭司长、文士等人召进宫来，问他们耶和华恩许的新国王应当降生在什么地方。

“在犹大的伯利恒。”他们回答说。因为先知就是这样写的：“犹大地的伯利恒啊，你在犹大诸城中并不是最小的，因为将来有一位君王要从你那里出来，牧养我以色列民。”

地点确定了，那时间呢？希律私下召见那三位博士，想弄明白他们看到那星的准确时间。当他知道博士们寻找的犹太人之王只是个婴孩时，就指派他们到伯利恒去，并说：“去自己寻访那婴孩吧，找到了就来给我报信，我也要去拜见他。”其实，希律是想找到那婴孩，就把他杀掉，以绝后患。

但博士们不必仔细寻访，因为当他们离开王宫后，那颗星仍然给他们引路。他们跟着它走，直到它停在婴孩耶稣所在地的上空。博士们进了马棚，看到婴孩正和他母亲马利亚在一起，便马上跪倒参拜，打开宝盒，献上黄金、乳香和没药作礼品。

博士们没有回去向希律报告。上帝在梦中把希律的邪恶计划告诉了他们，指示他们从另一条路回自己的国家去了。

五十四、逃往埃及

希律知道博士们没有回来向他报告就回国去了，勃然大怒。他派兵到伯利恒去，将伯利恒城里城外两岁以内的男童统统都杀掉了。

希律对无辜儿童的大屠杀使《马太福音》的作者想起了先知耶利米的预言："在拉玛听见号啕大哭的声音，是拉结哭他的儿女，不肯受安慰，因为他们都不在了。"

但是，希律并没有达到目的。三位博士离开伯利恒后，天使在梦中显现，对约瑟说："赶快起来，带着孩子和他的母亲，逃往埃及去，在那里待到我让你们回来的时候为止。希律正在寻找这孩子，并企图杀害他。"约瑟连忙收拾了一下，带上马利亚母子，连夜逃往埃及去了。

我们不知道他们在埃及待了多久。直到希律死了，天使才在梦中向约瑟说："起来，带着孩子和他的母亲回到以色列去吧，要杀这孩子的人已经死了。"

约瑟开始还想回到伯利恒去，但当他听说希律的儿子亚基老，一个几乎和他父亲同样坏的家伙做了犹太国王时，他犹豫了。后来，在天使的指引下，约瑟带着马利亚和小耶稣回到加利利的拿撒勒去。

加利利地区实际上是老希律的另一个名叫希律·安提帕的儿子统治着。他也不是个好人，但不像他父亲和哥哥那样残暴。因此，约瑟觉得他们在加利利是安全的。

拿撒勒城在耶路撒冷以北，建在山脚下，不远处就是大路，源源不断的朝圣者、罗马军队以及来自埃及、亚洲和欧洲的骆驼商队，都从这里经过。直到今天，镇上的主要水源还被称为“贞女水井”，因为人们猜想，圣母马利亚当年一定经常从这口井里打水吃。

耶稣在拿撒勒一直住到他外出传道。因此，虽然他出生在伯利恒，却逐渐以“拿撒勒人耶稣”而出名。

五十五、施洗约翰

消息在巴勒斯坦这片土地上传得非常快。一天，一个激动人心的消息传到了拿撒勒：又出现了一位先知，他正在约旦河畔给人们施行悔改的洗礼。

几百年来，在以色列人中一直没有出现像以利亚和以利沙那样的先知了。因此，有关这一奇特先知的消息迅速传遍所有村庄。成群结队的人聚集在一起听他的教诲。他的相貌十分奇怪，看上去是那么严厉和粗犷，使人们想起了以利亚。他穿着一件骆驼毛的外衣，腰里紧紧地系着一根皮带。他住在旷野里，靠吃蝗虫野蜜度日。他的名字叫约翰。

约翰的预言也和他本人一样直率而严厉。他号召人民“逃避将来的愤怒”，改过自新，多做好事，与悔改的心相称。他警告人们，现在正处在一个大事件发生的前夕。“斧子已经放在树根上，凡不结好果子的树，就砍下来扔在火里。”不要以为自己是以色列人，是上帝的选民，就能得到特殊的待遇。在将来要建立的新王国里，起主要作用的不是一个人的种族血统，而是他本人的言行和信仰。

许多人相信约翰的预言是真理，就在约旦河里接受他的洗礼，作为自己忏悔求赦、希望过新生活的象征。所以，约翰又被称为“施洗约翰”。

这位先知的消息对住在拿撒勒的马利亚一家来说更加激动人心，因为这个约翰不是别人，正是马利亚的亲戚以利沙伯的儿子。

这似乎是耶稣等待的信号。他悄悄地离开拿撒勒，踏上通往约旦河畔的路程。

约翰看见耶稣来了，便指着他大声说："看哪，上帝的羔羊，背负世人罪孽的！"

使约翰惊讶的是，耶稣和其他人一样，也到河里来接受洗礼。他自言自语道："为什么上帝的儿子还要接受我的洗礼呢？他没有什么可忏悔的罪孽啊！"

他谢绝耶稣的要求："我需要受你的洗礼，你怎么反倒上我这儿来受洗！"

耶稣低声对约翰说："你一定要给我施洗，因为只有这样我们才能执行上帝的旨意。"

这样，约翰就给耶稣施了洗。他们刚从水里上来，耶稣就感觉到了天好像开了，圣灵仿佛一只鸽子降落在他身上，同时他听见从天空传下声音说："这是我的爱子，我所喜悦的。"

约旦河畔发生的这一神奇的场面，标志着耶稣布道生活的开始。在短短的三年中，他踏遍了巴勒斯坦各地，到处传播天国的福音，医治病人，甚至使死人复活。

后来，加利利的分封王希律·安提帕娶了弟弟希律·腓力的遗孀希罗底为妻。这件事引起了约翰直率而严厉的斥责，安提帕恼羞成怒，便把约翰关进监狱里，不久，就把他杀害了。

五十六、耶稣开始自己的事业

耶稣首先在加利利巡行讲道。有一次他来到自己的故乡拿撒勒，并且在安息日也依照常规到犹太会堂里去。

犹太会堂有个惯例：要在到会的人中，特别是在陌生人或外出归来的人中，推选一个人来读一段经文，然后讲出自己对这一段经文的理解。

这个安息日他们推选耶稣读经。他就读了先知以赛亚的一段话：

> 主的灵在我身上，因为他用膏膏我，叫我传福音给贫穷的人；差遣我报告被掳的人得释放，瞎眼的得看见，叫那受压制的得自由；报告上帝悦纳人的禧年。

耶稣读完把经卷卷起来，还给会堂的执事，就坐下了。大家都注意看他，等着他解释这一段话的意思。耶稣便接着说："今天念的这段经文应验在你们耳中了。"

这段经文就是耶稣传道的目的。他知道要做这么大的事，全靠他自己一个人是不够的，还需要别人的帮助。一天，他沿加利利海边漫步时，看到两个打鱼的人在海里撒网，就对他们说："跟从我吧，我要叫你们得人如得鱼一样。"这两人马上丢下渔网，跟从了他。他们是兄弟俩，哥哥名叫彼得，弟弟名叫安得烈。再往前走，他又看到两个打鱼人，正和其他人一块在一条船旁补网。耶稣也对他们说："跟从我吧！"他们就离开船，跟从了他。他们也是兄弟俩：大的叫雅各，小的叫约翰。他们把船留给父亲西庇太，让一些雇工给他帮忙，就跟耶稣走了。

有一次，耶稣来到加利利海的一个小港口，看到了一个税吏坐在桌子旁，就对他说，"跟从我吧！"那人马上站起来，跟从了他。他的名字叫马太。

安得烈和彼得是伯赛大城的人，在那里，他们找到了老朋友腓力，并把他介绍给他们的老师。耶稣收留了腓力。

腓力不但自己跟从耶稣，而且还带来了自己的朋友拿但业，他们都企盼弥赛亚降临拯救以色列的爱国志士。“我们找到他了，”腓力高兴地对拿但业说，“就是摩西律法上写的，先知们预言中说的那一位——他就是约瑟的儿子，拿撒勒人耶稣。”

开始，拿但业不相信，他对腓力说：“拿撒勒还能出什么大人物？”腓力只简单地回答说：“那就去看一看吧。”拿但业真的来了。他的所见所闻使他相信腓力是正确的。“老师，”他对耶稣说，“你是上帝的儿子，是以色列的王。”

现在他们已有七个人了。后来，他们越扩充越多，最后，发展到一大群人。他们都相信耶稣是上帝派来的弥赛亚。

一天晚上，耶稣独自一人爬到山上，在那里祷告了一整夜。第二天耶稣把门徒们叫到身边来，挑选了 12 个门徒经常跟随着他。他们是西门彼得、安得烈、雅各、约翰、腓力、巴多罗买、马太、多马、亚勒腓的儿子雅各和达太（又名犹大），激进革命派奋锐党的西门、加略人犹大。

五十七、变水为酒

耶稣有几家亲友住在迦拿，其中有一家娶亲，摆设筵席招待客人。耶稣的母亲马利亚、耶稣本人和他的门徒都被请去赴宴。

来的客人很多，宴会进行中，发现酒用尽了。管筵席的人很着急，因为筵席中的酒不够喝是一件很丢脸的事。作为主人的亲戚，马利亚也很着急，她悄悄地对耶稣说：“他们没酒了，你看怎么办？”

耶稣说：“母亲，不要担心，等一会儿再说。”马利亚就对仆人说：“只管照他的吩咐去做就行了。”

那家的院子里安放着六口大石缸，每一口缸都可以盛两三桶水。所有犹太人家里都有这种缸，是在宗教礼仪中用的。

耶稣对仆人说：“把缸里倒满水。”他们就把缸里倒满了水。耶稣又说："把水舀出来给管筵席的送去。"

当管筵席的人尝了一点仆人给他送来的水后，认为这是他品尝过的最好的酒，比先前用的酒好多了。他把新郎找来对他说："人家办喜宴，都是一开始就把最好的酒拿出来，然后再拿次的，可是你为什么现在才把最好的酒拿出来呢？"

新郎不明白这话的意思，管筵席的人也不知道水变酒的事，只有仆人知道，他们放进缸里的是清水，舀出来的却是最好的酒。

耶稣变水为酒的事后来被教会认为是耶稣神性的一次显现，并作为"主显节"的依据之一。

五十八、五饼二鱼

耶稣的名声越来越大，跟随他的人越来越多：有人听他讲道，有人求他治病，忙得他连吃饭的时间都没有。门徒们就劝耶稣暗暗地躲到旷野里去休息几天。

谁知道他们的计划让跟随的人知道了，人们从四面八方抢先赶到了耶稣要去的地方。耶稣到了那里，看见许多人在等待他，如同羊没有牧人一般，不由得起了怜悯之心，于是不顾疲劳，上了山，坐下来对他们讲道，从中午一直讲到傍晚。

天快黑了，门徒们来对耶稣说："老师，太晚了，这里是野地，让这些人散开各自找地方住，买东西吃去吧。"

耶稣说："这么多的人，让他们到哪里去呢？你们想办法给他们弄些吃的吧。"

腓力说："人太多了，就是买 20 两银子的饼也只能让每人吃上一点。可是到哪里去买这么多饼呢。"

安得烈说："这里有一个小孩子带着五个饼和两条鱼，可惜太少了。"

耶稣不慌不忙地对门徒说：“你们去让大家按次序坐好，不要随便走动，等候我们给他们分发食物。”

人们在门徒们的指挥下一排一排地坐在草地上，或 100 人一排，或 50 人一排，秩序井然。

耶稣接过那孩子的五个饼、两条鱼，望天祝谢了，把饼和鱼掰开分放在 12 个篮子里，让门徒分给众人吃。

人们依次从篮子里拿自己所需要的食物。奇怪的是，篮子里的食物竟越拿越多，直到所有的人都吃饱了。门徒们把剩下的碎饼碎鱼收拾起来，竟装满了 12 个篮子，计算了一下，吃饱的人竟有 5000 多个。

五十九、在海面上行走

有一天，吃过晚饭，耶稣让门徒先上船渡到加利利海彼岸去，他留在岸上安排听讲的人们散开，然后自个儿又到半山腰祷告去了。

门徒们把船划到海中，突然一阵逆风迎面扑来，掀起汹涌的波浪。他们虽然尽力划船，还是不能前进。这时已到了凌晨，突然，在朦胧的晨雾中，他们看到了一个人影踏着海浪朝他们走来。他们吓坏了。

“那是个鬼呀！”他们恐惧地喊道，有的人甚至抱着头趴在船板上。

一个十分亲切的声音从水面上飘来。“勇敢些，是我。不要怕。”这正是耶稣。他祷告完了，正要到船上去。

彼得喊道：“主啊，如果真是你，请让我踏着海浪去迎接你吧。”

耶稣对他说：“来吧。”彼得从船上下来，在水面上朝耶稣走去。走了几步，看到汹涌的浪涛，就害怕起来，身子也随着下沉。他连忙大声喊道：“主啊，救救我！”

耶稣伸出手，抓住了彼得：“唉，彼得，你这信心不坚定的人哪，为什么疑惑呢？！”

耶稣和彼得上了船，风也停了。所有在船上的人都向他叩拜，并对他说："你真是上帝的儿子！"

六十、信心的力量

加利利海边的一个小城里住着一个管会堂的人，名叫睚鲁。他的女儿得了重病，快要死了。睚鲁为女儿的病十分担忧。他想起了耶稣，就俯伏在他的脚下，恳求他医好自己的爱女。

耶稣就和他一同朝他家走去，但他们走得很慢，因为有一大群人跟着他们，拥挤不堪，使他们几乎无法行走。

人群中有一个女人，患了 12 年的血漏，把仅有的一点钱都花在求医找药上，但她的病不但没有好转，反而加重了。她听说耶稣所行的一切，决心见见他。她奋力挤着穿过人群，来到耶稣身后。她想："只要我能摸到他的衣角，我的病就能好了。"

她胆怯地伸出手，摸到了耶稣的衣角。就在这一刹那，把她折磨了十几年的可怕的病马上就痊愈了。就在她刚摸到耶稣的衣服时，耶稣就站住了。

"谁摸我的衣裳？"耶稣大声问。

没有人回答。一个门徒说："老师，这一大群人拥来挤去的，还能不碰到你，你却问谁摸你。"

"有人故意摸了我。"耶稣说，"因为我知道有能量从我身上出去了。"

那可怜的女人知道耶稣说的是她，就战战兢兢地走过来，俯伏在耶稣脚下，一五一十地把自己的事全部告诉了耶稣。

耶稣低头看了看她说："孩子，不要害怕，你的信心成全了你，你的病痊愈了。平平安安地回家去吧！"

就在这时，一个送信的人匆匆赶来对睚鲁说："你女儿死了，不要劳驾先生了。”

耶稣听了，对睚鲁说：“不要怕，只要信，你女儿会好的。”

于是耶稣让大家留在原地等他，自己带着彼得、雅各、约翰急忙赶到睚鲁家去。他们走进屋子时，听到了大吵大闹声，原来是人们在大声哭泣、哀号。

耶稣对他们说：“你们为什么这样吵吵嚷嚷的。孩子没有死，是睡着了。”

那些人都嗤笑耶稣，因为他们知道那孩子明明已经断气了。耶稣把他们全都撵了出去，只留下了彼得、雅各、约翰和孩子的父母。

耶稣走到安放那女孩子的地方，拉着她的手安详地对她说：“孩子，起来吧！”奇迹出现了，那女孩子马上站起来，病也好了。耶稣把她交给她的父母说：“给她点东西吃吧。”

睚鲁和他妻子看到耶稣使孩子活过来，感激得不知说什么才好。但耶稣嘱咐他们不要传扬这件事情。

六十一、瘫子行走

有一次，耶稣来到迦百农，可能是住在彼得的家里。人们听说他在这里，就都拥进彼得的家听他讲道，其中还有几个文士和律法师。彼得的屋子里、院子里全都挤满了人。

迦百农有个人得了瘫痪病，躺在床上不能动弹。幸运的是，他有四个朋友，经常去帮助他。

这一天，当这五个朋友聚在一起时，其中一个说：“我听说耶稣又回来了。”

“我也听说了。”另一个看了看病卧在床的朋友说，“我还听说无论他走到哪里，病人们就成群结队地到那里去找他。”

“可惜你不能走动！”病人的一个朋友说。

“唉，我要能去就好了。”那瘫子说，“可我怎么去呢！”他叹息道。

“我有个主意。”一个朋友说，“我们每个人抬着床的一个角，把你抬到耶稣那里去。”

“真是个好主意！”其他的人说，“我们为什么以前没有想到呢？”

还没等那人想一想，朋友们就每人抬着床的一个角，像抬担架一样把他抬走了。他们来到了彼得的家。

“你们抬着病人哪里去啊？”旁边站着的一个人说。

“我们抬着他去让耶稣给他治病。”他们回答说。

“你们进不去，人已挤到大门口了。”那人说。

来到彼得家门口，他们轻轻把床放下，商量下一步该怎么办。出主意抬床的那个人主意很多，他说：“你们看，如果能把床沿台阶抬上房顶就好了，我们可以在房顶上打个洞，把他从上面缒下去，一直缒到耶稣的脚下。”

“彼得可能不愿意在他的房顶上打洞啊。”一个人说。

“很难说。”出主意的人说，“不过，彼得是个好伙计，而且，修补他的房顶也不是什么难事。”

巴勒斯坦的房子是平顶的。人们先用纵横交错的木板条搭起来，在上面盖个茅草，涂上泥，让太阳晒干就成了。

四个朋友又抬起床，挤过院子里的人群，沿台阶爬上了屋顶。然后，他们又小心地揭开房顶，用绳子捆住病人的褥子的四个角，从房顶慢慢地放下去，正好落在耶稣脚下的地上。

他们一句话也不用说。耶稣抬头看了看朝下盯着的四张诚挚的脸，又看了看瘫子，就明白了他们要他做的事。

那可怜的瘫子却不像他的朋友那样乐观。在耶稣面前，他意识到自己是个罪人，他的病是自作自受。如果耶稣给他治不好或不给他治，他只能怪自己了。

但耶稣对他说："要有勇气，孩子！你的罪赦免了。"

坐在那里观看的文士和律法师小声议论说："这个人太狂妄了。除了上帝以外，谁能赦免人的罪呢？！"

耶稣知道他们心里想什么，却不理睬他们，接着对那瘫子说："我吩咐你起来，拿起你的褥子，回家去吧！"

那人马上站起来，卷起褥子，用胳膊夹着走了出来。在场的人无不惊叹不已。

六十二、瞎子看见

在耶利哥城外的路边上，坐着一个瞎子，名叫巴底买，进出城的人都很熟悉他，因为他一直在这里乞讨，人们记不清他已在这里待了多长时间了。

巴底买能辨别所有从他坐的地方路过的行人和车辆的声音，那是一大群人吵吵嚷嚷的声音。瞎子问过路人发生了什么事。有人告诉他，拿撒勒人耶稣正从这里路过。

这个瞎子虽然什么也看不见，但他比大多数能看见的人思考的事多。他在路边坐着时，思考了许多神奇的传闻。

人们常说拿撒勒人耶稣能使瞎子看见、聋子听见、哑巴说话、瘫子走路。因此，他渴望能见到耶稣。现在，这个拿撒勒人就在离他几步远的地方路过，这是他一生中唯一的机会。于是他大声喊起来："大卫的子孙耶稣啊，可怜可怜我吧！"

走在前头的人不许他喊叫，但巴底买的喊声更大了："耶稣，大卫的子孙，可怜可怜我吧！耶稣，大卫的子孙，可怜可怜我吧！"

耶稣听到喊声，就停下来，叫人们把巴底买领过来。

人们都转身看他，对他说：“不要喊了，快起来吧。他叫你呢。”

瞎子把他的衣裳扔在一边，爬起来，向耶稣走来。

“你要我为你做什么？”耶稣问他。

“主啊，我要能看见！”他回答说。

“你看见了，”耶稣对他说，“你的信心救了你。”

从此，巴底买再也不瞎了，他能看见东西了，而且再也不乞讨了。

六十三、迷途的羔羊

耶稣来到耶利哥。那里有一个税务官，名叫撒该。他替罗马政府收税，手段很苛刻。他很有钱，但当地的犹太人都看不起他，不愿和他来往，认为他是个罪人。

撒该久闻耶稣的大名，很想看看他是什么样子。但他身材矮小，耶稣周围的人又太多，他挤不过去，看不见耶稣。他灵机一动跑到前面，爬上了一棵桑树，等耶稣从树下经过时，就能看见他了。

耶稣走到树下，抬头看了看说：“撒该，快下来，今天我要住在你家里。”

撒该高兴极了，赶紧从树上下来，接待耶稣，并向耶稣保证要把一半家产分给穷人，过去讹诈过谁，要归还他四倍。

有些人见耶稣进了撒该的家，便嘲笑他说：“他要做罪人的客人了。”

因此，耶稣给他们讲了一个比喻：一个牧人有 100 只羊。一天晚上，他把羊往栏里赶时，数了数“……97、98、99——少了一只！”

他赶快把那 99 只羊关进栏里，把入口堵好，以防野兽进去，然后，动身去找那只迷路的羊羔。他不顾天黑路远，翻山越岭，四处寻找，最后终于找到那只小羊羔。可怜的小羊羔掉到了一个悬崖下面，筋疲力尽，爬不上来了。

牧人跑上前去，把它抱起来，放在肩上，扛回家来。当他回到家时，就对邻居们喊道："我丢失的羊找到了，和我一同高兴吧！"

耶稣讲完了这个比喻，又说：他看到一个罪人悔改要比看到99个不用悔改的义人还要高兴，因为他来是要寻找罪人，而不是寻找无罪的人。

六十四、宽恕人

一天，彼得问耶稣说："主啊，我的弟兄得罪我，我当饶恕他几次呢？ 7次行吗？"

耶稣回答说："不是7次，而是70个7次！"接着他讲了一个故事。

从前，有个国王和他的仆人们算账。他发现其中的一个仆人竟然欠了他1000万两银子。他把这个人找来，要求他赶快归还这笔巨额债务，否则就把他和他的妻子、儿女以及他所有的东西都拿来抵债。

那仆人跪倒在国王面前，请求给他宽限时间。他哀求道："宽容我几天吧，我一定把所有的债都还清。"

国王动了恻隐之心，免除了他所有的债，那人就被释放了。

他走出王宫，碰到了一个和他一同做仆人的同伴。这人欠他大约10两银子。他就掐住这个人的喉咙说："把欠我的债还我！"

他的同伴跪倒在他面前，央求说："请宽容我几天吧，我一定如数把债还清。"

可他不肯等待，竟把他的同伴扭送进欠债人的监狱里去。

其他仆人对他这种行为愤愤不平，就去把所发生的事告诉了国王。国王大怒，又把他找来对他说："你这可恶的奴才，你央求我可怜你，我就把你的巨额债务都免了。难道你就不应该也像我怜悯你那样，怜悯你的同伴，把欠你的那点债免了吗？"于是就把他交给掌刑官，直到他还清所欠的债，才释放他。

门徒们都明白耶稣讲的这个故事的用意。“70个7次”的意思是无限次。犹太人都相信与生俱来的“原罪”，再加上自己犯的“本罪”，在上帝面前都是十恶不赦的罪人，上帝尚且肯赐给他悔改免罪的机会，那么，人还有什么理由不宽恕得罪自己的弟兄呢？！

六十五、不要再犯罪了

有一次，耶稣与十二门徒到耶路撒冷进行传教活动，白天在圣殿里讲道，晚上为安全起见到城东的橄榄山去过夜。

一天早晨，耶稣从橄榄山回到耶路撒冷，在圣殿里宣传自己的宗教主张，教训百姓。一些反对他的文士和法利赛人又来向他挑衅。他们带着一个行淫时被捉拿到的女人来见耶稣，叫她站在当中，很多观看的人把他们围了起来。

他们对耶稣说：“先生，这个女人是正在行淫时被抓住的。根据摩西律法，她犯了第七条诫命，应该用石头打死。你说该怎么办？”

他们这样问，是想抓住控告耶稣的把柄。当时，犹太人处于罗马帝国的统治之下，虽然有宗教自由，但没有司法权。如果耶稣说应该用石头把这女人打死，他们就可以把打死人的罪过推到耶稣身上，并且控告他蔑视罗马法律，因为按罗马法律，这女人罪不当死。如果耶稣不赞成用石头把这女人打死，那么，他们可以指责他不尊重摩西律法，不配为人师表，就把他从圣殿里赶出来。

耶稣识破了他们的诡计，就弯下腰，用指头在地上画字，并不回答他们的问题。

这样相持了好一会儿，文士和法利赛人不住地催问耶稣。

耶稣直起腰来，大声对他们说：“你们中间谁是没有罪的，谁就可以先拿石头打她。”说完，就又弯下腰去用指头在地上画字。

这个回答妙极了。按照犹太教的教义，始祖亚当犯了罪，这罪遗传给子孙，叫做“原罪”。所以犹太人都认为自己一生下就有“原罪”，就是个罪人。耶稣没有直接回答问题，却提醒他们都是罪人，这样自己既不违犯罗马法律及摩西律法，对方也不敢用石头打死那个女人了。

不出所料，那些文士、法利赛人和看热闹的人谁也不敢表示自己是无罪的人，就一个一个地悄悄溜走了。最后，只剩下耶稣和那女人以及众门徒还在那里。

耶稣站起身来对那女人说：“妇人，控告你的那些人在哪里呢，没有人定你的罪吗？”

“主啊，没有。”那女人回答。

耶稣对她说：“我也不定你的罪。走吧，以后不要再犯罪了！”

六十六、浪子回头

耶稣讲过这样一个故事：

有个财主，他有两个儿子。一天，小儿子走来对父亲说：“父亲，请把我应得的那份财产分给我吧，我要自己过日子。”他父亲算了算家产，就把他的那一份分给了他。

小儿子把所有的东西都卖成现钱，离开老家，到外地去了。在那里，他吃喝玩乐，很快就把钱花光了，最后，只好给人家去放猪，饥饿难忍时，甚至用猪食来充饥。

一天放猪时，他痛苦地坐在地上暗自思索。他想：“我在这里放猪，饥饿难忍。我父亲那里有雇工，有粮食，我不能在这里等死。我得回父亲那里去，对他说：父亲，我得罪了上帝，也得罪了你。我不配做你的儿子，把我当作一个雇工收下吧。”于是他出发回父亲那里去。

在一个令人愉快的早上，父亲看到他的小儿子远远走来。在小儿子还没有看见他时，他就朝那个穷困潦倒的儿子跑去，双手抱住他，连连与他亲吻。

“父亲，”小儿子说，“我得罪了上帝，又得罪了你，我不配做你的儿子……”

父亲没有让儿子说下去，就吩咐仆人说：“快把最好的袍子拿来，给他穿上，把戒指戴在他手上，把鞋穿在他脚上，把那头肥牛犊牵来宰了。我们要高高兴兴地庆贺一番。”

那时大儿子正在田里劳作。当他干完活，来到离家不远的地方时，惊奇地听到了作乐跳舞声。他叫过一个仆人来，问是怎么回事。仆人告诉他说：“你弟弟回来了。你父亲宰了那头肥牛犊，庆贺他安然无恙地归来。”

大儿子很生气，不肯回家去。父亲出来劝他进去和他们一块庆贺。

大儿子对父亲说：“看，我服侍你这么多年，从来没有使你不高兴。你并没有给我一只山羊羔，让我和朋友们一同欢乐。然而，你这个儿子在外边寻欢作乐，挥霍尽了你给他的钱。他回来了，你倒为他宰了肥牛犊！”

父亲温和地对他说：“儿啊，我总是和你在一起，从来没有失去过你。我所有的一切都是你的。而你这个兄弟却是死而复活、失而复得的，我们理应庆贺呀！”

六十七、恋财舍义的青年人

有一次，耶稣在讲道时，有些妇女带着孩子来见他，要他为孩子们祝福。众门徒不愿她们打扰老师，就要她们走开。

但耶稣把她们叫到身边说：“让小孩子们到我这里来，不要禁止他们，因为在天国里的正是这样的人。”

一个年轻的财主来问耶稣说：“善良的老师，应当怎样做才能进天国呢？”

耶稣回答说：“你知道上帝的诫命吗？”

“知道，”青年人说，“这一切我都遵守了，但我感到似乎还缺少点什么东西。”

耶稣注意看着这个青年人，很喜欢他，就说：“你还缺少一件：去卖掉你所有的财产，把钱分给穷人，然后来跟随我。”

青年人听了，就忧忧愁愁地走了，因为他很有钱，他宁可不进天国也不愿舍弃财富。所以他拒绝了耶稣的召唤。

耶稣看透了这个青年人的心思，感慨地说：“有钱财的人进天国是何等的难啊！骆驼穿过针的眼比财主进天国还容易呢！”

六十八、好撒玛利亚人[1]

一大群人聚集在耶稣的周围，争着向他提问题。他们中间有一位律法师，熟悉所有的犹太律法。他对他的朋友说：“我要考考他，问他一两个问题。”

他对耶稣说：“先生，我必须做什么才可以承受永生？”

耶稣回答说：“对于这件事，律法是怎么说的？你是怎样理解的？”

那人回答说：“律法上说：你要尽心、尽性、尽力、尽意爱主你的上帝，又要爱邻舍如同自己。”

[1] 公元前10世纪中叶，统一的以色列王国分裂为北部以色列国和南部犹大国。政治上的分裂又导致宗教上的分裂。南部人以耶路撒冷为宗教中心，自称正统。北部人在撒玛利亚另立宗教中心，与耶路撒冷分庭抗礼，后来陷入“敬拜偶像”的罪里。公元前722年，亚述灭北部以色列国，掳走2.7万多以色列人，并迁入大批异族人来居住。从此迁来的异族人陆续与留下的以色列人通婚繁衍后代，被称为撒玛利亚人，在血统上不是纯粹的以色列人。公元前6世纪末，被掳往巴比伦的以色列人返回耶路撒冷，重建圣殿时遭到撒玛利亚人的反对与破坏。所以，从公元前4世纪起犹太人就不把撒玛利亚人看作自己的同胞，鄙视他们，憎恨他们，不和他们来往。

"回答得很好，"耶稣说，"你去这样做吧。这样你必得永生。"

律法师意识到耶稣太聪明了，自己不是他的对手，并且知道他周围的人都在嘲笑他，因此他提出了另一个难题："那么，谁是我的邻舍呢？"

耶稣没有直接回答他，而是给他讲了一个好撒玛利亚人的故事：

有个犹太人从耶路撒冷到耶利哥去。走到人烟稀少的地方，一群强盗抓住他，抢走了他所有的财物，把他打个半死，然后把他扔在路上不管了。他赤身裸体、半死不活地在那里躺着。

这时，一个祭司从耶路撒冷的圣殿回家，正好路过这里。当他看见遇难者时，便从旁边绕了过去。不久又来了一个利未人（利未人是以色列十二支派之一，从"西乃盟约"开始就被摩西定为专门在圣幕中侍奉上帝的祭司家族），他看到那个人后，停下来看了看，便匆匆地走开了。

后来，有个撒玛利亚人从这里路过，看到这个奄奄一息的犹太人躺在路上，便动了恻隐之心，立刻下了牲口，用酒把他的伤口洗干净，涂上油，再把伤口包起来。然后，他把那人扶上自己的牲口，带到附近的一个客栈里。在那里，他想尽一切办法为受伤的人医治。第二天，他要继续赶路，就拿出一些银子来交给客栈的老板说："我有急事要离开这里，先给你这些钱，请照看他。如果这些钱不够，我回来时一定照数还给你。"

耶稣讲完了故事，就问那位律法师："这三个人——祭司、利未人和撒玛利亚人——中间，哪一个是遇难的犹太人的邻舍呢？"

"当然是那个可怜他、帮助他的撒玛利亚人。"律法师回答说。

耶稣说："你去照样行吧。"

六十九、拉撒路复活

《福音书》中有两个名叫拉撒路的人：一个是耶稣讲的比喻中躺在财主门前的穷乞丐，另一个是马大和马利亚的弟弟，他的家就在离耶路撒冷不远的伯大尼村。

马大、马利亚和拉撒路都是耶稣的信徒和朋友，耶稣很喜欢他们，经常到他们家去做客。

耶稣所宣传的宗教主张触犯了犹太当局的利益，双方的矛盾日益激化。最后，耶路撒冷城里的犹太当局决定以蛊惑人心为罪名逮捕耶稣。形势对耶稣很不利，所以他和他的门徒就暂时躲开了。

这时，拉撒路突然得了重病，他们的亲密朋友耶稣偏巧又不在附近，不能帮助他。

马大和马利亚知道耶稣在什么地方，就给他捎了个信，信中只简单地说："主啊，你所爱的人得了重病。"

耶稣听了就说："不要着急，这病不至于死。"又过了两天，耶稣对他的门徒说："我们再回耶路撒冷去吧。"

众门徒听了这话都十分惊愕。他们说："老师，耶路撒冷的犹太人正想抓住你用石头打死你，你怎么还想到那里去呢？"

耶稣说："我们的朋友拉撒路睡着了，我得去叫醒他。"

"他若睡了，自己会醒的。"众门徒回答说。他们不知道耶稣这话的真正意思。

所以，耶稣就直截了当地告诉他们，拉撒路已经死了。

众门徒看到耶稣决心冒险到敌人正在等待他们的地方去，很不以为然。多马对大家说："我们和老师一起去吧！就是死我们也要死在一块儿。"

耶稣和众门徒来到伯大尼，拉撒路已经被埋葬四天了。马大听说耶稣来了，就出来迎接，她对耶稣说："主啊，如果你在这里，我弟弟就不会死了。但我知道，即使是现在，你无论向上帝求什么，上帝也会赐给你的。"

"你弟弟会复活的。"耶稣对她说。

“这我知道，”马大说，“到末日审判时，他就会复活。”

耶稣说：“复活在我，生命也在我。信我的人，尽管死了，也会复活。凡是活着信我的人就永远不死。你信这话吗，马大？”

“主啊，我信。”马大回答说，“我相信你是基督，是上帝的儿子，是应许到世上来的弥赛亚。”

马大回到屋里去找马利亚，悄悄地对她说：“老师来了，正叫你呢。”

马利亚急忙起来去见耶稣，一些正在安慰她的朋友也跟着出来了。她们还以为她要到坟墓上去呢。

马利亚来到耶稣面前，放声大哭，俯伏在耶稣脚下说：

“主啊，如果你在这里，我弟弟就不会死了。”她哭得如此伤心，别人也跟着哭了起来。

耶稣看到她们如此悲伤，十分不安。他问：“你们把拉撒路安葬在哪里了？”

人们领耶稣来到拉撒路的墓前，他心中难过，也掉下泪来。

耶稣说：“把石头挪开！”拉撒路的墓是个洞穴，墓口挡着一块大石头。

“主啊，拉撒路已死了四天了！”马大大声说。

“难道我没告诉过你吗，马大？”耶稣温和地对她说，“只要你信，你就能看到上帝神奇的能力。”

人们搬开石头。耶稣仰面望天说：“父啊，我感谢你，因为你听了我的祷告。”然后，他大声喊道，“拉撒路，出来吧！”奇迹出现了，拉撒路果然从墓中出来了，身上还穿着葬衣，手脚裹着布，脸上包着手巾。

“给他解开，好让他走路。”耶稣说。这事以后，耶稣带领着门徒躲到以法莲去了。

许多看到这一神迹的人都赞美上帝使拉撒路复活，并且相信耶稣是上帝的儿子。但有些人马上跑去把这里发生的事报告给耶路撒冷的犹太当局。

犹太当局十分震惊。“我们该怎么办呢？”他们议论说，“这人行了好些神迹。如果我们让他这样干下去，人人都要信他。罗马人就会认为这是谋反，就会来镇压我们，那么我们就会失去我们的地位和权利。”

于是他们就密议杀害耶稣。大祭司该亚法发布命令：任何人，如果知道耶稣在哪里，必须向当局报告。

七十、第一个棕枝主日

耶稣与犹太当局之间的矛盾越来越大，关系日趋紧张，十字架救赎计划的条件已经具备了，耶稣决定冠冕堂皇地进入耶路撒冷，去与以犹太教大祭司为首的保守派“决战”。

约公元 30 年 4 月初的一天，一大群人浩浩荡荡地向耶路撒冷进发，耶稣坚定地走在前面。他的面容和步伐使门徒们很吃惊，他们感觉到情况十分严重，但不知道究竟要发生什么事，所以都很不安。

突然，耶稣转过身来对他们说：“听着，我们上耶路撒冷去。人子将在那里被出卖，落入当局的手中。他们要判他死刑，并把他交给罗马人。罗马人要讥笑他，用鞭子抽他，向他吐唾沫，并杀害他。第三天他将复活。”

耶稣说完又转过身去，带领着他那些十分惊讶和神情不安的门徒们向耶路撒冷走去。

这正是快过逾越节的时候，很多犹太人都到耶路撒冷来过节。人们都知道犹太当局想把耶稣抓起来。许多人想看一看耶稣是否还敢在这里露面。“你认为他会来过节吗？”他们议论说。

耶稣快走到伯大尼村时，就让两个门徒先在前面走。他指示他们说：“你们往前面的村子里去。一进村，就会看见一头驴驹拴在那里，是从来没有人骑过的。把它解开，牵到我这里来。”

耶稣还说：“如果有人问你们：‘为什么牵这头驴驹？’你们就说：‘主要用它。’他们就会让你们牵来。”

两个门徒进了村子，果然看见一头驴驹拴在一家人家门口，他们就去解下来。站在旁边的人问：“你们解驴驹做什么？”门徒照着耶稣吩咐的回答了，那些人就没有干涉他们。他们把驴驹牵到耶稣那里，把自己的衣服脱下来搭在驴背上，让耶稣骑上向耶路撒冷城走去。

很多人听说耶稣来了，就拥到城门口来欢迎他。有些人把衣服铺在路上，有些人砍下棕树枝来铺在路上。他们挥舞着棕树枝和衣服，前呼后拥地喊道：“和散那[1]！和散那！奉主名来的是应当称颂的。高高在上，和散那！”

有几个法利赛人对耶稣说：“先生，你的门徒太过分了！”

耶稣说：“他们做得对。若是他们闭口不说，这些石头也要呼叫起来的。”

耶稣骑驴穿过城门时，人群沸腾了。“他是谁？”有人问。其他人回答说：“是耶稣，加利利的拿撒勒人耶稣。他是个先知。”

这一切可能都是耶稣精心安排的，他要造成一种声势，以便在与犹太当局斗争中争取主动。他要让人们想起先知撒迦利亚的预言：“锡安的民哪，应当大大喜乐。耶路撒冷的民哪，应当欢呼。看哪，你的王来到你这里，他是公义的，并且施行拯救，谦谦和和地骑着驴，骑着一头驴驹。”耶稣还想让人们知道他是什么样的王，以及他来建立什么样的王国。他不是作为一个战斗的王，穿着盔甲、带着刀剑、骑着战马、威风凛凛地到来，而是骑着象征和平与温顺的驴驹谦谦和和地到来的。

这一天，后来被教会定为“棕枝主日”，即复活节前一个礼拜日。

[1] “和散那”原是求救的意思，后来转意为欢呼、赞颂的感叹词。

七十一、最后的晚餐

除酵节宰逾越节羊羔的日子到了。耶稣吩咐彼得、约翰去准备逾越节的筵席。“老师，您想让我们在哪里为您准备筵席呢？”彼得和约翰问道。

耶稣对他们说：“进城去，你们会遇到一个人手里拿着一瓶水迎面而来，你们就跟他走。他进哪家，你们就去对哪家的主人说：‘客房在哪里？老师和门徒们要在这里吃逾越节的筵席。’他就会指给你们一间摆设整齐的房间。你们就在那里给我们准备吧。”

彼得、约翰进了城，事情正如耶稣所说的那样。

在吃逾越节筵席的时候，耶稣突然说：“我实话告诉你们，你们中间有一个人要出卖我了。”听到这可怕的消息，门徒们都十分震惊。大家都争着表白说：“主啊，肯定不是我！”

耶稣拿起一块饼，祝谢了，掰开来，递给门徒每人一块，说道：“拿去吃吧，这是我的身体，为你们舍的。你们也应当这样做，为的是纪念我。”

饭后，耶稣又拿起一杯酒，祝谢了，递给他们，并说：“这是我立约的血，是为许多人流的，使他们的罪得赦免。”

后来，教会就根据这段传说规定了圣餐礼。

七十二、犹大卖主

耶稣竟被自己的一个门徒出卖了，这真是历史上的一大悲剧。

加略人犹大是耶稣最亲近的十二门徒之一。三年来，他和耶稣朝夕相处，看他行了所有的神迹，听他讲了所有的道理，然而，他最后竟出卖了自己的老师。

犹大暗自去见祭司长，对他们说：“我把他交到你们手中，你们给我多少钱？”他们答应给他 30 块银币。从那时起，犹大就开始寻找出卖耶稣的机会。这一切都是秘密进行的，因为犹太当局知道众怒难犯，他们不敢肯定到底有多少人支持耶稣，不想和众百姓闹翻。只有耶稣了解犹大的叛卖活动，其他门徒都被蒙在鼓里。

在逾越节的筵席上，耶稣拿了一块饼，在菜里蘸了蘸，给犹大吃。这是一种友好的行动。耶稣想最后一次感化犹大，要他继续对自己忠心。

当耶稣给他饼时，他们的眼睛相遇了。耶稣看到犹大陷得太深，不可挽回，就对他说：“你所作的快作吧！”

犹大就出去了。其他门徒没有注意到发生了什么不正常的事。他们认为耶稣是派犹大出去干一件别的事，例如，给穷人送东西之类的逾越节常做的事情。

犹大走后，耶稣和其他门徒唱了逾越节赞歌，然后就出城到橄榄山上去。

橄榄山下有一所庄园，名叫客西马尼园。耶稣和他的 11 个门徒离开逾越节宴席的客厅之后，就来到客西马尼园。他让 8 个门徒等在门口，对他们说：“你们在这里等着，我去祷告。”

于是他就带着彼得、雅各和约翰走进了庄园。走了一会儿后，他又让他们停下来等着，并对他们说：“你们在这里等候，要警醒。”

耶稣独自向前走了一段路，心里极其忧伤，就俯伏在地，祷告起来：“父啊，所有的事情对你都是可行的。把这杯从我这里拿走吧，然而，不要按我的意思，只要按你的意思。”

耶稣祷告完了，回来看到彼得等都睡着了，就对他们说：“你们为什么睡觉呢？不能警醒片刻吗？起来祷告吧，免得受诱惑！”

耶稣再次前去祷告，更加恳切，汗珠大如血点，滴到地上，祷告完了，耶稣回来见彼得等又睡着了，如此三次。

就在这时，一大群人进了庄园，都带着刀枪棍棒。他们是从大祭司那里来的。走到前面的就是犹大，他知道耶稣这时正在庄园里。

犹大按事先约好的那样，走向耶稣，叫了一声：“老师！”便与他亲吻。

耶稣说：“犹大，你用亲吻作暗号来出卖我吗？”

耶稣转身对那些人说：“你们找谁？”

他们回答说：“拿撒勒人耶稣。”

“我就是！”耶稣平静地说。那些人一听，都不禁倒退了几步。

彼得带着一把刀，他抽出来向大祭司的仆人马勒古砍去，砍掉了他的一个耳朵。

耶稣对彼得说：“彼得，收刀入鞘吧，动刀的必死于刀下。我父所给我的那杯，我岂能不喝呢！”说完就治好了马勒古的耳朵。

耶稣转身对那些人说：“你们为什么带着刀棒，像抓贼一样来抓我呢？我天天同你们在圣殿里，你们为什么不下手抓我？现在是你们的时候了，黑暗掌权了。”

门徒们看到耶稣并不反抗，而是束手就擒，就四散逃走了。那些人就将耶稣捆绑起来，带到大祭司那里去。

七十三、耶稣受审

大祭司该亚法是个狡诈的老家伙，他认为除掉耶稣越快越好。天一亮，他就把众祭司长、文士和长老们叫到会堂里来审判耶稣。判决当然是事前就定好了的。

他们对耶稣判的是死刑，但犹太当局无权判人死刑，他们只好把耶稣带到罗马总督本丢·彼拉多那里去。

彼拉多对众祭司长说：“你们要控告他什么？把他带去根据你们自己的律法审判吧！”

“我们没有判人死刑的权力。”他们回答道。

众祭司长在彼拉多面前控告耶稣时，耶稣默不作声。彼拉多对他说：“你没听见他们控告你的许多罪状吗？”耶稣仍不说话。彼拉多感到十分惊讶。他很清楚众祭司长讲的不是事实，只是由于妒忌才把耶稣交给他的。因此，他单独审问了耶稣。

“你真是犹太人的王吗？”彼拉多问耶稣。

“你自己认为是这样呢，还是别人告诉你的呢？”耶稣回答说。

“难道我是犹太人吗？”高傲的罗马人回答说，“是你的同胞把你交给我的，你犯了什么罪？”

“我的国不属这世界。”耶稣回答说，“如果是的话，我的门徒就要战斗，我就不会落入犹太人之手了。我的国不是这样建立的。”

“你是王吗？”彼拉多问。

“是的。”耶稣回答说，“我是为此才到世上来的。真理的王国应该建立起来，任何拥护真理的人都会承认我就是真理。”

“真理是什么！”彼拉多傲慢地说。他没有等耶稣回答。

正当彼拉多审问耶稣时，他收到他夫人送来的一个条子，上面写着：“今天我在梦中为这人受了许多苦。千万不要管这义人的事。”

彼拉多的夫人可能听到了许多有关耶稣的事迹，因为彼拉多在街上有许多密探。因此，彼拉多决定要救耶稣。他出来对等在外面的众祭司长说：“我查不出这个人有什么罪过。”

“根据惯例，”他继续说，“每逢逾越节，我要给你们释放一个罪犯。你们是否愿意我释放这个自称是犹太人之王的耶稣？”

众祭司长乱嚷道：“不，不，不要这个人，把巴拉巴释放给我们吧。”巴拉巴是曾领导犹太人造反的人，在犹太人中很有威望。

“那么，这个自称为基督的耶稣，我怎么处置他呢？”

众祭司长和其他人又乱嚷道：“把他钉在十字架上！把他钉在十字

架上！”

“你们自己把他带去钉十字架吧！”彼拉多不耐烦地反驳说，“我查不出他有什么罪过。”

“我们有律法，按那律法，他是该死的，因为他自称是上帝的儿子。”众祭司长说。他们决心逼彼拉多作出这一判决。

彼拉多又把耶稣带到一旁，问他说：“你是谁？你是从哪里来的？”耶稣不回答。

“你怎么不说话呢？”彼拉多说，“难道你不知道我有权钉你十字架，也有权释放你吗？”耶稣仍不回答。

彼拉多又出来对众人说：“我没有查出他犯了什么该死的罪，我要责打他，把他放了。”

犹太人大声威胁道：“如果你释放这个人，你就不是恺撒（罗马帝国元首）的朋友。凡是自称为王的都是对恺撒的背叛。”

这就是政治讹诈，彼拉多害怕恺撒。他知道这些犹太人很会向在罗马的恺撒送假报告。因此，他就用另一个办法来逃避自己的责任。他让人端来一盆水，在众人面前洗了手，并宣布：“流这个无罪之人的血，罪不在我，你们自己承担吧。”

于是，彼拉多释放了巴拉巴，把耶稣鞭打了，交给人去钉十字架。

七十四、耶稣受难

钉死十字架是有史以来最残酷的一种刑罚。这种刑罚是罗马人发明的，用来惩罚死囚和逃亡奴隶。被钉在十字架上的人的手和脚都被钉子钉在两根木头做成的十字架上，然后，再把十字架竖起来。受刑者就被吊在上面，慢慢地、痛苦地死去。刑前，受刑者还得自己扛着十字架到他受刑的地方去。

耶稣被判决后，他们就把一个很重的十字架放在他肩上，让他扛着，带他到城外的刑场——一个叫髑髅地（又叫各各他）的地方去。

耶稣经过审判、鞭打和戏弄后，再扛上沉重的十字架，实在支持不住，晕了过去。因此，士兵们就把十字架从他身上取下来，从人群中强拉了一个人来替他扛着。这个人的名字叫西门，是古利奈人。

在这一群人中还有另外两个扛十字架的人。他们是两个强盗，被判和耶稣同时被钉死在十字架上。

他们到达刑场髑髅地之后，就把三个十字架竖立在山顶上。耶稣的十字架在中间。在他的头上面，钉着一块牌子，牌子上用希伯来文、希腊文和拉丁文三种文字写着："这是犹太人的王。"

有一大群人来观看这一悲惨的场面，其中有众祭司长和长老们。耶稣从十字架上看见他们，就祷告说："父啊，赦免他们吧，他们不知道自己干了些什么蠢事。"

但他们嘲笑耶稣说："你救了别人，为什么不能救救自己呢？如果你真是基督，现在就从十字架上下来，我们就服了。"

士兵们也戏弄他，用棉花蘸醋给他喝，并对他说："如果你真是犹太人的王，救救自己吧！"他们并且在十字架下用掷骰子的办法来瓜分耶稣的衣服。

耶稣的两边分别钉着两个强盗，其中一个讥诮地对耶稣喊道："如果你真是基督，就救救自己，也救救我们吧！"

另一个强盗责备他的同伙说："你和他同是架上受刑的人，难道你不怕上帝吗？我们受刑是罪有应得，但这个人没有做过一件坏事。"

这个强盗又扭头对耶稣说："主啊，当你的国降临时，求你纪念我吧。"

耶稣对悔罪的强盗说："我实在告诉你，今天你要同我在乐园里了。"

突然，虽然还是中午，天却黑了约三个时辰。

最后，耶稣大声喊道："我的上帝，我的上帝，为什么离弃我！"说完，气就断了。

在场的罗马士兵的百夫长看到耶稣在受难时还这样宽容，临死还赦免置他于死地的仇敌，就虔诚地说："这真是个义人。"

七十五、耶稣复活

令人奇怪的是，当耶稣被捕时，人们都舍下他逃跑了。而当他被钉在十字架上后，许多人却又公开表示对他的同情。

他们中间有两个很重要的人物：一个名叫尼哥底母，是个法利赛人，曾夜访耶稣，讨论重生问题。另一个叫约瑟，是从亚利马太城来的财主。约瑟富甲一方，社会地位很高，因此他敢于去见彼拉多，要求安葬耶稣的尸体。彼拉多答应了他的请求。

约瑟把耶稣的尸体领来，准备葬在离他受刑地不远的园子里。尼哥底母带来了许多贵重的没药和沉香。约瑟就和他一起按当时的习俗把这些东西涂在耶稣身上，并且用新亚麻布把他的尸体裹起来。

耶稣的坟墓是在磐石上凿出来的洞穴，他们把他安葬在里面，又用一块大石头把墓口堵住，以防盗贼或野兽进入洞穴。

众祭司长又求见彼拉多，对他说："大人，我们记得这个诱惑人的人活着时，曾说三日以后他要复活。我们请求你下一道命令把埋葬他的坟墓看守起来，以防他的门徒晚上把尸体盗走，然后对人们说他复活了。如果真发生了这种事，那以后的迷惑要比以前更厉害。"

彼拉多对他们说："你们不是有看守圣殿的卫兵吗？去把坟墓看守起来吧！"

于是，他们就派人去把坟墓看守起来，并且把墓口的石头也封起来。

到了第三天，天刚刚放亮时，一些跟从耶稣的女门徒来到耶稣墓前。她们随身带来了香料，要去涂抹耶稣的尸体。当她们走近坟墓时，十分惊奇地发现墓口的石头已经被挪开了。她们在洞口往里探身一瞧，发现耶稣的尸体不见了。在安放耶稣尸体的地方，有两个穿着闪亮的衣服的天使。

女门徒十分害怕，拜倒在地。天使温和地对她们说："你们为什么要在死人中找活人呢？他不在这里，已经复活了。难道你们忘了他在加利利时曾对你们说，人子将落入罪人的手，被钉死在十字架上，第三天复活吗？"

这时，她们才想起耶稣告诉她们的这些事，只是那时她们还不理解。现在，她们明白了，就赶快跑去告诉耶稣的门徒们。

众门徒以及其他人都认为她们在说谎，不相信她们的话。彼得和约翰立刻向坟墓跑去，要亲眼看看到底发生了什么事。比彼得年轻的约翰跑在前面，先到了墓口，弯下腰往里看，只看到了亚麻布衣服。随后彼得也跑到了，他们钻进坟墓里，仔细查看了衣服放置的位置，但不理解这是怎么回事。

彼得和约翰走了，剩下抹大拉的马利亚还留在墓前哭泣。

突然，她又看到两个穿白衣的天使，天使对她说："妇人，你为什么哭啊？"马利亚回答说："因为有人把我主的尸体挪走了，我不知道他们把他放在哪里。"

她说这话时，觉得身后来了一个人。在大雾弥漫的晨光中，她看不清楚那是谁，还以为这人是看园子的园丁呢。

她对那人说："先生，如果是你把他挪走的话，请告诉我你把他放在哪里了，我要把他挪走。"

那人说："马利亚！"马利亚从这亲切的声音听出他就是耶稣，叫了一声："老师！"就去抱他的腿。

"不要摸我，"耶稣对她说，"因为我还没有升天去见我父。请你往我的弟兄那里去，告诉他们说，我要升天去见我父，也是你们的父，见我的上帝，也是你们的上帝。"

马利亚马上跑去报告这一喜讯："我们的老师真的复活了！"

这天晚上，众门徒集合在一起，锁上门，因为他们害怕犹太人。突然，耶稣出现在他们中间，对他们说："愿你们平安。"

他说这话的同时，又让他们看他那被钉穿的手和被罗马士兵刺伤的肋，来证明自己确实是那个被钉在十字架上死而复活的耶稣。

门徒们亲眼看到他们的老师真的复活了，都欣喜若狂。

那天晚上，门徒多马不在场。第二天，别人对他说："我们见到主了。"多马却不相信，他说："除非我看见他手上的钉痕，再用手指探入他肋旁的那个伤口，我是不会相信的。"

八天之后，众门徒又集合在同一间屋子里，这次多马也在场。耶稣又出现在他们中间，并对他们说："愿你们平安。"然后对多马说，"伸过你的手指来，摸我的手吧，再伸过你的手来，摸我的肋旁。不要疑惑，要相信。"

多马不敢摸耶稣，只是俯伏在地说："我的主啊，我的主啊！"

"多马，"耶稣对他说，"你看见我以后才相信，那没看见我就相信的人，就有福了。"

后来，教会把耶稣复活的这一天定为"主日"，就是现在的礼拜日。

七十六、在去以马忤斯的途中

那一天，有两个门徒要回家到一个名叫以马忤斯的小村子去。这个村子离耶路撒冷步行有几个小时的路程，他们一边在尘土飞扬的路上走，一边回忆过去几天中发生的事情。看来，他们仍沉浸在悲痛之中。

这时，一个人从后面赶了上来，和他们走在一起。"你们谈论的什么事，使你们这么悲伤？"那个人问道。

其中一个名叫革流巴的回答说："你这一阵子都在哪里呢？好像还不知道最近在耶路撒冷发生的事吧。"

“什么事啊？”那个人问。

“就是关于拿撒勒人耶稣的事呀。他是位先知，说话行事，在上帝和众人面前都大有能力。但祭司长和长老们竟把他抓去判了罪，钉死在十字架上。”

他们悲伤地接着说：“我们希望他就是《圣经》中应许的那位弥赛亚，是来救赎我们的。这一切都是三天前发生的事。但是就在今天早晨，和我们在一块的几个妇女对我们说，她们到安葬他的坟墓去，发现里面是空的，使我们十分惊讶。和我们在一起的两个人也到坟墓那里去，正像那些妇女说的那样，看见里面是空的。但他们没有见到耶稣。”

按他们对这事的理解，好像这一切都结束了。他们现在正伤心地回家去。他们所有的希望都烟消云散了。

“唉，无知的人哪，先知所说的一切，你们信得太慢了，”那个人对他们说，“难道你们还不知道基督只有这样受难才能进入他的荣耀吗？”

然后，他一段接一段地给他们讲起经来，从摩西开始，一直讲到众先知，来向他们表明在耶路撒冷发生的这一切都应验了经上的预言。

这时，他们到了以马忤斯村。那个人好像还要继续赶路。

“和我们一同住下吧。”他们对他说，“天已晚了，日头偏西了。”就这样，那个人和他们一同进了他们的家。

吃晚饭的时候，那个人从桌子上拿起一块饼，祝谢了，把它掰开，分给他们每人一块。

他们这才惊奇地发现这个人就是耶稣。

他们再抬头看时，耶稣已经不见了！他们相互议论说：“我们应该早知道的呀！在路上他和我们说话，给我们讲经时，我们心里难道不是热乎乎的吗？”

于是他们马上起身，匆匆忙忙地回到耶路撒冷去，向在那里的人讲述了他们所遇到的这一切。

耶稣复活后的40天，他带领着众门徒来到伯大尼对面的山上，给他们祝了福，吩咐他们说：

“天上地下所有的权柄都赐给我了，所以你们要去使万民作我的门徒，奉父、子、圣灵的名给他们施洗。凡我所吩咐你们的，都教训他们遵守，我就常与你们同在，直到世界的末了。”

耶稣说完，就当着众门徒的面升天去了。

后来，教会就把这一天定为“升天节”。

七十七、圣灵降临节

耶稣升天以后，众门徒回到他们过逾越节的楼房里去。据说这里是马可的家。这楼房就成了门徒们聚会祷告的地方，参加的人也越来越多。

一天，约有120人来这里聚会。彼得对大家说：

“弟兄们，当初主耶稣挑选了我们12个人做他的门徒，不想我们之中出了一个叛徒犹大，出卖了我们的主。如今，犹大上吊死了，肚腹崩裂，得到了应得的惩罚。现在我们应该另选一个人来补足使徒的职分。”

于是大家祷告推选出了两个人，一个叫约瑟，一个叫马提亚。然后又祷告了，用摇签的办法确定马提亚承受使徒的职分，和11个使徒并列。

逾越节后50天，犹太人又开始庆祝五旬节。五旬节是收获后庆祝丰收的感恩节。

那一天，门徒们聚集在耶路撒冷的那间大屋子里，一起祷告。突然，有声音从天而降，好像一阵大风吹过，震动了整个屋子。他们看到空中出现了一道亮光，又分散成一道道舌头样的火焰飘落到每个人的头上。

这一现象对在场的人影响巨大。门徒们都充满了巨大的力量和热情，不由自主地用各种方言讲起了上帝的神迹。

这时，耶路撒冷住着许多从各地来过节的人，他们听见响声，不约而同地跑来看热闹。他们看见门徒们用各地的方言讲话，大为惊奇：这些加利利人怎么会说外地的方言呢？也有人嘲笑说这些人是喝醉了。

于是，彼得站出来，高声对大家说："我们这些人并不像你们想的那样是喝醉了。现在所发生的事就是先知约珥所预言的：'上帝说，在末后的日子，我要将我的灵浇灌凡有血气的。你们的儿女要说预言，你们的少年人要见异象，老年人要做异梦。在那些日子，我要将我的灵浇灌我的仆人和使女，他们就要说预言。'

"以色列人哪，你们应侧耳听。拿撒勒人耶稣是上帝派来的。只有上帝派来的人才能在你们中间施行异能、奇事、神迹。然而，正是上帝派来的这个人被你们抓去，用你们那邪恶的手把他钉死在十字架上。

"你们大家都应该知道，"彼得最后说，"就是你们钉死在十字架上的耶稣，上帝已使他复活并立他为救世主了。"

众人听了彼得这些无畏的话，又愧又怕，对门徒们喊道："我们该怎么办呢？"

彼得对他们说："忏悔你们的罪过，每个人都要奉耶稣基督的名受洗，以使你们的罪过得到赦免。你们要和我们一样，也领受上帝所赐的圣灵。因为，上帝的诺言对我、对你、对你的孩子，甚至对任何地方的任何人都一样。任何呼唤上帝的名的人都可得救。"

人群中许多人接受了彼得的话，约有 3000 人受了洗，成为耶稣的信徒。

后来，教会把这一天定为"圣灵降临节"，成为基督教三大节日之一。

七十八、第一位殉道者

门徒的人数迅速增加，他们在一起过集体生活，有很多日常杂务需人管理。这些杂事使十二使徒穷于应付，就难免有不周到的地方，引起了一些怨言。

于是，十二使徒就召集所有的门徒开会，对他们说："我们丢下布道工作来管理饭食，原是不应该的。请在你们中间推选七位办事公道、可以信任、有聪明智慧、充满圣灵的人，让他们来管理这些事务，以便我们能把所有的时间都用在祷告和布道上。"

众门徒认为这是个好办法，就推选了七个人，并推举司提反做领导。使徒们祷告了，按手在这七个人头上，确认了他们的职分。

司提反精明能干，办事公道，很受大家拥护。他还做了不少传福音的工作，遭到一些犹太人的嫉妒。他们起来反对司提反，和他辩论，却被驳倒，恼羞成怒，就诬告司提反亵渎上帝和摩西，怂恿百姓、长老和文士把司提反抓起来押到犹太人公会去审判他。

司提反在公会所有的人面前毫无惧色，而且容光焕发，像天使一般。大祭司问司提反："这些人控告的是真的吗？"

司提反在众人面前侃侃而谈，给他们讲述了犹太人的历史。他提醒他们，上帝如何把他们的祖先从埃及救出来，使他们在摩西带领下穿过旷野来到"应许之地"。这一切不是因为他们做了什么善事，而是出于上帝慷慨的爱。

他还讲了约书亚、大卫、所罗门以及众先知，指出：上帝派先知来是指导以色列人怎样生活才能使上帝满意，是预告救世主的到来，但他们不听先知的话。

司提反斥责他们说："有哪位先知没有受到你们祖先的迫害呢？他们杀害了预告那义人要来的先知，现在你们又把那义人卖了、杀了。"

公会的人听了司提反勇敢的陈述，都暴跳如雷，咬牙切齿。但司提反从容镇静地举头望天。他说："看哪，我看见天开了，人子站在上帝的右边！"

众犹太人听见这话，都愤怒地大声喊叫，一拥而上，将司提反推出城外，用石头打他。

司提反祷告说："主耶稣啊，接受我的灵魂吧！"然后，他又跪下大声说，"主啊，不要将这罪归于他们！"说完，就死了。

七十九、扫罗皈主

犹太人用石头打死司提反的时候，有一个青年人替他们看管衣服，这个人名叫扫罗。

扫罗出生在小亚细亚的大数。他父亲是移居国外的犹太侨民，家庭富有，取得了罗马公民的资格，但仍然是个严守犹太教规的法利赛人，他希望把扫罗培养成一个犹太律法师。当扫罗还是个孩子的时候，他父亲就把他送到离家很远的耶路撒冷去受教于著名经师迦马列。

扫罗成长为一个忠诚、爱国的犹太人，一个精通犹太经典和律法的大师。他反对拿撒勒人耶稣所宣传的宗教主张，所以，很快就成为使徒们的主要对手之一。他得到大祭司的特许：无论在哪里发现信奉耶稣基督的人，都有权把他们抓起来押送到耶路撒冷去。

一天，扫罗带着一伙人到大马色城（即大马士革）去逮捕耶稣的门徒。走到半路，他们突然看到从天上射下一道强烈的光，比中午的阳光还亮。扫罗摔倒在地上。他听到天上有声音对他说："扫罗，扫罗，你为什么逼迫我？"

"主啊，你是谁？"扫罗惊恐地问。

"我是耶稣，就是你逼迫的那个拿撒勒人。"天上的声音回答说。

扫罗战战兢兢地问道："主啊，你要我做什么？"

"进城去！那里会有人把你应该做的事告诉你。"那声音回答。

与扫罗在一起的人听得到声音却看不见人，也说不出话来。他们把扫罗扶起来，发现他已经瞎了，就拉着他的手，把他领进大马色城。

大马色城里住着一个信奉耶稣基督的人，名叫亚拿尼亚，他是个好人，当他祷告时，耶稣在异象中对他说：

“往大街上去，到犹大家里去找大数人扫罗，他正在祷告。你把手按在他身上，恢复他的视力。”

“主啊，”亚拿尼亚说，“我听说这个人在耶路撒冷迫害你的门徒。他这次到这里来，就握有大祭司给他的特权，要逮捕所有信奉你名的人。”

“去吧，不要害怕。他是我挑选的工具，要在外邦人和以色列人面前宣扬我的名。我还要指示他，为我的名他还得遭受许多苦难。”

亚拿尼亚就去找扫罗，把手按在他身上说：“兄弟扫罗，在你来的路上向你显现的主耶稣派我来治好你的眼睛，并使你充满圣灵。”

突然，扫罗觉得眼睛里好像有一层细鳞片脱落下来，他即刻能看见了。他站起来，受了洗，成为一个耶稣基督的信徒。

在大马色的门徒开始还很怕他，但不久就把他当作自己人了。扫罗抓住一切机会告诉他的同胞们，现在他肯定耶稣是上帝的儿子，是救世主。

众犹太人十分诧异：一个几天之前还极力反对耶稣的人，现在竟证明耶稣是基督了。这个聪明能干、精力充沛的人不再站在犹太教徒一边，而是站在耶稣的信徒一边。这使犹太人非常恼火，因此，他们密谋杀害他。

他们在城门前派出了刺客，想要在扫罗出城时杀死他。但大马色的门徒把扫罗放在筐里，趁天黑把他从城墙上缒下去。他就逃到耶路撒冷去了。

八十、保罗的功绩

扫罗皈依基督后，就改名叫保罗。

保罗从大马色逃到耶路撒冷，那里的门徒开始都不相信他。但有一个名叫巴拿巴的善良、宽宏的人，把他介绍给众使徒，并向他们讲了保罗在去大马色的途中是怎样遇见耶稣以及怎样开始奉主的名布道的。

这样，保罗就取得了使徒们的信任，和他们一起在耶路撒冷奉耶稣的名放胆传道。不久，保罗回到原籍大数去住了一段时间。他在那里静静地祷告，为将来进行工作作了充分的思想准备。

过了一些时候，巴拿巴到大数来找保罗，他们一起来到叙利亚的安提阿，这里有许多基督徒。门徒们是首先在安提阿被称为“基督徒”的，这原是安提阿人给他们起的绰号。

保罗在安提阿奉圣灵差遣，开始向巴勒斯坦以外的外邦人传福音，曾先后作过三次长途旅行布道。巴拿巴、马可、西拉、提摩太、提多、路加等人都曾做过他的同伴。在旅行布道中，他经历了许多风险，行了许多神迹，建立了许多教会，写了许多重要书信，并第一个把福音传到马其顿，传到欧洲大陆，成为初期基督教会的主要奠基人之一。

保罗完成第三次旅行布道后，又回到耶路撒冷。这次他被犹太人抓住了。当他看出犹太人决心杀害他时，就声明自己是一个罗马公民，有权向罗马最高当局上诉。于是，保罗被送到该撒利亚，从那里再被送到罗马去，受到那里的基督徒的热烈欢迎，他被允许住在自己租赁的房子里，但一直被用索链与一个罗马士兵拴在一起。

保罗就这样在罗马住了两年。这期间，他利用一切机会尽力宣扬耶稣基督的福音。大约在公元63年，保罗获释，返回小亚细亚访问他所建立的教会。约公元66年，保罗再次被捕押送罗马；公元67年，罗马皇帝尼禄迫害教会，保罗在罗马殉道。他先后曾给各地的教会和个人写过很多信，其中的13封信后被收入《新约圣经》，合称“保罗书信”。

第四章 《圣经》的价值与影响

第一节 马克思主义经典作家与《圣经》

马克思主义的世界观是和宗教对立的，但马克思主义经典作家深知《圣经》的社会价值和文学价值，所以他们并不把《圣经》看作是单纯的宗教文献，而是把它视为重要的历史资料和文学宝库。他们都很熟悉《圣经》，对其中的典故都能运用自如。据不完全统计，在《马克思恩格斯全集》中涉及的《圣经》人物就有80多个，引用的《圣经》典故共300多次（重复者除外）。马克思在上大学时，曾听过布鲁诺·鲍威尔讲授《旧约·以赛亚书》。据《马克思和世界文学》的作者柏拉威尔说，马克思年轻时写过诗歌、小说，一遇机会就引用《圣经》；他在写作中一再运用马丁·路德的《圣经》德译本的用词、造句、韵律和风格。

马克思在《资本论》中论到善恶问题时，认为“恶”也是艺术的根源。这个独树一帜的论点论证到最后，就引用了《圣经》典故来佐证。他说：“难道从亚当的时候起，罪恶树不同时就是知善恶树吗？”[1] 亚当和罪恶树的典故是大家都熟悉的，它来自《旧约·创世记》第三章：人类始祖亚当和夏娃受蛇的引诱，违背上帝的命令，偷吃了伊甸园中的禁果，眼

[1] 《马克思恩格斯全集》第26卷第1册，人民出版社1972年版，第416页。

睛开始明亮，有了思维能力，知道自己赤身露体，产生了羞恶之心，因而被上帝逐出伊甸园。那棵结禁果的树就叫“知善恶树”或“知识树”(Tree of Knowledge of Good and Evil)。

基督教有一条基本教义，叫“原罪”(Original Sin)，认为人一生下来就有罪。因为人类始祖亚当、夏娃偷吃禁果犯了罪，这罪就遗传给了他们的子孙后代。马克思在《资本论》中曾用“原罪”作比喻论述资本的原始积累：“这种原始积累在政治经济学中所起的作用，同原罪在神学中所起的作用几乎是一样的。亚当吃了苹果，人类就有罪了……诚然，神学中关于原罪的传说告诉我们，人怎样被注定必须汗流满面才能糊口；而经济学中关于原罪的历史则向我们揭示，怎么会有人根本不需要这样做。”[1] 马克思在这里说明了资产阶级是不劳而获的，资本是靠剥削与掠夺而来的，同时也指出了“原罪”的欺骗性。“必须汗流满面才能糊口。”这句话是亚当因偷吃禁果而受的惩罚，出于《旧约·创世记》第三章第19节。马克思在这里赋予了新的含义。后来列宁在《唯物主义和经验批判主义》一书中就使用这个典故来形容唯心主义哲学家如何挖空心思来自圆其说的狼狈相，他写道：“我们总结一下。在我们面前出现了三位经验批判主义的算命先生，他们满头大汗地竭力把自己的哲学和自然科学调和起来，把唯我论的一些漏洞弥补起来。”[2] 这里说的“满头大汗”就是“汗流满面才能糊口”的灵活运用。

马克思评论印度人怨恨英帝国的剥削与压迫时说：“既然德里的城墙没有像耶利哥的城墙那样仅仅由于空气的震荡而倒塌，那就必须用复仇的号叫来震聋约翰牛的耳朵，使他忘掉他的政府应该对所发生的灾难以及使这次灾难达到如此巨大的规模负责。”[3] 耶利哥城墙由于空气震荡而倒塌

[1] 《资本论》第1卷，人民出版社1975年版，第781页。
[2] 《列宁选集》第2卷，第77页。
[3] 《马克思恩格斯全集》第12卷，第311—312页。

的典故出自《旧约·约书亚记》第六章。故事是这样的：以色列人在民族领袖摩西率领下从埃及逃回故乡迦南地，走到约旦河东岸，摩西就死了。约书亚继之成为领袖，率领以色列人渡过约旦河攻打耶利哥城。“耶利哥的城门因以色列人就关得严紧，无人出入。耶和华晓谕约书亚说：‘看哪，我已经把耶利哥和耶利哥的王并大能的勇士都交在你手中。你们的一切兵丁要围绕这城，一日围绕一次，六日都要这样行。七个祭司要拿七个羊角走在约柜前。到第七日你们要绕城七次，祭司也要吹角。他们吹的角声拖长，你们听见角声，众百姓要大声呼喊，城墙必塌陷，各人都要往前直上。’……第七日清早，黎明的时候，他们起来照样绕城七次……到了第七次，祭司吹角的时候，约书亚吩咐百姓说：‘呼喊吧。因为耶和华已经把城交给你们了……’于是百姓呼喊，祭司也吹角。百姓听见角声，更大声呼喊，城墙就塌陷，百姓便上去进城，各人往前直上，将城夺取。”这是个西方人家喻户晓的《圣经》典故，马克思反其意而用之，收到了极好的效果。

马克思在《法兰西内战》中讽刺大资产阶级的秩序党以和平示威游行为幌子，对国民自卫军进行挑衅时写道：“一排枪就打得这群愚蠢的花花公子抱头鼠窜，而这些家伙本来以为只要‘体面社会’一出现，就会对巴黎革命产生像约书亚的羊角声对耶利哥城墙所产生的那种影响。”[1] 恩格斯和列宁也曾经引用过这个典故。

在《路易·波拿巴的雾月十八日》一文中，马克思写道：“在一百年前，在另一发展阶段上，克伦威尔和英国人民为了他们的资产阶级革命，就借用过《旧约全书》中的语言、热情和幻想。当真的目的已经达到，当英国社会的资产阶级改造已经实现时，洛克就排挤了哈巴谷。”[2] 哈巴谷（Habakkuk）是谁呢？不读《圣经》的人就很难知道。哈巴谷是以色列的

[1] 《马克思恩格斯全集》第 17 卷，第 351 页。
[2] 《马克思恩格斯全集》第 8 卷，人民出版社 1965 年版，第 122 页。

先知之一，《旧约·哈巴谷书》的作者。马克思说的“《旧约全书》中的语言、热情和幻想”主要是指《旧约》中的各卷《先知书》。洛克是英国资产阶级哲学家，主张妥协，维护资产阶级利益，说国家的主要任务是保护私有财产。马克思在这里揭露了资产阶级的实用主义本质，目的达到以后就过河拆桥，排挤昔日的同盟军。

接着，马克思写道：“法国人在从事于革命的时候，总不能摆脱对拿破仑的追念，12 月 10 日的选举就证明了这一点。由于害怕革命的危险，他们曾经退回去追求埃及的肉锅，1851 年 12 月 2 日的事件便是对这一点的报复。”[1] 这段话是评论法国小资产阶级（主要指农民）由于本身的软弱和害怕人民革命，结果导致了 1848 年 12 月 10 日选举中，拿破仑的侄子路易·波拿巴上台和 1851 年 12 月 2 日的反革命政变，解散立法议会和国务会议，逮捕许多议员，把社会党和共和党的领导人驱逐出法国。这是革命的倒退，退回去追求“埃及的肉锅”。“埃及的肉锅”这个典故出自《旧约·出埃及记》第十六章第 2—3 节。据说，摩西率领在埃及沦为奴隶的以色列人逃出埃及后，走到西乃旷野，缺粮断水。“以色列全会众在旷野向摩西、亚伦发怨言，说：‘巴不得我们早死在埃及地耶和华的手下，那时我们坐在肉锅旁边，吃得饱足。你们将我们领出来，到这旷野是要叫这全会众都饿死啊！’”这个典故是马克思对在革命遇到挫折就想走回头路的人的典型描绘。

在《路易·波拿巴的雾月十八日》中，马克思接着写道：“十九世纪的社会革命不能从过去，而只能从未来汲取自己的诗情。它在破除一切对过去的事物的迷信以前，是不能开始实现自身的任务的。从前的革命需要回忆过去的历史事件，为的是向自己隐瞒自己的内容。十九世纪的革命一定要让死者去埋葬他们自己的死者，为的是自己能弄清自己的内容。从前

---

[1] 《马克思恩格斯全集》第 8 卷，第 123—124 页。

是辞藻胜于内容，现在是内容胜于辞藻。”[1]“让死者去埋葬他们自己的死者”是马克思借用的《圣经》上的话。《马太福音》第八章第21—22节记载：“又有一个门徒对耶稣说：‘主啊，容我先回去埋葬我的父亲。’耶稣说：‘任凭死人埋葬他们的死人。你跟从我吧！’”

1864年9月28日，马克思在伦敦宣布成立第一国际时的演说中，有这样一段精彩的话：

> 不列颠工业像吸血鬼一样，只有靠吮吸人血——并且是吮吸儿童的血——才能生存。古时杀害儿童是崇拜摩洛赫神的宗教的神秘仪式，但它只是在一些极隆重的场合下实行，大概一年不过一次；同时摩洛赫神并没有表示专爱吃穷人的儿童。[2]

“摩洛赫神”（Molech）在中文《圣经》中译作“摩洛”，见《旧约·利未记》第二十章第2—5节。摩洛赫是亚扪人的太阳神，它的像是铜制的人身牛头，祭祀时要用儿童为牺牲，经过火烤献给它，即“燔祭”（Burnt Offering）。献祭时大鼓小鼓一齐擂动，以震天动地的喧闹声淹没被献儿童的哭声。摩洛赫之祭每年一次，而且不是专用穷人的孩子献祭，但英国的工业每天都吮吸儿童的血，专门吮吸穷人儿童的血。马克思借用这个典故讽刺得多么深刻呀！

“为了一碗红豆汤，出卖自己的长子继承权”，在西方已经成为家喻户晓的借喻语。这个典故出自《旧约·创世记》第二十五章。故事说：古以色列人的祖先以撒有两个儿子，长子叫以扫，次子叫雅各。以扫善于打猎，常打些野味来给以撒吃。以撒很喜欢他。雅各为人安静，会讨人喜欢，很得母亲利百加的欢心。有一天，以扫打猎回来，又渴又累，看见雅

---

[1] 《马克思恩格斯全集》第8卷，第124页。

[2] 《马克思恩格斯选集》第2卷，人民出版社1976年版，第132页。

各正熬好了一碗香喷喷的红豆汤，就求雅各把红豆汤给他解渴。雅各乘机敲诈说："我用红豆汤买你的长子的名分，你肯吗？" 以扫说："我快渴死了，这长子的名分还有什么用呢？" 以扫就这样把自己的长子权卖给了雅各。马克思曾多次引用这个典故来说明资本主义制度下被剥夺得一无所有的工人阶级，为了生存不得不以极其低廉的价值把自己的劳动力出卖给资本家，遭受资本家的奴役和剥削。马克思在《资本论》中写道："只是过了几个世纪以后。'自由'工人由于资本主义生产方式的发展，才自愿地，也就是说，才在社会条件的逼迫下，按照自己的日常生活资料的价格出卖自己一生的全部能动时间，出卖自己的劳动能力本身，为了一碗红豆汤出卖自己的长子继承权。"[1] 列宁在《国家与革命》中也曾使用这个典故来讽刺，揭露机会主义者。他写道："现在占统治地位的机会主义却把工人的党教育成为一群脱离群众而代表工资优厚的工人的人物，只图在资本主义制度下'苟且偷安'，为了一碗红豆汤而出卖了自己的长子权，也就是不担当反对资产阶级的人民的革命领袖。"[2] 列宁用这个典故来比喻机会主义者为了眼前的利益而放弃了工人阶级的长远的根本利益，给这个典故增添了新的含义。

马克思在《历史上的类似现象》一文中讽刺英国的大贵族、大资产阶级、食利者和交易所的经纪人曾为法国路易·波拿巴的上台热烈欢呼，举杯相庆，把他当作神一样来崇拜，指望这位专制君主的上台使他们在投机活动中捞到巨额财富。马克思说，百万富翁们深信："金牛犊终于变成了真正的神，而新的法国专制君主则成了它的亚伦。"[3] 金牛犊的典故出自《旧约·出埃及记》第三十二章："百姓见摩西迟延不下山，就大家聚集到亚伦那里，对他说：'起来，为我们做神像，可以在我们前面引路……'

[1] 《资本论》第 1 卷，人民出版社 1975 年版，第 300—301 页。
[2] 《列宁选集》第 3 卷，人民出版社 1972 年版，第 192 页。
[3] 《马克思恩格斯全集》第 13 卷，第 317 页。

亚伦对他们说：‘你们去摘下你们妻子儿女耳上的金环，拿来给我。’百姓就都摘下他们耳上的金环，拿来给亚伦。亚伦从他们手里接过来，铸了一只牛犊……”亚伦（Aaron，亦译“亚郎”）是摩西的哥哥，也是摩西的副手，是以色列人的第一任大祭司。他曾为以色列人铸造了一个金牛犊作为崇拜的偶像。西方人常用金牛犊作为拜金主义的象征。列宁在《什么是“人民之友”以及他们如何攻击社会主义者》中也使用过“金牛犊”的典故，不过他强调的是在生产社会化的资本主义制度下，“金牛犊”已不可能再充当人民的偶像了。

马克思在《强制公债法案及其说明》一文的最后一段是这样写的：

> 当然，汉泽曼先生认为富人认购的公债的利率比穷人的高 1 $^{2}/_{3}$% 是“公平的”，因为从后者手中只能用强力才能夺取最必要的东西。此外，穷人还应当负担诉讼费用，作为对他那种不太令人满意的财产状况的惩罚。
>
> 这样，圣经上的一个箴言正在实现。“凡有的，还要加给他，叫他有余；凡没有的，连他所有的也要夺去。”[1]

马克思引用的这个典故出自《新约·马太福音》第二十五章第 14—30 节，是耶稣讲的一些比喻：一个主人对能为他赚钱的仆人大加称赞，准备重用，而对不能为他赚钱的仆人，则痛加斥责，赶出门外，并说：“因为凡有的，还要加给他，叫他有余；没有的，连他所有的也要夺过来。”这大概是当时流行的一句谚语，耶稣曾在不同的场合引用这句谚语，《四福音》中就出现过七次。这句话的原意可能是指人的能力越使用越增加，如果不用就会退化。马克思把这句谚语用到社会经济问题上来，揭露阶级社

[1] 《马克思恩格斯全集》第 5 卷，第 311 页。

会中富者愈富、贫者愈贫的两极分化现象。美国社会科学家罗伯特·默顿在 20 世纪 60 年代把科学技术界的类似现象概括起来称之为“马太效应。”

《资本论》第 1 卷的注解中引用《圣经》上的话来对照并讽刺基督教慈善家们说：“埃及的摩西说：‘牛在打谷的时候，不可笼住它的嘴。’但是德国的基督教慈善家们，在把农奴当作推磨的动力来使用时，却在农奴的脖子上套一块大木板，使农奴不能伸手把面粉放到嘴里。”[1] 摩西的这句话见于《旧约·申命记》第二十五章第 4 节：“牛在场上踹谷的时候，不可笼住它的嘴。”这原是以色列人不准虐待牲畜的一条法令，说牛在干活的时候应受到优待，给它应得的报酬。对牛如此，何况人呢。这里用来与德国的慈善家们对照，以揭露他们在“慈善”面具后面的狰狞面目，因为他们对待农奴比对待牛马还残酷。

《马克思恩格斯全集》第 3 卷第 557 页《莱茵年鉴》上的文章，“真正的社会主义”中有这样一小段妙语：

> 但是，我们的“真正的社会主义者”告诫人说：
>
> “看看田野里的百合花吧。”
>
> 是的，看看田野里的百合花吧！看看山羊是怎样吞食它们，“人”怎样把它们摘下来插在自己的纽扣孔上，牧女和驴夫在淫乱时怎样践踏它们！

“看看田野里的百合花吧。”这句话见于《新约·马太福音》第六章第 28 节。这是耶稣在“登山训众”时讲的一个有名的论题。他说人的一生都是由上帝安排的，要安于现实，不要为生活忧虑。他举例说：“何必为衣裳忧虑呢。你想野地里的百合花，怎么长起来。它也不劳苦，也不纺

[1] 《马克思恩格斯全集》第 23 卷，第 412 页。

线。然而，我告诉你们，就是所罗门极荣华的时候，他所穿戴的，还不如这花一朵呢！”所谓“真正的社会主义”是当时德国小资产阶级的反动思潮，他们鼓吹超阶级的抽象的“人”，被政府用作镇压德国工人起义的别动队。马克思的这段话淋漓尽致地揭穿了他们的甜言蜜语背后的残酷现实。

马克思在写完著名的《哥达纲领批判》时，用一句拉丁文来结束全文：“Dixi et salvavi animam meam.”（“我已经拯救了自己的灵魂。”）这句话出自《旧约·以西结书》第三章第18—19节。英文译作：“...but thou hast delivered thy soul.”中文译作：“……你却救自己脱离了罪。”也有人译作“你却不算为有罪”或“你却拯救了自己的灵魂”。马克思用这句话作结尾，意思是：我既然认识到拉萨尔派纲领的错误，就有责任说出来，我若不说，不警戒他们，任凭他们走上绝路，那是我没有尽到责任，我也将失去自己的政治生命；现在，我已经说了，他们若不肯听，只有死路一条，那是咎由自取。我则已经尽了责任，拯救了自己的政治生命。只有了解了这句话的来源，才能更好地理解马克思的用意，领会他用词的妙处。

恩格斯对《圣经》就更有研究了。他从21岁起就开始对《圣经》研究发生兴趣。他认为：“从历史学和语言学的角度来评判《圣经》，研究构成《新旧约》的各种著作的年代、起源和历史意义等问题，是一门科学。”恩格斯有关于基督教的专著，也有关于《圣经》的专著。他在写作时使用的《圣经》典故也相当多。

恩格斯在《诗歌和散文中的德国社会主义》的第二部分里，批判卡尔·格律恩的《从人的观点论歌德》，指责他用“真正的社会主义”的观点把歌德一切庸俗的习气颂扬为人的东西，而对伟大和天才的东西却避而不谈。恩格斯反对牵强附会地把歌德说成是无所不在的“真正的社会主义者”。他写道：“‘真正的社会主义’无所不在，简直赛过我们的主耶稣。只要那里有两三人聚集在一起（虽然绝不是因他而聚集起来的），他就出现在那里。并且硬说那里有‘社会的材料’。”[1] 恩格斯引用的这个典故出自《新约·马太福音》第十八章第19—20节。耶稣对门徒说：“若是你们中间有两个人在地上同心合意地求什么事，我在天上的父必为他们成全。因为无论在哪里，有两三个人奉我的名聚会，那里就有我在他们的中间。”

恩格斯在《资本论》第3卷增补《价值规律和利润率》中揭露和讽刺意大利资产阶级经济学家洛里亚·阿基尔以两面派手法攻击马克思主义时，曾说：“在这样做时，我们的斯加纳列尔很像巴兰，他本来是去诅咒人的，但是他的嘴却不听使唤，竟说出了‘祝福和爱戴的话’。善良的巴兰与众人不同之处正在于，他骑着一头比主人还要聪明伶俐的驴。可是这一回，巴兰显然把他的驴留在家里了。”[2] 巴兰和驴的故事出自《旧约·民数记》第二十二至第二十四章。故事说，以色列人出埃及后，来到摩押平原，当地居民的首领很害怕，就派人携重金到现在的叙利亚境内的幼发拉底河边去聘请巫师巴兰（Balaam，亦译“巴郎”）来诅咒以色列人，企图用巫术阻止以色列人的进攻。巴兰受聘后骑驴出发。上帝派天使在路上阻拦他。驴子看见了天使，为了躲避天使而挤伤了巴兰的脚。巴兰三次打驴，驴开口说话向巴兰抗议。最后，巴兰不但没有诅咒以色列人，反而为以色列人祝福。“巴兰的驴”能够口吐人言，已成为西方的一个典故，含有“神通”的意思。恩格斯在这里把洛里亚·阿基尔比作意大利民间喜剧中爱说大话的斯加纳列尔，讽刺他连“巴兰的驴”都不如。

《新约·路加福音》第十九章第29—40节记载说，耶稣进耶路撒冷城时受到群众的热烈欢迎，有几个法利赛人劝耶稣制止他们的欢呼。耶稣说：“我告诉你们，若是他们闭口不说，这些石头必要呼叫起来。”“石头呼叫”现在已经演化成指某一事物或现象令人厌恶痛恨到了极点，甚至石头也要呼喊来表示自己的极度愤慨。列宁就曾经引用这个成语来谴责沙皇

---

[1] 《马克思恩格斯全集》第4卷，第260页。
[2] 《马克思恩格斯全集》第25卷，第1012页。

专制政府的暴行，他说："警察的专横和对教派的刑讯迫害给整个俄国生活，尤其是给俄国农村生活带来的'道德堕落'，达到了极端严重的程度，甚至石头也会呼喊起来。"[1]

据《福音书》记载。耶稣在犹太各地传教，深受人民大众的欢迎，却遭到犹太教领导阶层大祭司等人的仇视，他们想逮捕耶稣，就用 30 块银币收买了耶稣的门徒加略人犹大。犹大贪财出卖了耶稣，答应带人去捉拿耶稣，约定以亲嘴为号，说："我与谁亲嘴，谁就是他。"于是大祭司等人逮住了耶稣，最后把他钉死在十字架上。后来，人们就把叛徒称为"犹大"，把叛卖行为称为"犹大的吻"。列宁在《唯物主义和经验批判主义》一书中曾引用这个典故揭露和批判了马赫对唯物主义的背弃。他说："自然科学家马赫的哲学对于自然科学，就像基督徒犹大的接吻对于耶稣一样。马赫也同样地把自然科学出卖给信仰主义，因为他实质上转到哲学唯心主义方面去了。马赫对自然科学的唯物主义的背弃，从各方面来看，都是一种反动现象。"[2]

列宁在《183 个大学生被送去当兵》一文中曾说："在我国知识界的优秀人物中有成千上万的革命者惨遭政府毒手，他们的鲜血证明他们能够抖掉也决心抖掉自己脚上资产阶级社会的灰尘，走到社会主义者的行列里来。"[3]"抖掉脚上的灰尘"是表示与某人、某事划清界限、彻底决裂的意思。《新约·马太福音》第十章第 5—14 节记载耶稣派遣十二门徒到各地去传福音时，嘱咐他们说："……凡不接待你们，不听你们话的人，你们离开那家或那城的时候，就把脚上的尘土跺下去。"《新约·使徒行传》第十三章第 51 节记载保罗和巴拿巴在彼西底的安提阿传教，被那里的犹太人驱逐出境，"二人对着众人跺下脚上的尘土，就往以哥念去了"。"跺

[1] 《内政评论》，《列宁全集》第 5 卷，1986 年版，第 258 页。
[2] 《唯物主义和经验批判主义》，人民出版社 1960 年版，第 350 页。
[3] 《列宁全集》第 4 卷，第 374—375 页。

（抖）掉脚上的尘土”被用来表示决裂，可能是那时的一种风习，由于《圣经》的影响，后来就成为一个通用的典故。

列宁在《苦役条例和苦役判决》中曾说：“只要当局郑重其事地宣称，农民‘可以参与’大小事物，赎买地主土地，或在饥荒时参加各种公共事业，那就可以预料，一场新的大灾难就要临头了。”[1] 列宁在这里说的“大灾难”原文直译应为“埃及的惩罚”，是一个《圣经》典故，出自《旧约·出埃及记》第七至第十二章。故事说，古以色列人的上帝命令摩西去见埃及的最高统治者法老，请求他允许在埃及沦为奴隶的以色列人返回迦南老家去。法老不允，耶和华上帝遂惩罚法老，连续10次降灾给埃及：水变血之灾、蛙灾、虱灾、蝇灾、畜疫之灾、疮灾、雹灾、蝗灾、黑暗之灾、击杀长子之灾，终于迫使法老屈服，允许以色列人离开埃及。后人常把《圣经》里记载的耶和华对埃及的惩罚称为“大灾难”。列宁在这里使用这个典故是带有讽刺意味的。

列宁在《土地问题和“马克思的批评家”》一文中抨击海尔茨是冒牌的社会主义者，他“竟把现代农民子女的劳动比作‘鲁孚拾麦穗’！”[2] “鲁孚拾麦穗”是一个《圣经》故事，鲁孚即路得。《旧约·路得记》记载说，古以色列人居住的迦南地发生了饥荒，有一个伯利恒的犹大族人带着妻子拿俄米和两个儿子往东渡过约旦河到摩押人居住的地方去逃荒，在那里安家落户，并给两个儿子都娶了摩押人为妻。后来，这父子三人相继去世，一家只剩下了三个寡妇。这时，拿俄米听说伯利恒一带饥荒早已过去，就决定让两个儿媳回娘家去改嫁别人，她自己则回老家去。一个儿媳听从婆婆的话回娘家去了。另一个儿媳名叫路得，非常贤惠孝顺，她不愿意离开婆婆，更不放心年迈的婆婆独自长途跋涉回迦南地去，就随拿俄米一起回到了伯利恒。当时正是收割大麦的时候，路得就到地里去拾收割人

[1] 《列宁全集》第5卷，第127页。
[2] 同上，第147页。

遗留的麦穗来供养婆婆。凑巧她去拾麦穗的那块地是她亡夫的同族波阿斯的地。波阿斯很同情也很赞赏路得的为人，就吩咐仆人故意多遗留些麦穗给路得，所以路得很容易地就拾了不少麦穗。后来，路得根据古以色列人的“为弟兄立嗣”的传统嫁给了波阿斯，成为大卫王的曾祖母。“路得拾麦穗”意思是劳动不很艰苦，所以列宁用这个典故来批评海尔茨错误地认为“现代农民子女的劳动”是轻松的。

列宁在《进一步，退两步》中批评马尔托夫分子要两面派，只指责别人的错误，却否认自己所犯的同样错误，“就像彼得否认他是耶稣的门徒一样”[1]。列宁在这里引用的是一个著名的《圣经》典故。据《福音书》记载，耶稣被犹太人当局逮捕后押往大祭司该亚法那里去，彼得混在人群中也跟进了大祭司的院子，有人认出了他，问他是不是耶稣的同伙。素以忠勇著称的彼得这时却胆怯了，他竟然先后三次不承认自己是耶稣的门徒。

耶稣在宗教信仰方面特别强调内心的虔诚，反对当时犹太教内的主流派——法利赛人的形式主义，指责他们在宗教生活上已经堕落到假冒为善、哗众取宠的地步。有一次他在讲道时公开述说了法利赛人的“七祸”[2]，其中第六祸是：“你们这假冒为善的文士和法利赛人有祸了，因为你们好像粉饰的坟墓，外面好看，里面却装满了死人的骨头和一切的污秽。你们也是如此，在人前，外面显出公义来，里面却装满了假善和不法的事。”后来，“粉饰的坟墓”就成为一个形容“华而不实”、“表里不一”的广为人知的典故。因此，列宁在《旅顺口的陷落》一文中描述沙皇制度的腐败时，为了给人以深刻的印象，就使用了这个典故。他说：“沙皇制度成为符合最新要求的现代军事组织的障碍。而军事却是沙皇制度一向全神贯注的、最引为骄傲而且不顾人民的任何反对为之作出无可计量的牺牲

[1] 《列宁全集》第7卷，第364页。
[2] 详见《新约·马太福音》第二十三章第13—36节。

的事业。粉饰的坟墓——这就是专制制度在对外防卫这个可以说是它最内行的专业方面的表现。”[1]

列宁在《戴白手套的“革命家”》一文中揭露俄国资产阶级迫不及待地要叛变革命时，曾说：“他们在秘密的谈话中相互重复着耶稣对犹大说的一句话：‘你所作的快作吧！’”[2]耶稣的这句话是他在逾越节的筵席（即“最后的晚餐”）上说的。当时他已经知道犹大要出卖他了，但他认为这全是上帝的安排，所以就对犹大说：“你所作的快作吧！”[3]

列宁在说过：“谁感到自己犯了罪，谁就去悔过吧！但愿他把灰撒在自己的头上，扯碎自己的衣裳，别牵连到旁人。”[4]《圣经》中常用“撕裂衣服”、“撒灰在头上”、“坐在灰中”来表示忏悔、悲痛，也有发誓的意思。如《旧约·创世记》第三十七章记述的雅各的儿子约瑟被他的哥哥们卖掉，大哥流便知道后“就撕裂衣服”；雅各听说约瑟被野兽吃掉了，也“撕裂衣服”。《旧约·撒母耳记下》第一章第11节说，大卫听到扫罗父子阵亡的消息后“就撕裂衣服，跟随他的人也是如此，而且悲哀、哭号、禁食到晚上”。《旧约·约伯记》第二章第12节记载，约伯经受上帝的考验，遇到了各种灾难，他的三个朋友去慰问他：“他们远远地举目观看，认不出他来，就放声大哭，各人撕裂外袍，把尘土向天扬起来，落在自己头上。”《旧约·以西结书》第二十七章第30节记着，先知以西结预言推罗将遭受惩罚时曾说：“他们必为你放声痛哭，把尘土撒在头上，在灰中打滚。”《旧约·以斯帖记》第四章第1—3节记述以斯帖的养父末底改知道国王听信谗言下令杀尽犹大俘虏时，“就撕裂衣服、穿麻衣、蒙灰尘、在城中行走痛哭哀号……犹太人大大悲哀，穿麻衣躺在灰中的甚多”。《新

[1] 《列宁全集》第8卷，第33页。
[2] 同上书，第495页。
[3] 《新约·约翰福音》第十三章第27节。
[4] 《列宁全集》第11卷，第254页。

约·启示录》中也说约翰看见了巴比伦城毁灭的异象，人们“把尘土撒在头上，哭泣哀号”[1]。后来，“撕裂衣服”、“披麻蒙灰”就成了常用的典故。

列宁在《社会革命党的孟什维克》一文中曾说：“无论在斗争手段上，还是在组织方式上，都需要慎重、稳健和细致。举行武装起义吗？‘我（彼舍霍诺夫）一再反复地说：这种不幸千万别落到我们头上！……’（第7期第177—178页）当前的主要任务就是组织‘人民的力量’。”[2]这里说的“这种不幸千万别落到我们头上”是“叫杯子离开我”的意译。这个典故出自《新约·马太福音》第二十六章第39节。面对十字架，耶稣虽然决心走“牺牲自己，救赎世人”的道路，但他仍然十分痛苦和忧伤。吃完逾越节的筵席后，他带门徒们上了耶路撒冷城东的橄榄山，独自去祷告。他“俯伏在地，祷告说：‘我父啊，倘若可行，求你叫这杯离开我，然而不要照我的意思，只要照你的意思。”“叫杯子离开我”的意思是求上帝撤掉这杯苦酒，免去这场不幸。

《旧约·创世记》第一章记述上帝创造世界的过程，第六天造完各种生物后，“上帝说：‘我们要照着我们的形象、按着我们的样式造人。’”因为上帝创造世界是广为人知的故事，所以这句话就被当成一个常用的典故。列宁在《田庄旁边的邻居》一文中就曾这样引用过：“‘田庄旁边的邻居们’是俄国的最好的阶级组织，因为他们不仅像邻居那样组织起来，不仅组织成各种团体，而且还组织成一种国家力量。一切最重要的机关都被他们霸占着，都是‘按照他们的方式和模样’、根据他们的‘需要’和利益建立起来的。”[3]

耶稣讲道时曾用两个比喻来说明新旧两种宗教观念很难结合在一起。他说：“没有人把新布补在旧衣服上……也没有人把新酒装在旧皮袋里。

[1] 《启示录》第十八章第19节。
[2] 《列宁全集》第11卷，第182—183页。
[3] 《列宁全集》第20卷，第282页。

若是这样，皮袋就裂开，酒漏出来，连皮袋也坏了。”后来，人们就常用“旧皮袋里装新酒”比喻硬把某种新的内容塞进旧形式里去，不会产生好效果。列宁在《革命的一个根本问题》中批评孟什维克害怕群众，害怕革命，只求进行某些改良就心满意足了。他指出社会革命党人和孟什维克的领袖们“之所以动摇犹豫，无休止而又毫无成效地企图在旧的国家官僚机构的旧皮袋里装新酒，其最深的根源之一，就在这里”[1]。使用的就是这个典故。

列宁在《〈论粮食税〉一书纲要》中说：“工农联盟＝苏维埃政权的α和ω。”[2]“α”和“ω”是两个希腊文字母，“α”（音译为“阿尔法”或“阿拉法”）是希腊文字母表的第一个字母。“ω”（音译为“欧米加”或“俄梅戛”）是最末一个字母。所以，“α和ω”就是“从始至终”的意思。《新约·启示录》第一章第8节记载说：“主上帝说：‘我是阿拉法，我是俄梅戛，是昔在、今在、以后永在的全能者。”列宁使用这个典故形象地指明了苏维埃政权的全部实质就是工农联盟。

列宁在1901年1月30日给普列汉诺夫的信中曾说：“如果多数人同意，我当然服从，不过要事先声明这件事与我无关。”[3]“声明这件事与我无关”直译应为“洗净自己的手”。这个典故出于《新约·马太福音》第二十七章第24节。据说，犹太人要处死耶稣，但他们没有这种权力，于是把耶稣送交罗马巡抚彼拉多，控告耶稣反对罗马政府，应判死刑。彼拉多知道耶稣并没有做什么触犯罗马法律的事，想把他放了。犹太人聚众要挟彼拉多，甚至指责彼拉多对恺撒不忠。彼拉多无奈，只好判处耶稣死刑钉上十字架，但他让人端盆水来，“在众人面前洗手，说：‘流这义人的血，罪不在我，你们承担吧。’”所以，“在众人面前洗手”或“洗净自己

[1] 《列宁全集》第25卷，第361页。
[2] 《列宁全集》第32卷，第311页。
[3] 《列宁全集》第34卷，第43页。

的手”就是表示自己不参与某事，不承担任何责任。

耶稣在讲解天国的福音时，曾讲过一个麦子与稗子的比喻。他说，有一个农民种麦子，他的仇敌乘他睡觉时，把稗子种撒在他的麦田里。后来，麦子和稗子一起长了起来。那农民不让仆人把稗子拔出来，而是到收割的时候分别处理，把麦子收在仓里，而把稗子捆成捆留着当柴烧。后来人们把这个比喻当作分清良莠的典故。列宁在《怎么办？》中就曾使用过这个典故。他说：“但我们这样来做，并不是忘记工人运动合法化归根到底只会使我们获得益处，而绝不会使祖巴托夫之流获得益处。恰恰相反，我们正是要用自己的揭露运动来分清莠草和小麦。”[1]

列宁在《唯物主义和经验批判主义》中论述绝对真理与相对真理时曾经说：“……这一切论点，对于所有研究过恩格斯的《反杜林论》的人是不言而喻的，而对于‘现代’认识论却是无法理解的。”[2]“无法理解的”原文直译应为“用七道印封严了的书”。这是一个出于《新约·启示录》第五章的典故：“我看见坐宝座的右手中有书卷，里外都写着字，用七印封严了。”这是约翰看见的异象之一。后来人们把“用七印封严了的书”比喻无法理解的书。

列宁在《大难临头，出路何在？》中讽刺孟什维克和社会革命党人干了一些愚蠢幼稚的错事而竟然“不知道自己在干些什么”[3]是从耶稣的一句话演变来的。据《新约·路加福音》第二十三章第34节记载，耶稣被钉在十字架上后并没有仇恨、诅咒钉死他的人，反而为他们祷告说：“父啊，赦免他们，因为他们所做的，他们不晓得！”

列宁在《无产阶级革命和叛徒考茨基》一书中曾说：“很明显，同那些自称为社会主义者和马克思主义者、实际上在主要问题即巴黎公社类型

---

[1] 《列宁选集》第1卷，第326页。
[2] 《列宁选集》第2卷，第315页。
[3] 《列宁选集》第3卷，第134页。

国家问题上却转到资产阶级方面去的人，谈论解散立宪会议，简直是对牛弹琴。”[1] 这里“对牛弹琴”直译应为“把珍珠丢在猪前”。这是耶稣讲道时讲的一个比喻。他说：“不要把圣物给狗，也不要把你们的珍珠丢在猪前，恐怕它践踏了珍珠，转过来咬你们。”这句话的意思是不要理会那些不识好歹的人，否则就会好心得不到好报。[2]

“泥足巨人”是用来形容外强中干、色厉内荏的庞然大物的一个《圣经》典故，出自《旧约·但以理书》第二章。据说巴比伦国王尼布甲尼撒做了一个可怕的梦，醒来后却把梦的内容忘记了。但以理凭借上帝赐给他的智慧圆满地给尼布甲尼撒圆解了这个被遗忘了的梦。原来尼布甲尼撒梦见了一个可怕的巨人，他的头是金的，胸膛和膀臂是银的，肚腹和腰是铜的，腿是铁的，脚是半铁半泥的，有一块大石头飞过来打在这半铁半泥的脚上，把金银铜铁泥一同砸得粉碎。列宁在《莫斯科征收党员周的总结和我们的任务》中就使用了这个典故。他说：“谁的后备多，谁的力量来源多，谁在人民群众中更能支持得住，谁就能在战争中取得胜利。所有这些东西我们都比白卫分子多，都比‘称霸世界的’英法帝国主义这个泥足巨人多。”[3] 从这个意义上说，“泥足巨人”的含义和毛泽东关于一切帝国主义都是“纸老虎”的比喻差不多。

耶稣讲道时曾强调，要想进天国不能只在口头上遵守上帝的旨意，具体行动更为重要。为此，他讲了一个比喻：“凡听见我的话就去行的，好比一个聪明人把房子盖在磐石上，雨淋、水冲、风吹，撞着那房子，房子总不倒塌，因为根基立在磐石上。凡听见我的话不去行的，好比一个无知的人，把房子盖在沙土上，雨淋、水冲、风吹，撞着那房子，房子就倒

[1] 《列宁选集》第 3 卷，第 653 页。
[2] 《新约·马太福音》第七章第 6 节。
[3] 《列宁选集》第 4 卷，第 82 页。

塌了，并且倒塌得很大。”[1] 这是一个非常生动的形象比喻。列宁在《关于人民委员会工作的报告》中就使用了这个典故并增加了新的含义。他写道：“如果把农民当作社会主义者来制定我们的社会主义计划，那就是把这种计划建立在沙子上……”[2]

总之，在马克思主义经典著作中可以经常碰到一些《圣经》典故。如果不了解这些典故的出处和含义，就会影响对经典著作的理解。即使是为了这一点，也应研究一下《圣经》。

第二节 《圣经》对文学艺术的影响

西方文化有两个历史传统：一个是希腊、罗马的古代传统，另一个是希伯来、基督教的中世纪传统。基督教从公元 4 世纪开始登上西欧政治舞台以后，就逐渐控制了整个欧洲文化。在中世纪，罗马教廷利用禁欲主义推行愚民政策，利用宗教法庭镇压“异端”，把欧洲拖入了长达一千多年的黑暗时期。直到 16 世纪，暴发了宗教改革运动，西方文化才在文艺复兴运动和宗教改革运动这两个轰轰烈烈的运动交叉进行中，冲破教会的禁锢开始蓬勃发展起来。

在中世纪，除了《圣经》和罗马教廷钦定的宗教书籍外，其他一切学术著作（无论是自然科学的还是社会科学的）全属“异端”。欧洲的中世纪文化实际上也就是基督教文化。《圣经》是基督教文化的支柱，它不仅是一部宗教经典，而且也是一部政治、哲学、历史、文学、艺术、社会、法律、道德等方面的书。因此，如果说中世纪文化是欧洲近代文化的母体，那么，也可以说《圣经》就是欧洲近代文化的基础。一方面，《圣经》

[1] 《新约·马太福音》第七章第 24—28 节。
[2] 《列宁选集》第 4 卷，第 387 页—388 页。

是罗马教廷强加给西欧文化的一顶“紧箍帽”，在很长一个历史阶段中对人类社会的发展起了极大的消极作用，但另一方面它又保存、启发和滋养了西欧文化，许多伟大的革命家、思想家、文学家、艺术家都曾经从《圣经》中吸取营养、寻找题材、赋予新的含义，作出了不朽的贡献。最明显的例证，就是它对西方文学艺术的巨大影响。

西方各国的优秀文学家几乎全都高度评价《圣经》的文学水平，使用《圣经》的题材。下面举几个例子：

伟大的俄罗斯文学家列夫·托尔斯泰在他的不朽名著《复活》的卷首就引用了四段《圣经》经文：

> 那时彼得进前来，对耶稣说：“主啊，我弟兄得罪我，我当饶恕他几次呢？到7次可以吗？’耶稣说：‘我对你说，不是到7次，乃是到70个7次。”（《马太福音》第十八章第21—22节）
>
> 为什么看见你弟兄眼中有刺，却不想自己眼中有梁木呢？（《马太福音》第七章第3节）
>
> ……你们中间谁是没有罪的，谁就可以先拿石头打她。（《约翰福音》第八章第7节）
>
> 学生不能高过先生，凡学成了的不过和先生一样。（《路加福音》第六章第40节）

托尔斯泰把这四段话录在卷首是为了表示自己的创作意图，第一段是讲应当饶恕人。饶恕人是基督教基本教义之一。犹太人以“7”为圣数，“70个7次”是指无数次。第二段是讲“正人必先正己”，不要只指责别人的小毛病而不看自己的大罪孽。第三段是第一、第二两段的总结。这是一个《圣经》故事。《约翰福音》第八章第3—11节是这样记载的：“文士和法利赛人带着一个行淫时被拿的妇人来，叫她站在当中，就对耶稣说：

‘夫子，这妇人是正行淫之时被拿的。摩西在律法上吩咐我们，把这样的妇人用石头打死。你说该把她怎么样呢？’他们说这话乃是试探耶稣，要得着告他的把柄。耶稣却弯着腰用指头在地上画字。他们还是不住地问他。耶稣就直起腰来对他们说：‘你们中间谁是没有罪的，谁就可以先拿石头打她。’……他们听见这话就从老到少一个一个都出去了，只剩下耶稣一人，还有那妇人仍然站在当中。耶稣就直起腰来对她说：‘妇人，那些人在哪里呢？没有人定你的罪吗？’她说：‘主啊，没有。’耶稣说：‘我也不定你的罪。去吧，从此不再犯罪了。’”在西方，这是一个家喻户晓的故事，不必引用全文，只提一句人们就明白了。比利时作家梅特灵克就曾用这个故事为题材写出了剧本《抹大拉的马利亚》，马利亚就是那个女人的名字。

托尔斯泰把这四段《圣经》经文放在卷首，点出了全书的主题：在上帝面前“人无完人”，只有饶恕别人的人才能得到饶恕；书里的主人公都做过错事，读者不必对他们过于苛求，因为他们已经饶恕了别人，也得到了别人和上帝的饶恕；他们悔改了，也就是“复活”了。第四段引文的意思是作者认为自己的作品远远比不上《圣经》，只不过是为《圣经》作见证而已。

托尔斯泰还极口称赞《创世记》中的约瑟的故事，说它朴素、简洁、生动、真实，是近代作家写不出来的世界性艺术典范。这个故事出自《创世记》第三十七至第四十七章。说的是以色列三大圣祖之一的雅各有 12 个儿子，其中一个叫约瑟。约瑟由于得父亲的特别宠爱而遭到哥哥们的嫉妒，被他们卖到埃及当奴隶。约瑟为人正直、聪明、办事忠诚、干练，很受主人器重。后来约瑟被诬告下狱。埃及法老做了两个梦：“梦见自己站在河边，有七只母牛从河里上来，又美好又肥壮，在芦荻中吃草。随后又有七只母牛从河里上来，又丑陋又干瘦，与那七只母牛一同站在河边。这又丑陋又干瘦的七只母牛吃尽了那又美好又肥壮的七只母牛，法老就醒了。他又睡着，第二回做梦，梦见一棵麦子长出了七个穗子，又肥大又佳美。随后又长出了七个穗子，又细弱又被东风吹焦了，这些细弱的穗子吞吃了那七个又肥大又饱满的穗子。”法老醒来，心里不安，但没有人能给他圆解。经人推荐，约瑟凭着上帝给他的智慧给法老圆了梦，而且应验了。于是法老封约瑟为宰相，负责收藏粮食以度荒年。这时，巴勒斯坦一带发生了饥荒，雅各家绝了粮，就派儿子们到埃及去买粮食。约瑟认出了他们，不念旧恶，几经周折，终于兄弟、父子团聚。这个故事描写了人世间的悲欢离合，人物性格鲜明，故事情节曲折，语言生动感人，所以得到了托尔斯泰的高度评价。德国著名作家托马斯·曼根据这个故事写出了长篇小说《约瑟和他的兄弟们》四部曲，书中描写了犹太人的善良性格和他们所遭受的苦难，谴责了希特勒法西斯疯狂迫害犹太人的暴行。

马雅可夫斯基在他的长诗《列宁》中也曾使用过这个故事里的法老的梦。他写道：

他吃胖了，
如同《圣经》中的母牛或犍牛
舔着嘴唇。

1913—1914年，马雅可夫斯基为了反击当时反动报刊对他的攻击，到俄罗斯的一些城市去演讲和朗诵，当时他朗诵的诗中有一首题目是《穿裤子的云》。诗中写道：

这是带上了彼得格勒、莫斯科、奥德萨、基辅的讲坛的各各他。
没有一个人
不曾
大声呼叫

“钉上十字架，

把他钉上十字架！”

马雅可夫斯基在这里使用的《圣经》典故出自《新约·马太福音》第二十七章，故事说：犹太人的祭司长等人由于宗教信仰上的矛盾捉住了耶稣送交罗马巡抚彼拉多，要求把耶稣处死。彼拉多认为耶稣无罪，打算把他放了。祭司长等唆使众百姓对彼拉多大喊：“把他钉上十字架！”“把他钉上十字架！”迫使彼拉多把耶稣鞭打了，交人钉在十字架上。“各各他”意为髑髅地，是耶稣被钉十字架的刑场。

马雅可夫斯基用这个典故来比喻自己受到反动报刊的攻击，正如当年耶稣遭受祭司长等人的攻击一样，真理在他手里，他是无罪的。

高尔基也说自己爱读《圣经》，并从《诗篇》学习写作。他说：“我从《诗篇》学习写读，而且我极喜欢这本书——这本书中用美丽的音乐的词句说话。”[1]《母亲》中就有很精彩的宗教节日的描写。

14世纪英国大诗人乔叟经常引用《圣经》，在他的作品中曾300多次提及耶稣，30次提到保罗，23次提到亚当。英国戏剧大师莎士比亚在自己的作品中也经常使用《圣经》的典故。有人曾经作过统计，莎士比亚平均在每个剧本中引用《圣经》达14次之多。可见《圣经》对他的影响之深了。下面只就大家熟悉的《威尼斯商人》举两个例子：

《威尼斯商人》第五场里，有一句犹太高利贷债主夏洛克骂他的仆人朗斯洛特的话，说：“嘿，那个夏甲的傻瓜后裔说些什么？”

“夏甲的后裔”出自《旧约·创世记》第十六章，故事说：古以色列人的始祖亚伯兰（后改名亚伯拉罕）的妻子撒莱（后改名撒拉）因为不能生育，把自己的使女埃及人夏甲给亚伯兰做妾。夏甲怀了孕，就自高自大

[1] 高尔基：《我的文学修养》。

起来，看不起主母撒莱。撒莱大怒，虐待夏甲。后来夏甲生子以实马利。因为夏甲是个丫头，出身卑贱，所以夏洛克骂朗斯洛特为“夏甲的后裔”，意思是“丫头养的”、“贱种”。

《威尼斯商人》最后一场，罗兰佐感谢鲍西娅和尼莉莎说：“两位好夫人，你们像是散布吗哪的天使，救济着饥饿的人们。”“吗哪”（manna）的典故出自《旧约·出埃及记》第十六章。故事说：摩西率领在埃及沦为奴隶的以色列人从埃及逃出来，在旷野绝粮。摩西求告上帝，上帝就降食物给他们。“早晨在营四周的地上有露水，露水上升之后，不料，野地面上有如白霜的小圆物。以色列人看见，不知道是什么，就彼此对问说：‘这是什么呢？’摩西对他们说：‘这就是耶和华给你们吃的食物。’……这食物，以色列家叫吗哪（意思是‘天上的食粮’）。”

亚当、夏娃吃禁果被逐出伊甸园的故事是大家都很熟悉的。17世纪中叶英国杰出诗人弥尔顿根据这个传说写成了史诗《失乐园》，诗中描写了撒旦和一群天使反抗上帝，失败后被打入地狱。撒旦为了复仇，潜入伊甸园，引诱亚当、夏娃偷吃禁果，获得了知识，触怒上帝被赶出伊甸园。弥尔顿用这首史诗歌颂了资产阶级革命者反抗封建专制的斗争。基督教认为撒旦是魔鬼，在弥尔顿笔下却成为反抗精神的化身。继《失乐园》之后，弥尔顿还用耶稣在旷野受试探的故事写成了《复乐园》。《马太福音》第四章第1—11节的记载如下：

耶稣受洗后被圣灵引到旷野受魔鬼的试探。他禁食40昼夜，后来就饿了。魔鬼进前来试探他说：“你若是上帝的儿子，可以吩咐这些石头变成食物。”耶稣回答说：“经上记着说：‘人活着不是单靠食物，乃是靠上帝口里所出的一切话。’（《申命记》第八章第3节）”魔鬼就带他进了圣城，叫他站在殿顶上，对他说：“你若是上帝的儿子，可以跳下去，因为经上记着说：‘主要为你吩咐他的使者用手托着你，免得你的脚碰在石头上。’（《诗篇》第九十一篇第12节）”耶稣对他说：“经上又记着说：‘不可试探主你的上帝。’（《申命记》第六章第 16 节）”魔鬼又带他上了一座最高的山，将世上的万国与万国的荣华都指给他看，对他说：“你若俯伏拜我，我就把这一切赐给你。”耶稣说：“撒旦退去吧！因为经上记着说：‘当拜主你的上帝，单要侍奉他。’（《申命记》第六章第 13 节）”耶稣战胜了魔鬼，于是魔鬼离开了耶稣，有天使来伺候他。

弥尔顿的《复乐园》就是借这个主题歌颂坚定的革命者在革命低潮时期不向困难低头，不为荣华所动，在威逼利诱面前永不变节，坚定不移地去争取最后的胜利。

弥尔顿还用《士师记》第十三至第十六章参孙的故事写成了诗剧《斗士参孙》。用古以色列民族领袖大力士参孙的形象来鼓励英国资产阶级把革命进行到底。这是弥尔顿作品中战斗性最强的一部，他已经不满足于思想探索，而是向往战斗的行动，表现了积极的进取精神。诺贝尔文学奖获得者卡内蒂在他的剧本《婚礼》中也使用了参孙的典故。

《旧约》中有一卷《以斯帖记》，约成书于公元前 2 世纪中叶，是一篇优秀的希伯来小说。以斯帖是被波斯王掳去的一个以色列少女，波斯王废黜了自己的王后，另立以斯帖为王后。权臣哈曼阴谋陷害以斯帖的养父，并要国王下令杀绝全国掳来的以色列人。以斯帖为了保护自己的同胞，巧妙地与哈曼斗智，终于使国王收回成命，哈曼“害人反害己”，被吊死在木架上。这个故事没有宗教色彩，写作技巧很高，情节曲折，人物刻画得相当成功。如波斯王的喜怒无常，哈曼的飞扬跋扈，以斯帖的机智勇敢，都给读者以栩栩如生的感觉。1689 年，法国悲剧作家拉辛把这个故事改编成悲剧《爱斯黛》（亦译《爱斯兑》），受到雨果的称赞。雨果在《〈克伦威尔〉序》中称这个悲剧为“动人的悲歌”。

1691 年，拉辛完成了他的最后一部悲剧《阿达利》，被雨果誉为“奇妙”、“高超”甚至“崇高”的作品。《阿达利》取材于《旧约·列王记下》第十一章。犹大国皇太后亚他利雅发动宫廷政变，篡夺王位，杀戮王室。

刚出生的王太子约阿施和乳母被藏在圣殿里躲避了七年，幸免于难。七年后，忠于王室的人又发动政变，杀死太后亚他利雅，拥立王太子约阿施即位。拉辛在君主绝对专政的年代里，使用这个故事既揭露了当时宫廷斗争的内幕，又鼓吹了民主思想，确实无愧于雨果对他的极高评价。

雨果在论到《圣经》时曾说："正像整个大海都是盐一样，整部《圣经》都是诗……如果说《圣经》里没有诗，那么，诗又在哪里呢？"他的名著《悲惨世界》充满了"舍己爱人"的基督精神，可以说就是一首"奉献的诗"。

在拜伦的作品里，《圣经》典故也是俯拾即是，其宗教剧《该隐》更是直接以《圣经》故事为题材。《旧约·创世记》第四章中记有这样一个故事：亚当和夏娃因偷吃了禁果被上帝逐出伊甸园后，生了两个儿子，长子名该隐，次子名亚伯。该隐种田，亚伯牧羊。该隐用农产品给上帝献祭，亚伯用羊羔和油脂给上帝献祭。上帝喜欢亚伯的祭品而拒绝了该隐的供物。该隐因嫉妒而将亚伯杀死云云。

拜伦使用了这个故事的基本内容，却赋予它以新的含义。在拜伦笔下，该隐不是一个心胸狭隘的忌妒小人，而是一个善于思考、不甘心做奴隶的叛逆者。原来，基督教宣称，人类始祖偷吃禁果，违背了上帝的旨意，犯下"弥天大罪"，这"罪"遗传给后世子孙，称为"原罪"。人一生下来，在上帝面前就是一个"罪人"。对此，拜伦通过剧中该隐的口，大声疾呼，提出了一系列愤怒的质问：

> 在园内，"我"又干了什么？——我还没出生。
> 种了树，又为什么不是为他种的？……

该隐终于明白了：上帝创造人类，乃是为了奴役他们。他创造了"知善恶树"，但又不肯给人以知识，不准人有分别善恶的能力，不准人思考问题。他需要的只是一群盲目侍奉自己的愚昧无知的生物。他害怕人有了知识，能思考问题，就会起来推翻他的愚民政策的统治。所以，亚当吃了“禁果”，窃取了知识，就是大逆不道，就要被逐出伊甸园，终身受苦。该隐觉醒了，他拒绝祈祷，拒绝歌颂上帝，不向上帝献燔祭表示感恩。他大声质问：“上帝曾与人为友吗？”他爱亚伯，但又不能容忍亚伯的盲目驯服，讨厌他“显出一副温驯的样子，他的谦卑适足以表示恐惧多于崇敬，作为给上帝的贿赂”。

该隐和亚伯在祭坛前争论起来。在亚伯劝说下，该隐也勉强挑选了一个祭坛。但耶和华上帝接纳了亚伯的祭品——一只羊羔，却拒绝了该隐的供物——果子。亚伯劝该隐再搭一个祭坛，该隐怒吼道：

打下那边卑鄙的谄媚者。这阵烟云，替你愚昧的祈祷上天送信——

你的祭坛，染遍了羔羊的鲜血，
他们还在吸奶就被毁灭了。
……
“他的欢喜！”什么是他崇高的欢喜；
只爱闻焦肉和烟血的气味，
只爱听母羊咩鸣的苦痛，她们
还在渴念她们已死的儿女？我看到
悲哀无知的羔羊在你敬神的刀下
受难，他才开心？滚吧！这血的记录
不配站在阳光下，侮辱万物！

兄弟二人争吵的结果，该隐失手打死了亚伯。

《圣经》中的该隐是心胸狭隘、性情忌妒、骨肉相残的典型，但在拜伦笔下，该隐成了反抗神权专制、争取自由解放的叛逆者，完全改变了该隐的形象。

拜伦还用《圣经》故事为题材创作了优美的诗歌《耶弗他的女儿》。故事是这样的：以色列人的领袖耶弗他率领本族人抵抗其他部族的入侵，他向上帝许愿，如果打了胜仗，回来的时候，“无论什么人，先从我家门出来迎接我，就必归你，我也必将他献上为燔祭”。不料，当他得胜回来时，第一个从家门出来迎接他的竟是他的独生爱女。耶弗他没有办法，只好忍痛把女儿献为燔祭。耶弗他的女儿为了维护父亲的威信，为了不使上帝对以色列人发怒，含笑走上祭坛。诗中有这样一句名句：“不要忘记我的含笑而死。”拜伦的其他名作，如《约旦河两岸》、《扫罗》、《扫罗在最后战役前的歌》、《在巴比伦河边坐下来哭》等，都使用了《圣经》内容作题材，甚至大段地引用《圣经》原文。

英国诗人济慈（John Keats）的著名抒情诗《夜莺颂》里就有这样的诗句：

> 当路得含泪站在异国的麦田中，
> 苦思家乡的时候，从她愁苦的心中
> 掠过的，恐怕就是这同一歌曲吧。

《路得记》是《旧约》中的一卷，是古希伯来文学中最早出现的独立成篇的小说作品之一。公元前 5 世纪，以色列民族领袖尼希米和以斯拉先后带领被掳往巴比伦的同胞返回耶路撒冷后，针对当时的政治背景提倡民族自主，要求民族信仰与血统的纯洁，反对与异族通婚。《路得记》的作者则通过摩押女子路得两次与以色列人结婚的故事，宣扬不同民族之间可以通婚、友好、互助，反对狭隘的民族主义。作者还着重描写了路得孝敬婆婆的优良品德。小说虽然写得比较粗略，但朴素、真实，较好地反映了古以色列人的社会情况，也具有一定的文学价值。

托马斯·哈代曾经称赞《撒母耳记下》中大卫与押沙龙的故事是世界上最优秀的散文。哈代的名著《卡斯特桥市长》就是以《撒母耳记上》中扫罗与大卫的故事为蓝本，在市长亨切尔身上反映了扫罗的性格与特点，而在苏格兰青年伐伏里身上又活现了一个大卫，甚至形容伐伏里的一些话也正是《圣经》中形容大卫的话。这不是偶然的巧合，这正说明了哈代受《圣经》文学影响之深。

歌德是反对宗教迷信的，但他也摆脱不了《圣经》的影响。他在写《浮士德》时，模仿《约伯记》的故事写了《天上序曲》，写到全剧结尾处，又借用《圣经》中的图景和意象来作结束。歌德自己也说："得救的灵魂升天这个结局是很难处理的。碰上这种超自然的事情，我头脑里连一点影子都没有，除非借助于基督教一些轮廓鲜明的图景和意象，来使我的诗意获得适当的、结实的具体形式，我就不免容易陷到一片迷茫里去了。"（《歌德谈话录》）

英国大散文家约翰·罗斯金在自传《往事》中写道：

> 我母亲每天不断地逼我背诵长篇《圣经》，我高声朗诵每一字音，每一个难读的名字和其他东西，从《创世记》到《启示录》，差不多每年一次。这样的训练，忍耐的、准确的、坚决的训练，不但使我得以认识这本书，也使我得了不少耐劳的力量，以及对于文学的嗜好。

雪莱早年就醉心于《圣经》文学，他的夫人在关于《伊斯兰的起义》的题记中说他"经常研读《旧约》中的《雅歌》、《约伯记》、《以赛亚书》等，这些作品的瑰丽的诗意，往往使他喜不自胜"。

霍桑的《红字》是一本大家都熟悉的书，也一定会感到作者所受到的《圣经》的影响。他在语言运用方面更表现出了《圣经》的烙印。就拿书名来说，“The Scarlet Letter”中的Scarler一词使人们一看就会联想到《启示录》中的scarlet woman（指妓女、淫妇）。

至于但丁的《神曲》，它是欧洲文学史上的一部不朽杰作，但又是一部非常难懂的作品，因为书中引用的《圣经》典故比比皆是，即使是对《圣经》具有一般知识的人，读起来也相当吃力，如果对《圣经》一无所知，肯定就更会不知所云了。

《四福音书》在《圣经》文学中占有很高的地位，英国唯美主义诗人王尔德（Oscar Wilde）称《四福音书》是四首散文诗，具有新鲜、质朴和单纯的浪漫魅力。

《圣经》对中国文学的影响也是很明显的，周作人当初学希腊文的愿望就是从要翻译《圣经》开始的。沈从文开始练习写作就是借助于《史记》和《圣经》。张贤亮使用《圣经》中的语言来表述《男人的一半是女人》中主人公的绝望心情：“我的上帝，我的上帝，为什么离弃我！”（《马可福音》第十五章第24节）。张辛欣创作《封·连·片》时借用了《列王记上》第三章第16—28节所罗门王断案的手法。这类例子不胜枚举。《圣经》中的一些成语和典故都早已被移植到中国文学作品中来了，如：“洗礼”、“天使”、“乐园”、“天国”、“启示”、“福音”、“复活”、“忏悔”、“先知”、“犹大”、“救世主”、“十字架”等等《圣经》词语，都经常出现在现代作家的笔下。随着《圣经》知识在我国的普及，它对我国文学、语言的影响肯定会与日俱增。

还有一件值得一提的事实，就是《圣经》对“五四”新文化运动的影响。基督教传入中国后，《圣经》也就有了汉译本，但译文很不统一，质量也参差不齐。1890年，基督教（新教）在上海举行基督教宣教师大会，会议决定，为了更好地开展宣教事业，必须有统一的标准《圣经》译本。根据当时情况，会议决定《圣经》的标准译文采用三种文体：文言文、浅近文言文和白话文。这个决定受到了全国基督教界的欢迎。经过近30年的努力，据说每翻译一小节都要花几个小时来反复推敲。1919 年年初，白话文体的《圣经》汉译本问世。这就是现在中国基督教通用的“官话和合本”（Union Version）《圣经》。大家知道：“五四”新文化运动的表现形式之一就是提倡白话文新文学。当时有些反对白话文运动的人曾讽刺说，白话文不能算新，都是从《马太福音》抄来的。这种话当然不值一驳，不过却说出了一个事实，就是白话文译本《圣经》曾经对中国的新文化运动起过很大影响。

不仅文学家们经常引用《圣经》典故，艺术家也是如此。许多世界名画都是以《圣经》故事为题材的，如意大利文艺复兴绘画的第一个伟大代表乔托就曾用耶稣降生的故事画了《逃亡埃及》。15 世纪佛罗伦萨画派的奠基人马萨乔用亚当、夏娃因偷吃禁果而被放逐的故事创作了《失乐园》。意大利文艺复兴初期的画家曼特尼亚用耶稣受难的故事创作了《哀悼基督》。其他的，如达·芬奇的名画《最后的晚餐》、《岩间圣母》，米开朗基罗的西斯廷教堂天顶画《创世》、《最后的审判》，拉斐尔的《西斯廷圣母》、《圣体争辩》，柯雷乔的《夜》，提香的《抹大拉的马利亚的忏悔》，丢勒的《四使徒》，卡拉瓦乔的《多马的怀疑》，牟利罗的《清净受胎》，伦勃朗的《耶稣为人治病》、《圣家庭》，布莱克的《造物主》等等，实在是不胜枚举，几乎每一个著名画家都曾用《圣经》内容进行过创作。熟悉《圣经》内容就成为研究这些画家和欣赏这些名画的重要条件之一。

比如，欣赏达·芬奇的《最后的晚餐》，除了欣赏画面的结构、光线、色彩、技法等外，更主要的还是欣赏他对人物性格的刻画。如果不了解《圣经》，不了解这些《圣经》人物的性格及故事内容，那就根本谈不上对这幅名画的欣赏。

这是一个著名的《圣经》故事，达·芬奇以前已经有不少知名画家使用这个题材进行过创作。达·芬奇摆脱了过去那种耶稣与门徒围桌而坐的构图，尽管这样的构图更可能符合故事情节。他根据这幅画的位置（在米兰圣马利亚修道院餐厅的墙壁上)，让人物全部面向观众。耶稣坐在正中，十二门徒分坐两旁，每边六个。十二个门徒分为四组，每组三人，为了避免构图上的单调对称，各组之间用人体的倾斜和手臂的穿插互相联系，使整个画面在统一中有变化，在变化中又有统一。耶稣与门徒间的距离稍大，背后画上一扇大窗户，头部正好受到窗户光线的衬托，格外突出。

这是决定“人类命运”的时刻，耶稣似乎在说：“你们中间有一个人出卖我了！”他脸上的表情是那样平静安详，说明他对将要发生的“悲剧”丝毫不感到意外，因为他作为“救世主”到世上来就是要用自己的生命救赎世人的罪孽，这是上帝赋予他的崇高使命；但是他又略带愁容，使观众马上联想到“最后的晚餐”以后，耶稣在客西马尼园里的祷告，他心中极其忧伤，恳求上帝，如果可行，就把这“苦杯”撤去。如果没有这一丝愁容，就表现不出耶稣此时此地的复杂感情，耶稣也就不成其为耶稣了。

耶稣用平静的口气说的这句话在门徒中间引起的反应却是不平静的：有人愤怒，有人怀疑，有人悲伤，有人表白，有人询问，有人故作镇静……达·芬奇抓住了这一时刻，着力刻画每个人的内心活动，这正是他的成功之处。从右往左，第一组里的第一个人可能是马太，他曾当过罗马政府的税吏，沉着老练，有丰富的官场斗争经验。在这风云突变的时刻，他没有惊慌失措，而是沉着地抬起双手，似乎在劝身旁的达太不要惊慌。达太则神色不安，似乎在求马太拿主意。巴多罗买也把身子倾向马太，似乎在问马太：“怎么办？”但将两臂伸向耶稣，他的手臂把第一组人物和第二组人物巧妙地联结在一起。在第二组里，忠厚老实的腓力双手按胸，身子探向耶稣，似乎在说：“主啊，我决不干这种事！”西庇太的儿子雅各性格暴烈，所以耶稣给他起名叫“雷子”(意为“雷霆之子”，和我国《水浒》中的“霹雳火”意思差不多)，他听了耶稣的话，马上火冒三丈，拍案大叫，把酒杯都震翻了，他展开双臂，似乎在喊：“把叛徒抓出来！”雅各背后是多马，多马是个谨慎的、不轻信的人（西方文学中称他为“怀疑的多马”），他听了耶稣的话，似乎有点不相信，怀疑自己是不是听错了，就伸出一个手指，问耶稣：“真的吗？他是谁？”在第三组里，年轻的约翰悲伤地把头靠向旁边的彼得，似乎在听彼得说话，希望从彼得那里得到些勇气。以刚勇著称的彼得则探过身来，左手按在约翰肩上，弯曲的右手紧握着一把短刀，满脸杀气，虬髯怒张，恨不得立刻把那个叛徒抓出来杀掉。在彼得的胸前，犹大紧靠桌边，右手紧握钱袋，背后是彼得那只持刀的手，他恐惧地向后侧身，把脸藏在暗处，故作镇静。在第四组中，善良老实的安得烈抬起双手，紧闭着嘴，惊愕得说不出话来。机智的小雅各（亚勒腓的儿子雅各）左手从安得烈的背后伸向彼得，似乎是提醒彼得不要莽撞。最后一个是体格健壮的奋锐党的西门。奋锐党是当时犹太政治舞台上的一支重要力量，是反抗罗马统治的激进派，主张暴力斗争，进行恐怖活动。作为奋锐党的一名成员，西门容易激动，他听了耶稣的话后立即拍案而起，两手扶桌，身向前倾，聚精会神地注视事态的发展，但等耶稣指出谁是叛徒，他就立即采取必要的行动。

整个画面充满了强烈的对比，从态势上看是静与动的对比，耶稣的镇静与安详战胜了门徒们的激动与惶恐，更衬托出耶稣崇高的心理状态。从光线上看是明与暗的对比，图中 13 个人，只有犹大一人的脸在暗处，更显出他的阴险与卑鄙。从心灵刻画来看是善良与邪恶的对比，耶稣的坦然与宽大更表现出他人格的伟大，而犹大故作镇静则更使人感到他的可憎。总之，只有先对画中的故事和人物有所了解，然后才能理解画家的创作意图，与画家的感情融为一体，更深层次地欣赏这幅不朽的艺术名作。

欧洲的音乐家也是这样。许多著名的音乐家都以《圣经》为内容进行过创作。比如被尊为“音乐之父”的德国音乐家巴赫，就先后创作过《圣约翰受难曲》、《圣马太受难曲》、《圣马可受难曲》、《复活节》、《圣诞节》等。伟大的“乐圣”贝多芬曾用耶稣受难的题材创作了《橄榄山上的基督》。18 世纪末，奥地利音乐家海顿创作过《哈利路亚》、《创世》等。19

世纪初的神童音乐家门德尔松创作过《先知以利亚》、《圣保罗》、《基督》（未完成）等。舒伯特和古诺都曾创作过《圣母颂》。舒伯特的《圣母颂》曲调柔美婉转，表情细腻丰富，用宗教题材抒发自己对真善美的向往。古诺的《圣母颂》则是乐曲优美动听，主旋律悠长宽广，充满了对生活的热爱与憧憬。使用《圣经》内容进行创作的音乐家，最突出的要算德国音乐家韩德尔了。韩德尔一生对基督教音乐作出了特殊的贡献。他先后创作了《埃及的以色列人》、《以色列王扫罗》、《约翰受难曲》、《以斯帖》、《参孙》、《约书亚》、《所罗门》等，其中最著名的是被誉为空前伟大的“圣乐”的宗教清唱剧《弥赛亚》。

《弥赛亚》又名《救世主》，内容是《圣经》中先知们关于弥赛亚降世的预言和耶稣的生平事迹。1741 年，韩德尔侨居都柏林，应朋友的请求为《弥赛亚》谱曲。韩德尔闭门创作，从 8 月 22 日至 9 月 14 日，24 天足不出户，完全沉浸在创作的狂热灵感中，以惊人的速度完成了这部“圣乐”。全曲分三部分：《预言与完成》、《受难与得胜》、《复活与光荣》；总谱达 354 页，分 53 个乐章，倾注了韩德尔的全部心血。著名文学家罗曼·罗兰曾说，这是韩德尔“蘸着泪水写成的”。

《弥赛亚》的第一部分开头是一首交响曲，描写耶稣降生时，伯利恒郊外的夜晚，牧羊人看守羊群，天使向他们报告耶稣降生的“佳音”，牧羊人由惧怕到惊喜的心情等等，是一首极为动人的器乐合奏曲。第二部分结尾是一首合唱曲《哈利路亚》，歌词取材于《新约·启示录》，大意是：“哈利路亚！世上的国成了我主和主基督的国。他要作王，直到永永远远。哈利路亚！”（哈利路亚是个表示欢呼的感叹词）这首合唱曲旋律雄浑，和声优美，气势磅礴，充分表现了基督徒对耶稣受难复活、完成救赎大业的万分感激和喜悦的心情，成为全曲的高潮。1743 年 3 月 23 日，《弥赛亚》在伦敦首次公演，英王乔治二世到场聆听。当演唱《哈利路亚》时，乔治大受感动，不禁肃然起立，全场听众也相继起立恭听。从此以后，形成了一个惯例，每逢演唱《弥赛亚》唱到《哈利路亚》合唱曲时，全场听众都起立。《弥赛亚》的首演获得了空前的成功，当时伦敦的报纸竞相发表评论，称之为“激励人类的无价之宝”。《弥赛亚》的成功，不只是由于宗教信仰问题，更主要的是听众对《圣经》内容熟悉，能够体会韩德尔的创作激情。如果听众对《圣经》一无所知，即使乐曲再好，也达不到这种效果，更谈不上欣赏了。

在歌剧方面，也先后出现了一些以《圣经》内容为素材的作品，如郭德马克谱曲的四幕歌剧《示巴皇后》，圣桑谱曲的三幕歌剧《参孙与大利拉》，理查·施特劳斯谱曲的独幕歌剧《莎乐美》等等。

文学家、艺术家们之所以喜欢使用《圣经》内容为创作素材，是因为《圣经》在西方是一部家喻户晓、老幼皆知的书。使用《圣经》内容是向读者、观众、听众表达创作意图的最佳手段之一，不但易被理解，而且易被接受。如果对《圣经》没有一个大概的了解，就不可能领会这些名著、名画、名曲的深刻含义。所以，即使从这个角度来看，也不应对《圣经》采取虚无主义的态度，而是应该一方面指出其不符合一般理性思辨的部分，否定宗教赋予它的神圣权威；另一方面把它作为人类文化的宝贵遗产，认真地研究它，保护它，使用它，因为它是研究欧美文化的必不可少的资料。

第三节 《圣经》英译“钦定本”的语言特色及其影响

《圣经》不仅内容广泛，题材丰富，而且体裁也变化多端。大体上说，《圣经》的文体可分为六类：（1）记事体，如《创世记》、《约书亚记》、《列王记》、《四福音书》、《使徒行传》等；（2）诗体，如《诗篇》、《雅歌》、《耶利米哀歌》及散见于各卷中的诗歌；（3）书信体，如《新约》中各卷使徒书信；(4) 戏剧对话体，如《约伯记》等；(5) 格言体，如《箴言》；(6) 寓言体（包括启示文学作品），如《但以理书》、《启示录》等。英国翻译家们把《圣经》译成英文时，不仅力求准确地翻译了《圣经》的内容，而且尽可能地保留了原文的优美文体（体裁结构和语言结构）。1611年出版的"钦定本"英译《圣经》在这方面作出了突出的贡献。"钦定本"文字优美，修辞讲究，结构严谨，逻辑缜密，形象生动。它充分运用英语的特点最大限度地表现了原文的语言风格，对英国文学创作产生了很大的影响。现代英语中很多成语、警句、结构及说法都保留了"钦定本"的烙印，这是其他英译本不能比拟的。"钦定本"是300多年以前的译作，随着时代的发展，其语言文字难免显得古老，但它在文学上的高度造诣却像莎士比亚的作品一样，是不朽的。对于莎士比亚的作品，读简写本或故事集总不能代替读原著。同样，为学习英语的语言和文学而读《圣经》，熟悉它的部分内容，了解源自《圣经》的重要典故，提高文学欣赏能力，进而深入研究西方文化传统，读现代英语译本似乎不如读"钦定本"更能奏效。

郭秀梅先生曾就"钦定本修订版"英文译文对《圣经》的语言特色作过精辟的探讨。

一、排比句（Parallelism）和对偶句（Antithesis）

排偶句是希伯来文学的一大特色，是《圣经》中使用最多、最突出的一种修辞手段。这种句型大都由前后两部分组成，中间用连接词连接或用分号分开，后半句起平衡作用，有时后半句又从相反的含义上和前半句形成强烈的对比。句型结构整齐匀称，容易上口，读起来有明显的节奏感，层次分明，一句比一句有力量，使人印象深刻。这种修辞手段多用于警句和格言，句子的含义或因重复而语气强烈，或因对比而意义鲜明。"钦定本”最大程度地保留了这种文体，从而也成为英语文学创作中的一个重要修辞手段。

这种例子在《圣经》中比比皆是，例如：

1. The thoughts of the righteous are right;
but the counsels of the wicked are deceit.
义人的思念是公平；
恶人的计谋是诡诈。(《箴言》第十二章第5节)

2. The light of the righteous rejoiceth;
but the lamp of the wicked shall be put out.
义人的光明亮；
恶人的灯要熄灭。(《箴言》第十三章第9节)

3. Wealth gotten by vanity shall be diminished;
but he that gethereth by labour shall increase.
不劳而得之财必然消耗；
勤劳积蓄的必见加增。(《箴言》第十三章第11节)

4. He that walketh with wise men shall be wise;
but a companion of fools shall be destroyed.
与智慧人同行的必得智慧；
和愚昧人作伴的必受亏损。(《箴言》第十三章第20节)

5. A true witness delivereth souls;
but a deceitful witness speaketh lies.
作真见证的救人生命；
吐出谎言的施行诡诈。(《箴言》第十四章第25节)

6. Soft answer turneth away wrath;
but grievous words stir up anger.

回答柔和使怒消退；

言语暴戾触动怒气。(《箴言》第十五章第1节)

7. The tongue of the wise useth knowledge aright;

but the mouth of fools poureth out foolishness.

智慧人的舌善发知识；

愚昧人的口吐出愚昧。(《箴言》第十五章第2节)

8. He maketh his sun to rise on the evil and on the good;

and sendeth rain on the just and on the unjust.

他叫日头照好人，也照歹人；

降雨给义人，也给不义的人。(《马太福音》第五章第45节)

9. Every good tree bringeth forth good fruit;

but a corrupt tree bringeth forth evil fruit.

好树都结好果子；

唯独坏树结坏果子。(《马太福音》第七章第17节)

10. For the wages of sin is death;

but the gift of God is eternal life though Jesus Christ our Lord.

因为罪的工价乃是死；

唯有上帝的恩赐在我们的主耶稣基督里乃是永生。(《罗马人书》第六章第23节)

11. His strength shall be hungerbitten;

and destruction shall be ready at his side.

It shall devour the strenght of his skin;

ever the firstborn of death shall devour his strength.

His confidence shall be rooted out of his tabernacle,

and it shall bring him to the king of terrors.

It shall dwell in his tabernacle, because is none of his;

Brimstone shall be scattered upon his habitation.

他的力量必因饥饿衰败；

祸患要在他旁边等候。

他本身的肢体要被吞吃；

死亡的长子要吞吃他的肢体。

他要从所依靠的帐篷被拔出来；

带到惊吓的王那里。

不属他的必住在他的帐篷里；

硫黄必撒在他所住之处。(《约伯记》十八章第 12—15 节)

二、形象比喻

用日常生活中最普通的具体实物或现象来代替抽象含义是希伯来文学的另一个重要修辞手段，这样更能引起读者的联想和共鸣。如：

I am poured out like water,

and all my bones are out of joint;

my heart is like wax;

it is melted in the midst of my bowels.

My strength is dried up like a potsherd;

and my tongue cleaveth to my jaws;

and thou hast brought me into the dust of death.

我如水被倒出来，

我的骨头都脱了节，

我的心在我里面，

如蜡熔化。

我的精力枯干如同瓦片；

我的舌头贴在我牙床上；

你将我安置在死地的尘土中。(《诗篇》第二十二篇第14—15节)

这节诗描写一个人的不幸、孤独和失望的感情，但句中没有抽象概念的形容词或副词，而是用了10个具体实物名词：water（水）、bones（骨头）、joint（关节）、heart（心）、wax（蜡）、bowels（肠）、potsherd（瓦片）、tongue（舌头）、jaw（颚）、dust（尘土）。这些词都表示常见的具体实物，单个看起来都和作者所要表达的思想感情没有什么关系，但作者巧妙地把它们组织在句子里，就使所要表达的“不幸、孤独、失望”的感情具体化、形象化了，比用抽象概念的形容词更有感染力。又如：

...thy hair is a flock of goats, that appear from mount Gilead,

Thy teeth are like a flock of sheep that are even shorn, which came up from the washing...

Thy lips are like a thread of scarlet...

Thy neck is like the tower of David builded for an armoury...

Thy two breasts are like two young roes that are twins,

which feed among the lilies.

……你的头发如同山羊群，卧在基列山旁。

你的牙齿如新剪毛的一群母羊，洗净上来……

你的唇好像一条朱红线……

你的颈项好像大卫建造收藏军器的高台……

你的两乳好像百合花中吃草的一对小鹿，就是母鹿双生的。(《雅歌》第四章第1—5节)

这种用实物比喻的修辞手段比用抽象词语来形容显得更具体、更生动、更形象，更能激发读者的想象，因而也更富有浪漫色彩。

据《圣经》记载，每当以色列人处境困难的时候，上帝总要派遣一些有能力、有威望的人来救民于水火，或者召唤一些正直而有胆识的人出来做自己的代言人——先知，为民请命。但是上帝用什么方式来召唤先知呢？这只能任凭作者来描述了。《列王记上》第十九章第11—12节就记载了上帝是怎样召唤先知以利亚的：

> And, behold, the Lord passed by, and a great and strong wind rent the mountains, and brake in pieces the rocks before the Lord; but the Lord was not in the wind; and after the wind an earthquake; but the Lore was not in the earthquake：and after the earthquake a fire; but the Lord was not in the fire：and after the fire a still small voice.
>
> 那时耶和华从那里经过，在他面前烈风大作，崩山碎石，耶和华却不在风中。风后地震，耶和华却不在其中。地震后有火，耶和华也不在火中，火后有微小的声音。

这段记载用狂风、山崩、地震、烈火和微小的声音作对比来加强气氛。狂风大作，飞沙走石，山崩地裂，烈火飞腾虽然貌似惊人，但在上帝面前却是微不足道的。决定历史进程的往往不是这些貌似强大的东西，而是先知先觉者的信念，尽管这信念和前者比起来只不过像个“微小的声音”。这“微小的声音”不是窃窃私语，也不是低声呻吟，而是代表上帝的威严、有力的命令。所以人们一直用“a still small voice”来代表真理、正义、良知甚至“上帝的召唤”。

比喻有两种，一是明喻（simile），一是暗喻（metapher）。明喻是从正面对比描写，例如：the joints of thy thighs are like jewels （你的大腿

圆润好像美玉)；thy navel is like a round goblet （你的肚脐如圆杯)；thy belly is like an heap of wheat set about with lilies（你的腰如一堆麦子，周围有百合花)；thy neck is as a tower of ivory （你的颈项好像象牙台)；thy nose is as the tower of Lebanon （你的鼻子仿佛黎巴嫩塔）等等，这种修辞手段在汉语中也有，如杏眼、桃腮、樱唇、柳腰等。

《圣经》中除了大量使用明喻外，还经常使用暗喻。暗喻是用影射、暗示的手法来表达作者由于某种原因而不敢直说的思想，或借古讽今，或指桑骂槐，或声东击西，都要靠读者去心领神会。《启示录》就是使用暗喻的一个突出典型，其中的“scarlet woman”就是暗指罗马帝国，此外如：

> Thou hast doves eyes within thy locks。
>
> 你的眼睛在帕子内好像鸽子眼。(《雅歌》第四章第 1 节）
>
> Many waters cannot quench love, neither can the floods drown it.
>
> 爱情，众水不能熄灭，大水也不能淹没。(《雅歌》第八章第 7 节）

Doves eyes 表示美女的温柔纯洁的目光，而 waters，floods 则表示暴力或邪恶势力。可见暗喻既可表示褒义，也能表示贬义，都是间接描述。

《诗篇》第 137 篇可以说是文艺作品中引用最多的一首诗。拜伦曾经写过两首诗“By the Rivers of Babylon”(《在巴比伦河边我们坐下来哭泣》)和“By the Waters of Babylon”(《在巴比伦河边》)，都引用过这首诗的片段。美国诗人艾略特（Thomas Eliot)、英国诗人欧文（Wilfred Owen)、黑人诗人康蒂 · 卡伦（Countee Callen）以及阿玛 · 邦当（Ama Bontemps)等人都曾直接或间接地引用过这首诗。

这首诗之所以如此受人喜爱，当然是因为它深刻细致地刻画了沦为亡国奴者的内心痛苦，又情深气壮地表达了他们热爱祖国、怀念故土的心情，同时也展示了作者和译者的高度语言技巧。请看：

By the rivers of Babylon,
　there we sat down,
yea, we wept,
　when we remembered Zion.
We hanged our harps
　upon the willows in the midst thereof.
For there they that carried us away captive
　required of us a song;
And they that wasted us required of us mirth, saying,
　Sing us one of the songs of Zion.
　How shall we sing the Lord's song in a strange land?
If I forget thee, O Jerusalem,
　let my right hand forget her cunning.
If I do not remember thee,
　let my tongue cleave to the roof of my mouth;
　if I prefer not Jerusalem above my chief joy.

我们曾在巴比伦的河边坐下，
一追想锡安就哭了。
我们把琴
挂在那里的柳树上。
因为在那里
掳掠我们的要我们唱歌，
抢夺我们的要我们作乐，
说：

给我们唱一首锡安歌吧!
我们怎能在外邦唱耶和华的歌呢?
耶路撒冷啊,
我若忘记你,
  情愿我的右手忘记技巧!
我若不记念你,
若不看耶路撒冷过于我所最喜乐的,
  情愿我的舌头贴于上膛!

诗里的“For there they that carried us away captive required of us a song; And they that wasted us required of us mirth”，是典型的希伯来文学排偶句型，译者忠实地再现了它。

“let my right hand forget her cunning”和“let my togue cleave to the roof of my mouth”，是两个形象生动的比喻。试想，一个人的右手忘记了技巧，他不但不能再弹琴，而且什么事也做不成了；一个人的舌头贴在上膛上，他不但不能唱歌，不能说话，甚至连吃饭也困难了。这种修辞手段是多么精妙啊!

我们不妨对比一下另外两个英文版本的译文。

美国通用的“修订标准本”(REVISED STANDARD VERSION)《圣经》的译文是：

By the waters of Babylon,
  There we sat down and wept,
  When we remembered Zion.
On the willows there
  we hung up our lyres.

For there our captors
  required of us songs,
and our tormentors, mirth, saying,
  "Sing us one of the songs of Zion!"

How shall we sing the Lord's song
  in a foreign land?
If I forget you, O Jerusalem,
  let my right hand wither!
Let my tongue cleave to the roof of my mouth.
  if I do not remember you,
if I do not set Jerusalem
  above my highest joy!

这个译文的文学水平是很高的，特别是：

For there our captors
  required of us songs,
and our tormentors, mirth.

这两句译文更为简洁，把 tormentors 和 mirth 两个词放在邻近的地方，一方面是适应省略句的要求，另一方面也更衬托出了 captors 的残暴。这是值得学习和借鉴的。

用现代英语翻译的《福音圣经》（*Good News Bible*）的译文是：

By the rivers of Babylon we sat down;

there we wept when we remembered Zion.
On the willows near by
we hung up our harps.
Those who captured us told us to sing;
they told us to entertain them:
"Sing us a song about Zion."

How can we sing a song to the Lord
in a foreign land?
May I never be able to play the harp again
if I forget you, Jerusalem!
May I never be able to sing again
if I do not remember you
if I do not think of you as my greatest joy!

这个译文虽然通俗易懂，但从文学欣赏的角度看，和上面两个译本比起来，就显得略逊一筹，特别是把“let my right hand forget her cunning”和“let my tongue cleave to the roof of my mouth”这两个形象生动、排偶对仗的比喻给意译掉了，失掉了原文中给读者深入联想、回味无穷的艺术效果，不能不说是一种缺憾。

三、《圣经》是集体创作的一部书

作者中有很多平民百姓，其作品也保持了大众化的文风，朴实无华，不尚修饰，句子短小，结构简单，容易朗读，一目了然。“钦定本”也保留了原文的这种大众化的特色。例如《创世记》第一章第1—5节：

1. In th beginning God created the heaven and the earth.

起初上帝创造天地。

2. And the earth was without form, and void;

and darkness was upon the face of the deep.

And the Spirit of God moved upon the face of the waters.

地是空虚混沌，渊面黑暗，上帝的灵运行在水面上。

3. And God said, Let there be light, and there was light.

上帝说："要有光。"就有了光。

4. And God saw the light, that it was good; and

God divided the light from the darkness.

上帝看光是好的，就把光暗分开了。

5. And God called the light Day, and the darkness he called Night.

And the evening and the morning were the first day.

上帝称光为昼，称暗为夜。有晚上有早晨，这是头一日。

这 5 小节，如果按句号划分，共分 7 个句子。第五个句子最长，也只有 17 个单词，而其中单音节词竟占 15 个。这个最长的句子也是由 3 个小句子组成的，头两个小句子中全是单音节词。第四句共 11 个词，也分成 3 个小句，全部是单音节词。这种译文充分再现了原文的简洁、朴实、明快的特色。

再举一个例子，《马太福音》第五至第七章是著名的"耶稣登山训众"，这三章中记录了耶稣在山上对门徒和听众讲道的内容，是基督教教义的重要组成部分，论题很多，每个论题都可以自成一体，逻辑严密，说理性强，言简意赅，不拖泥带水，既容易懂又容易记。如第七章第 1—5 节：

1. Judge not, that ye be not judged.

你们不要论断人，免得你们被论断。

2. For with what judgement ye judge, ye shall be judged; and with what measure ye mote, it shall be measured to you again.

因为你们怎样论断人，也必怎样被论断；你们用什么量器量给人，也必用什么量器给你们。

3. And why beholdest thou the mote that is in thy brother's eye, but considerest not the beam that is in thine own eye?

为什么看见你弟兄眼中有刺，却不想自己眼中有梁木呢？

4. Or how wilt thou say to thy brother, Let me pull out the mote out of thine eye; and, behold, a beam is in thine own eye?

你自己眼中有梁木，怎能对你弟兄说，容我去掉你眼中的刺呢？

5. Thou hypocrite, first cast out the beam out of thine own eye; and then shalt thou see clearly to cast out the mote out of thy brother's eye.

你这假冒为善的人，先去掉自己眼中的梁木，然后才能看得清楚，去掉你弟兄眼中的刺。

这五节是一个论题，从内容上看是阐述一个完整的意思，从文字上看是一篇结构严谨的短论说文。第 1 节开门见山地提出了命题："你们不要论断人，免得你们被论断。"这是"论点"。第 2 节便提出了"论据"，指出"不要论断人"的原因："因为你们怎样论断人，也必怎样被论断……"第 3—4 节是从反面来充实论据，"为什么看见你弟兄眼中有刺，却不想自己眼中有梁木呢？"用"刺"和"梁木"作大小对比，通过反问增强论据的力量以加强说服力。第 5 节是第 1 节的补充，"先去掉自己眼中的梁木，然后才能看得清楚，去掉你弟兄眼中的刺"。要论断别人必先论断自己。这是一篇论说批评与自我批评的小论文，只有五句话，一句紧扣一句，首尾呼应，语气贯通，起承转合，逻辑严谨，真可以作为写作的典范。

《新约》中有21卷使徒书信，构成了《圣经》中的一种特殊文体——书信体。这种文体平铺直叙，没有夸张，不尚修饰，别具一格。

四、成语

英语里有很多成语，绘声绘色，形象生动，言简意赅，寓意无穷，有时一个成语就可以胜过一篇文章。不少成语是直接从《圣经》来的或从经文演变而来的。掌握成语是学习英语的一个重要方面，阅读《圣经》可以了解它的来源，加深理解，提高运用能力。如：

1. the apple of one's eye，我们先看看《圣经》中是怎么使用的：...he kept him as the apple of his eye.（保护他如同保护眼中的瞳仁。）[1]

Keep my commandments, and live; and my law as the apple of thine eye.（遵守我的命令，就得存活；保守我的法则，好像保守眼中的瞳仁。）[2] 现在人们常说：Protect it like the apple of your eye.（像保护你的眼珠那样保护它。）就是使用《圣经》的成语。

2. To see eye to eye with sb.，意思是同某人看法一致；在某种特定场合也有心领神会的意思。这个成语来源于《以赛亚书》第五十二章第8节：...for they shall see eye to eye, when the Lord shall bring again Zion.（因为耶和华回锡安的时候，他们必亲眼看见。）

3. wolf in sheep's clothing（披着羊皮的狼），这句成语已经纳入汉语词语之中了，它来源于耶稣的一句话："Beware of false prophets, which come to you in sheep's clothing, but inwardly they are ravening wolves."（你们要防

[1] 《申命记》第三十二章第10节。
[2] 《箴言》第七章第2节。

备假先知，他们到你们这里来，外面披着羊皮，里面却是残暴的狼。[1]）据说英国首相丘吉尔曾讽刺工党领袖艾德礼是“a sheep in sheep's clothing”（披着羊皮的羊），就是借用这个成语。他还称艾德礼是“a modest man with much to be modest about”（在很多方面应该谦虚的谦虚的人），也是从这个成语变化来的。

4. To put one's house in order，这个成语来源于《列王记下》第二十章第 1 节：“Thus saith the Lord, Set thine house in order; for thou shalt die, and not live.”（耶和华如此说：你当留遗命与你的家；因为你必死，不能活了。）这个成语有“料理好家务”的意思。人们运用时常加上 own，变成 to put one's own house in order，意思是“管好自己（国内）的事，少去干预别人（国）的事”。美国总统罗斯福在 1933 年的就职演说中就有这样一句话：“Through this program of action we address ourselves to putting our own national house in order and making income balance out go.”（通过这个行动计划处理好我们的国内事务，同时使我们的收支平衡。）

5. widow's mite（寡妇的小钱），人们常用这个成语来代表“微小而有意义的贡献”。这和“寡妇”有什么相干呢？原来这个典故来源于《路加福音》第二十一章第 1—4 节：

> And he（Jesus Christ）looked up, and saw the rich men casting their gifts into the treasury. And he saw also a certain poor widow casting in thither two mites. And he said, Of a truth 1 say unto you, that this poor widow hath cast in more than they all：for all these have of their abundance cast in unto the offerings of God：but she of her penury hath cast in all the living that she had.

[1] 《马太福音》第七章第 15 节。

耶稣抬头观看，见财主把捐项投在库里，又见一个穷寡妇所投了两个小钱，就说："我实在告诉你们，这穷寡妇投的比众人还多。因为众人都是自己有余，拿出来投在捐项里，但这寡妇是自己不足，把她一切养生的都投上了。"

6. a thorn in the flesh（肉中刺），我们对这个成语并不陌生，不过汉语中的"肉中刺"常用来指痛恨而急于除掉的人或物。而在英语里，这个成语常指时刻使人苦恼或忧虑的事物。它来源于《哥林多后书》第十二章第7节，保罗在这封信里说有一种时常折磨他的病，他把它称为"a thorn in the flesh"。美国著名诗人康蒂·卡伦曾写过一首描写黑人痛苦的诗，题目就是"A Thorn Forever in the Breast"（胸口上的刺）。

7. to escape by the skin of one's teeth，这个成语意思是"九死一生"、"死里逃生"，来自《约伯记》第十九章第20节。原文是："My bone cleaveth to my skin and to my flesh, and I am escaped with the skin of my teeth."（我的皮肉紧贴骨头，我只剩牙皮逃脱了。）正因为牙齿根本就没有皮，这种形象的比喻才更显出危险之大以及逃脱之困难。

8. the mote in another's eye and the beam in one's own eye（别人眼中的刺和自己眼中的梁木），这也是一个大家比较熟悉的成语，意思是：只看见别人的小毛病，却不看自己的大缺点。在使用时，往往把这个成语拆开来活用。比如有一味为自己的缺点或错误辩解，别人会反问一句"And you sure it's a mote, not a beam？"或者当一个人只顾批评别人时，也有人会说："Don't make a beam out of a mote."它出自《马太福音》第七章第3节：And why beholdest thou, the mote that is in thy brother's eye, but considerest not the beam that is in thine own eye?"（为什么看见你弟兄眼中有刺，却不想自己眼中有梁木呢？）

9. No man can serve two masters（一个人不能侍奉两个主），这个成

语来源于《马太福音》第六章第 24 节：No man can serve two masters：for either he will hate the one, and love the other, or else he will hold to the one. and despise the other. Ye cannot serve God and mammon.（一个人不能侍奉两个主，不是恶这个爱那个，就是重这个轻那个。你们不能又侍奉上帝又侍奉玛门。）mammon（玛门）是“财神”的意思。一般人使用这个成语时，只用上述来源的一头一尾：No man can serve two masters. Ye cannot serve God and mammon. 1982 年 7 月 26 日美国《时代杂志》刊登了一篇报道，揭露梵蒂冈教皇管辖的银行为了赚钱竟投资于违背天主教教义的事业。文章的标题就是“God and Mammon”。作者很巧妙地使用了这个典故，凡了解这个典故的读者一看就会联想到教皇竟然也“一仆事二主”。如果不知道这个成语典故，是很难领会作者的弦外之音的。

举这些例子的目的是要说明一个事实，就是由于《圣经》英译“钦定本”语言精练、文字优美，《圣经》就成了英语成语的宝库。

五、语言精练

“钦定本”的文字是经过反复推敲、千锤百炼然后定稿的，所以才经受得住 300 多年的历史考验，到现在，尽管文字显得有些古老，但仍然没有任何译本可以取代它的文学地位。下面举几个例子，供读者参考。

1. 浪子回头：这是最著名的《圣经》故事之一。故事中说的是一个人把从父亲那里分得的财产挥霍尽净，流落他乡，替人放猪为生。后来他翻然悔悟，回到家里向父亲承认错误。受到父亲的亲切欢迎。故事全文只有 500 多字，主题思想突出，人物性格鲜明，文字结构严谨，语言真挚动人。难怪有些文学家把它当作模范的微型小说。下面我们摘引一段对话来欣赏一下“钦定本”的修辞的奥妙。

浪子回家之后，父亲设宴相庆。大儿子想不通，很不高兴，父子间有一段对话：

And he was angry, and would not go in：the refore came his father out, and intreated him. And he answering said to his father, Lo, these many years do I serve thee, neither transgressed I at any time thy commandment：and yet thou never gavest me a kid, that I might make merry with my friends：But as soon as *this thy son* was come, which hath devoured thy living with harlots, thou has killed for him the fatted calf. And he said unto him, Son, thou art ever with me, and all that I have is thine, *It was meet that we should make merry, and be glad: for this thy brother was dead, and is alive again: and was lost, and is found.*

大儿子却生气，不肯进去。他父亲就出来劝他。他对父亲说："我服侍你这么多年，从来没有违背过你的命。你并没有给我一只山羊羔，叫我和朋友一同快乐。但**你这个儿子**和娼妓吞尽了你的产业，他一来了，你倒为他宰了肥牛犊。"父亲对他说："儿啊，你常和我同在，我一切所有的，都是你的。**只是你这个兄弟是死而复活，失而又得的，所以我们理当喜欢快乐**。"(《路加福音》第十五章第28—32节)

这段描写合情合理，对话有鲜明的节奏感，读起来上口，听起来顺耳，使人如闻其声、如见其人。大儿子称他弟弟为"this thy son"（你这个儿子），而不称"my younger brother"（我弟弟），作者巧妙地用这种修辞手段表达大儿子的不满情绪。父亲注意到了大儿子的这种带情绪的称呼，但不直接地指出来，而是针锋相对地称小儿子为"this thy brother"（你这个弟弟），用暗示的手段来提醒大儿子用词不当。简直把人物写活了。

再看父亲的最后那句话：this thy brother was dead（6个音节）对 and is alive again（6个音节）；and was lost（3个音节）对 and is found（3个

音节)。两组排偶结构简短有力，音节整齐。这不是偶然的巧合，而是译者呕心沥血的结晶，充分显示了译者的语言造诣。

2. 圣殿门口的瘫子：《使徒行传》第三章第 1—10 节记述了一则故事，说有一个瘫子天天让人抬来放在圣殿门口，恳求进殿的人施舍。有一天，彼得和约翰也上圣殿去，那瘫子向他们要求周济，彼得对瘫子说："Silver and gold have I none; but such as I have give I thee."（金银我都没有，只把我所有的给你。）然后把他的瘫病治好了。彼得的这句话很有名，不但因为内容好，感情真挚，而且句子结构好，既排比又倒装，have I none 和 give I thee 完全是平行的。Silver and gold 和 such as I have 各为四个音节，重音位置又相同，读起来铿锵有力、掷地有声。熟读这类有声有色的句型对写作是很有帮助的。

3. 保罗在《哥林多前书》第十五章第 55 节写道：

O death where is thy sting?

O grave, where is thy victory?

死啊，你得胜的权势在哪里？

死啊，你的毒钩在哪里？

保罗写这信的时候，正是基督教徒受迫害的时期，他本人挨毒打，被监禁，受石击，正面临死亡的威胁，可是他还能写出这样感人肺腑、鼓舞人心的充满乐观主义精神的话，表达了他战胜死亡的信心。"钦定本"的译者用浅近简单的字句，通过重复的句型和措辞，采用并列形式，又在句首加上感叹词"O"，这样不仅成功地再现了作者的思想，也深刻地传递了作者的感情，使这句话成为脍炙人口的名句。

4.《撒母耳记下》记载了一则故事：以色列国王大卫的爱子押沙龙发动武装叛乱，在战斗中被大卫的部将杀死。大卫知道后不禁失声痛哭：

O my son Absalom, my son, my son Absalom, would God I had died for thee, O Absalom, my son, my son!

我儿押沙龙啊，我儿，我儿押沙龙啊！我恨不得替你死，押沙龙啊，我儿，我儿！(《撒母耳记下》第十八章第 33 节）

这段话被很多人称为是全部文学作品中表示悲伤的最深刻的描述，加上它的节奏感强，容易上口，所以曾被很多人引用来表示哀悼。例如南非小说家艾伦·佩顿（Alan Paton）在他的小说《号哭吧，这个可爱的国家！》(*Cry, the Beloved Country*）中就曾两次引用这段话。美国诗人朗费罗（Henry Longfellow）曾经写过一首诗吊唁朋友的儿子，题目是《门上的小屋》(*The Chamber over the Gate*)，全诗共七节，每节的最后一句都是“O Absalom my son!”

以上粗浅的介绍与分析，远不到《圣经》英译“钦定本”文学语言特色的九牛一毛。《圣经》的内容与语言对英美文学乃至世界文学的影响是不可估量的。对《圣经》的研究不仅是外国文学研究领域中的一个不可缺少的部分，也是学习英语的一门“必修课”。

参考文献

《圣经词典》：思高圣经学会编（香港），1983 年版。

《旧约概要》：蒋佩芬编，中国基督教协会（南京），1983 年版。

《新约概要》：赵志恩编，中国基督教协会（南京），1983 年版。

《基督教史纲》（上）：杨真，三联书店 1979 年版。

《基督教的起源》：罗伯逊，三联书店 1958 年版。

《圣经是怎样一部书》：雅罗斯拉夫斯基，三联书店 1962 年版。

《谈英文〈圣经〉钦定本》：郭秀梅，《外语教学与研究》1982 年第 4 期。

《试论〈圣经〉的文学特色》：张奎武，《东北师大学报》1984 年第 5 期。

《圣经文学故事》：朱维之，北京出版社（内部发行）。

《圣经故事》：张久宣，社会科学出版社 1982 年版。

《西方美术史话》：迟轲，中国青年出版社 1983 年版。

《漫话圣经》：房龙，三联书店 1988 年版。

《音乐辞典》：王沛纶，文艺书屋。

《马克思主义经典著作典故辞典》：唐彦生等，蓝天出版社 1991 年版。

《和合本与中文圣经翻译》：尤思德著，蔡锦图译，香港国际圣经协会，2002 年。